Erste Höhepunkte

*Eine Übersicht anregender Ziele abseits der ganz
bekannten Wege. Ausführliche Hinweise finden
Sie im speziellen Ortstext*

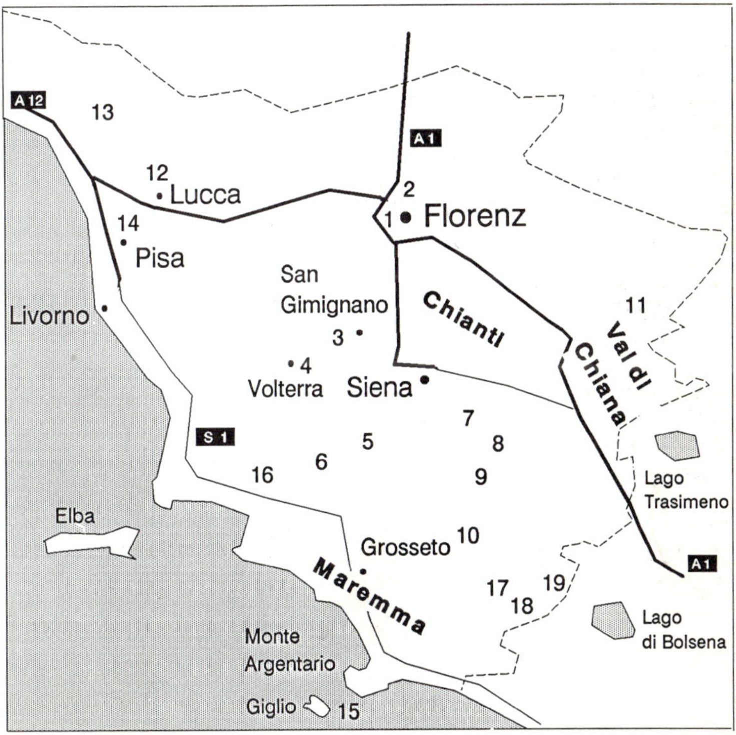

A 12   13

A 1

12 •Lucca   2
14   1• Florenz

•Pisa

San
Gimignano   Chianti
3 •

Livorno •   Val di
• 4   Chianta
Volterra   Siena •
              11
         7
S 1   5   8

16   6   9   Lago
                     Trasimeno
Elba
         Grosseto 10   A 1

         Maremma
              17 19
                18   Lago
Monte   di Bolsena
Argentario

Giglio ⌂ 15

© 2. erw. Auflage 1991/92
Oase Verlag
Postfach 344
W-7847 Badenweiler
Tel: 07632-7460
Fax: 07632-5098

Alle Angaben ohne Gewähr.
Druck: Rombach, 7800 Freiburg

ISBN 3-88922-063-0

Inhalt

Toskana von A bis Z 318

■ Ausgewählte Oasen 332

Ortsverzeichnis 342

In Pastellfarben . . .

Die Bilder sind bekannt. Sanfte Hügelketten in verschwimmenden Pastellfarben. Markante Zypressenreihen, steinerne Bauernhäuser. Die Domkuppel von Florenz im Frühlicht. Der muschelförmigste Platz der Welt in Siena. Mohnfelder und Olivenhaine. Die Korbflasche mit dem Chianti, der wettergegerbte Bauer am Kamin, die wohlgelaunten Wirtinnen mit dem hausgemachten Nudelteig. Toskanische Türen, toskanische Türme, toskanische Ecken, toskanische Winkel. Michelangelo, die Bistecca Fiorentina, das nachbarliche Gespräch beim Bäcker, der Antiquitätenmarkt von Arezzo, Pinocchio, Raffael, Olivenöl extra vergine, die Venus von Botticelli. Wer da nicht glücklich wird . . .

Die Bilder sind nicht einmal falsch: Man kann sie an Ort und Stelle wiederfinden. Die Toskana läßt sich leicht als Ferien-Park betrachten - als ein riesiges Erholungsgebiet für sonnenhungrige, italienverliebte Mitteleuropäer. Im Chianti-Gebiet ist dieser Traum mancher Tourismus-Manager fast schon Wirklichkeit geworden. Aber diese Sichtweise erlaubt keine eigenen Erfahrungen mehr - keine Erfahrung mit dem Fremden. Wer will, kann sich mühelos in einer Scheinwelt bewegen, die nur für die Reisenden aufgebaut wurde: zwischen rustikalen, bequemen Unterkünften, Weinproben und 'typischen' Trattorien. Dazu dann noch Blicke aus dem Autofenster auf die harmonische Landschaft und die obligaten Besuche der berühmten Sehenswürdigkeiten - und die Toskana-Reise ist geschafft. Wo alles für die Wünsche der Reisenden hergerichtet ist, bleibt von der Reise keine Spur als die Farbdias, die man zu Hause herzeigt. Doch wer mehr sucht als Postkartenmotive, braucht ein wenig Eigeninitiative.

Die gut ausgebaute Tourismus-Struktur ist hilfreich - wenn man sie geschickt benutzt. Sie erleichtert das Reisen. Aber um wirklich in der Toskana anzukommen und nicht in einem Kulturfilm über die Toskana, muß man diese Struktur immer wieder auch verlassen. Runter von der vorgebahnten Route - dorthin, wo's ungewohnt und manchmal mühevoll wird. Mit Eile ist da nicht viel zu verstehen, der größere Teil der Toskana lebt noch in einem langsamen Rhythmus. Warum nicht mal Gegenden besuchen, wo es 'nichts Besonderes' zu sehen gibt, z.B. die abgelegenen Orte in der Garfagna oder am Monte Amiata; nachts um eins oder morgens um sieben durch Cortona (oder Volterra oder Massa Marittima oder ...) ziehen; lieber drei Fresken gründlich anschauen als die gesamten Uffizien im Eiltempo abhaken; Radfahren oder wandern - und alles mit Ruhe und viel Muße!

Orientierung

Die Toskana aus dem Bildband - **Zwischen F l o r e n z und S i e -
n a** *(Chianti-Gebiet, Gegend bei S. Gimignano)*: - weichgeformte Hügel, dunstiges Licht, Ölbäume und Zypressen. Mittendrin ausgedehnte Waldgebiete (die im Bildband selten vorkommen) und kleine
Berge (bis 800 m ü.M.). Unendlich schön, unendlich fotogen. Mitrei-
sende mit leuchtenden Augen auch auf der kleinsten Nebenstrecke.

Bildband, zweiter Teil - **Die C r e t e** südlich von Siena *(zwischen Siena, Sinalunga, Montepulciano, Montalcino):* Kahle Hügel, Schafweiden, Kornfelder. Ab und zu eine Zypressenreihe, ein Haus auf einer
Hügelkuppe. Erosions-Einschnitte wie Wunden in der Landschaft.
Klare Linien, graphische Akzente: herb, bizarr und großartig.

Die große Einsamkeit - **S ü d t o s k a n a** *(von Volterra bis Pitiglia-no)*: Südlich der Linie Cécina-Siena die Metallhügel (Colline Metallifere), ein bewaldeter, bis zu 1000 m ansteigender Höhenzug. Dann der Monte Amiata (1738 m), ein erloschener Vulkan, an dessen Hängen hübsche, kaum besuchte Ortschaften liegen. Zwischen dem Amiata und der Küste die großen Weiten der Maremma: eindrucksvolle Hügellandschaft mit wenigen verstreuten Orten.

Eher mitteleuropäisch - **Der A p e n n i n** und seine Vorgebirge *(Pratomagno, Casentino, Mugello)*: ausgedehnte, dünn besiedelte Mittelgebirgszonen mit breiten Tälern, Kastanienwäldern, dunkler Landschaft. Wenig Tourismus, zum Teil noch "unberührte Toskana". Aber: Man fühlt sich nicht im Süden, wegen der Höhenlage ist die Vegetation eher mitteleuropäisch. Auch die Orte - abseits der historischen Verbindungsstraßen - meist nur mäßig interessant.

Überwiegend häßlich - **Die K ü s t e**: Zum größeren Teil reizlos, die Ufer meist flach, auf weite Strecken verbaut. Kaum ein richtig schöner Ort am Meer. Nach Süden hin (Uccellina, Monte Argentario) wird's angenehmer. Trotzdem: Für einen Meerurlaub fährt man besser auf die Inseln (Elba, Giglio) - oder ins nördlich angrenzende Ligurien.

Die Industrielandschaft - **Im A r n o -Tal** zwischen *Pisa, Florenz und Arezzo*: Hier konzentriert sich der Großteil der toskanischen Industrie, kein toskanisches Ruhrgebiet, aber doch eine zersiedelte, touristisch weitgehend uninteressante Landschaft. Zwischendrin, wie die Rosinen im Grießbrei, immer wieder auch schöne Städte und reizvolle Landstriche.

Reisezeit

Die Frühjahrs- und Herbstmonate (vor allem April/Mai und September/Oktober) gelten allgemein als die beste Reisezeit für die Toskana. Weil das jeder glaubt, wird es gerade in diesen Zeiten in den Kunststädten und den bekannten Landstrichen sehr voll. Gewiß, ein schöner toskanischer Maitag ist etwas Unvergleichliches - aber der Mai bringt auch Regen und Touristenmassen. Jede Jahreszeit hat ihre Wetterrisiken, ihre Vor- und Nachteile; ein sonniger Januartag (nicht selten) ist hundertmal angenehmer als ein verregnet-kühler Apriltag (auch nicht selten). Eine einigermaßen zuverlässige Sonnengarantie gibt es allenfalls für den Hochsommer; in allen anderen Jahreszeiten ist das Wetter nicht vorhersehbar.

Im **F r ü h j a h r** ist Hochsaison; der Andrang beginnt im März, erreicht um Ostern seinen Höhepunkt und hält bis Ende Mai an. Eine Oster-Reise in die Toskana sollten Sie vermeiden, wenn Sie nicht gerade an die Schulferien gebunden sind: Es herrscht ein Irrsinnsbetrieb. Auch an Pfingsten ist viel los, ebenso um den 25. April (ital. Nationalfeiertag) und den 1. Mai. April und Mai sind zudem die Ausflugsmonate der italienischen Schulklassen, was das allgemeine Durcheinander noch verstärkt.

Das Wetter: instabil. Längere Schönwetter-Phasen, bis Mitte Mai aber auch recht viel Regen. Der April ist manchmal noch kühl. - Großer Reiz des Frühlings: Natur und Landschaft - tausend Blumen blühen. Ende Mai und die erste Junihälfte sind dann oft nahezu optimal: Das Wetter hat sich (meistens, nicht immer) stabilisiert, der Touristenandrang läßt etwas nach, Ginster und Mohn blühen. Die zweite Junihälfte kann ebenfalls sehr schön sein - manchmal wird es schon hochsommerlich warm.

J u l i und A u g u s t sind sehr heiß. In den Städten wird es oft an unerträglichen heiß, zumal es nachts wenig abkühlt (Tiefsttemperaturen um 20° C und mehr). Die Touristenströme verlagern sich ans Meer, in den Städten herrscht weniger Andrang als im Frühjahr und Herbst. Wenn Sie im Hochsommer reisen wollen: Mieten Sie sich auf dem Land ein - möglichst in luftiger Höhenlage. Ohne festen

Aufenthaltsort ständig unterwegs zu sein, wird im Sommerklima anstrengend.

S e p t e m b e r und O k t o b e r sind beliebte Reisemonate. Wie im April/Mai kommt's gelegentlich zum Gedränge. Das Wetter ist - vor allem im September - im allgemeinen stabil: viel Sonne, angenehme Temperaturen (erste September-Hälfte allerdings oft noch hochsommerlich heiß). Im Oktober gelegentlich Regenfälle, meist bleibt es noch schön. Wer risikofreudig ist, fährt Anfang November: manchmal ein richtiger Nachsommer - ohne Touristen. (Es kann aber auch schiefgehen - Kälte, grauer Himmel, Regen ...).

Der **S p ä t h e r b s t und W i n t e r** (November bis Anfang März) sind die optimale Reisezeit für vorwiegend Kunstinteressierte und für alle, die das Land so italienisch wie möglich erleben wollen. Nur zwischen Weihnachten und Neujahr herrscht Betrieb.

Das Wetter: wechselhaft, neben traumhaften Sonnentagen kühlbedeckte Tage, einiger Regen (aber die Statistik sagt: im Mai regnet's genausoviel wie im Januar oder Februar). Schnee und Frost sind selten: Im kältesten Monat, dem Januar, sinkt das Thermometer nachts im Durchschnitt auf 2° C, die mittleren Tageshöchstwerte liegen bei 9° C. Zu beachten: Manche Hotels der unteren Preisklassen werden nur sparsam beheizt!

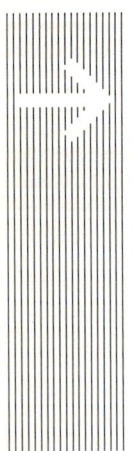

Und noch etwas: Überschätzen Sie die toskanischen Temperaturen nicht, wenn Sie Ihren Koffer packen! Ich habe schon Reisende getroffen, die vierzehn Tage lang mit dem gleichen Pullover herumliefen - weil er ihr einziges, täglich gebrauchtes warmes Kleidungsstück war. Im Hochsommer kommen Sie mit einem (womöglich auch gar keinem) Pullover aus - aber im Frühjahr und Herbst sollten Sie sich auf kräftige Temperatursprünge einstellen.

Abendkleid u. Smoking sind nicht zwingend, selbst wenn Sie in den nobelsten Restaurants speisen und in den teuersten Hotels absteigen wollen: Die Italiener legen zwar Wert auf ästhetische Kleidung, kennen aber kaum je Krawatten- und Anzug-Zwang.

Wirtschaft und Politik

Wir suchen die alten Städte, die unverbauten Landschaften, das ruhige Leben. Zu Recht: Industriegebiete und Neubauviertel können wir uns auch zu Hause anschauen. Aber vielleicht sollte man im Hinterkopf haben, daß man sich auf einen Ausschnitt des Landes konzentriert, wenn man zwischen Kunst, Ölbaumhainen und guten Restaurants herumpendelt. Alltag in dieser Region: nicht nur das Leben des Schafhirten in den einsamen Hügeln bei Grosseto und des Schuhmachers in der Winkelgasse von Cortona; sondern auch die Werften von Livorno, die Wohnblocks von Prato, die Verkehrsstaus von Florenz. Die Toskana ist kein ökonomisch rückständiger, sondern ein produktiver und reicher Landstrich - mit allen Problemen entwickelter Industriegebiete, von der Arbeitslosigkeit zur Luftverschmutzung. Allerdings konzentriert sich die Industrie in einem verhältnismäßig kleinen Bereich: an der Küste und Arno-aufwärts, um Livorno, Pisa, Prato, Pistoia, Florenz und Arezzo.

In der **Landwirtschaft** sind heute noch knapp 10% der arbeitenden Bevölkerung beschäftigt (rund 20% in den Provinzen Siena und Grosseto). Hauptprodukte: Getreide und Futtermittel, Wein und Öl; daneben auch Obst und Gemüse, Fleisch, Schafskäse, Tabak.

Mezzadria

In der Toskana gibt es traditionell nur wenige Bauern, die auf eigenem Land wirtschaften. Über Jahrhunderte herrschte das sogenannte Mezzadria-System - das System der Halbpacht. Der Boden gehörte einem Großgrundbesitzer; die Bauern erhielten Haus, Land und Arbeitsmittel in Pacht (meist für viele Generationen), mußten dafür die Hälfte ihrer Arbeitserträge an den Grundherren abliefern.

Dieses System hielt sich noch bis in die Zeit nach dem Zweiten Weltkrieg; dann wurde in Italien eine Landreform durchgeführt (weil man Angst hatte, die ausgebeuteten Bauern würden sich an kommunistischen Aufständen beteiligen). Die Landreform hatte aber nur geringen Erfolg; denn fast gleichzeitig begann die Landflucht. Ein unabhängiger Bauernstand entwickelte sich nicht. Heute wird ein großer Teil des toskanischen Landes von landwirtschaftlichen Unternehmen mit Lohnarbeitern bestellt; die Kleinbetriebe sind häufig ökonomisch kaum überlebensfähig.

Die Mezzadria hat zu der besonderen Siedlungsform der Toskana geführt: übers Land verstreuten Bauernhöfen. Die Pächter wohnten nicht in Dörfern - von denen sie täglich weite Wege zu ihren Feldern hätten zurücklegen müssen -, sondern auf Höfen (poderi), die einzeln inmitten der Ländereien stehen. Das umgebende Land war gerade so groß, daß die Großfamilie es ohne fremde Hilfe bearbeiten konnte. Dann folgte das nächste *podere* - in Sichtweite, aber mit Abstand.

Der Grundbesitzer verbrachte meist nur einige Wochen im Jahr auf dem Land; er wohnte dann in der Fattoria, dem Mittelpunkt des Gutes, wo sich herrschaftliche Villa, Ölmühle, Weinkelterei befanden.

Mit der Landflucht und der Ersetzung des Pachtwesens durch Lohnarbeit hat die traditionelle toskanische Bauernkultur ihr Ende gefunden. An ihre Stelle traten auf der einen Seite durchorganisierte landwirtschaftliche Großbetriebe (vor allem im Weinbau), auf der anderen Seite wurden die alten Bauernhäuser in Feriensitze für Städter verwandelt (vgl. Stichwort Toskana-Siedler)

Die **Industrie** und das **Handwerk** beschäftigen gut 40% der Berufs-tätigen. Wichtigste Branchen: Maschinenbau, Textil, Schuhe, Holz-verarbeitung, Chemie. Es gibt nur wenige Großfirmen; die meisten Unternehmen sind Klein- und Mittelbetriebe, oft in Familienbesitz. Im **Handel** und im **Dienstleistungssektor** arbeitet knapp die Hälfte der Berufstätigen - ein beträchtlicher Teil von ihnen lebt vom Tourismus.

Das **Durchschnittseinkommen** einer dreiköpfigen Familie in der Toskana lag 1988 bei rund 3000 DM netto; dabei gibt es aber be-trächtliche regionale und soziale Unterschiede. Facharbeiter verdie-nen rund 1500-2000 DM netto im Monat.

Da erwachsene Kinder meist bis zur Eheschließung bei den Eltern wohnen (mit gemeinsamer Haushaltsführung), haben nicht selten Familien mit drei oder vier berufstätigen Mitgliedern einen hohen Lebensstandard - selbst bei durchschnittlichen Einzeleinkommen. Gewiß, die Luxusgegenstände aus den Schaufenstern von Florenz kann sich nur ein Teil der toskanischen Bevölkerung kaufen - meist Selbständige, leitende Angestellte usw. Die große Masse der Durch-schnittsverdiener (und die Arbeitslosen: rund 10% der arbeitsfähi-gen Bevölkerung) kommt ohnehin nur am Wochenende ins Stadt-zentrum - und in den Vororten sehen die Geschäfte einfacher aus ...

Im industrialisierten Gebiet zwischen Pisa, Florenz und Arezzo herrscht die größte **Bevölkerungsdichte**: rund 250-300 Einwohner pro qkm (etwas mehr als der Durchschnitt der Bundesrepublik Deutschland, fast doppelt so viel wie der Gesamtdurchschnitt der Toskana von 156 Einw./qkm).

Die südlichen Provinzen Siena und Grosseto haben dagegen nur eine minimale Besiedlungsdichte: 70 bzw. 50 Einwohner pro qkm. Die Gesamtfläche der Toskana umfaßt rund 23.000 qkm (etwa ein Zehntel der Bundesrepublik). Gesamteinwohnerzahl: 3,6 Millionen.

Politisch gehört die Toskana traditionell zum 'roten Gürtel' Italiens: den mehrheitlich kommunistischen Gebieten Emilia-Romagna, Tos-kana, Umbrien. In allen toskanischen Provinzen - mit Ausnahme des christdemokratischen Lucca - bildet der PDS (Partido Democratico della Sinistra) die stärkste Partei. Bei den Kommunalwahlen 1990 erhielt sie in der Provinz Siena 51,5%, in der Provinz Livorno 47%, in der Provinz Florenz 43% der Stimmen. Der Anteil der Christdemokraten lag zwischen 19% (Livorno) und 37% (Lucca), derjenigen der Sozialisten um 15%. Die Grünen bilden mit rund 5% die viertstärkste politische Gruppierung.

Die Linksparteien haben in der Toskana auch unter der ländlichen Bevölkerung starken Anhang. Der PDS ist auf dem Land sogar stärker als in den Städten. Das hängt historisch damit zusammen, daß die Bauern hier nie auf eigenem Grund und Boden arbeiteten, sondern bis in die Nachkriegszeit als Pächter einem landbesitzenden *Padrone* Abgaben machen mußten - daher eine klassenkämpferische Tradition.

Geschichte

Auch hier nur ein knapper Überblick - ausführlicher wird's weiter unten im Text, vgl. im folgenden Kapitel Kunst, unter Etrusker; Toskanisches Mittelalter; Die Renaissance-Stadt.

Vor- und Frühgeschichte: Die ältesten Werkzeug- und Knochenfunde in der Toskana stammen aus der Altsteinzeit. Größere Funde (z.B. im Museum von Volterra) gibt es aus der sogenannten Villanova-Kultur (9./8. Jhdt. v. Chr.): einfache Keramik, Urnen, Metallwerkzeuge.

8.-1. Jhdt. v. Chr.: In der Toskana (und im südlich angrenzenden Latium) blüht die erste Hochkultur auf italienischem Boden - die Kultur der *Etrusker*. Im 4. Jhdt. v. Chr. werden die Etrusker von den Römern unterworfen; ihre Sprache und Lebensformen bestehen aber noch für drei Jahrhunderte fort.

4. Jhdt. v. Chr. - 5. Jhdt. n. Chr.: Die Toskana steht unter *römischer Herrschaft*. Nach dem Untergang der etruskischen Kultur (um die Zeitenwende) ist die Region nur noch eine vergleichsweise unbedeutende Provinz des römischen Weltreichs.

5.-11. Jhdt.: Nacheinander herrschen die West- und Ostgoten, die Byzantiner, die Langobarden. Schließlich werden (ab 8. Jhdt.) die deutschen Kaiser nominelle Herren des Gebiets; in Wirklichkeit regieren die adligen Landbesitzer, in den Städten die Bischöfe. Ab dem 10. Jhdt. beginnt ein allmählicher Aufschwung des Handels und damit des städtischen Lebens.

12.-14. Jhdt.: Die Zeit der Stadtrepubliken (vgl. S. 91ff) - politische Selbstverwaltung und intensives kulturelles Leben in vielen toskanischen Zentren.

15./17. Jhdt.: Florenz gewinnt langsam die Herrschaft über die Toskana. Mitte des 16. Jhdts. beherrschen die florentinischen Medici das gesamte Land mit Ausnahme Luccas. Die Toskana wird zum Großherzogtum. Wirtschaftlicher Niedergang nach der Entdeckung Amerikas und der Verlagerung der Handelswege.

1737-1860: Nach dem Tod des letzten Medici regiert eine Nebenlinie der Habsburger (Habsburg-Lothringen). Der Großherzog Pietro Leopoldo (1765-90) setzt wichtige Reformen durch: Abschaffung von Folter und Todesstrafe, Gleichheit der Bürger vor dem Gesetz. 1799-1814 werden die Habsburger vorübergehend durch Napoleon vertrieben.

1860: Mit der Einigung Italiens schließt sich die Toskana dem Königreich Italien an. Die Großherzöge danken ab.
1865-1871: Florenz ist vorübergehend italienische Hauptstadt.
1871-1922: Es beginnt eine erste Industrialisierung. In der Zeit nach dem Ersten Weltkrieg Bauern- und Arbeiterunruhen.
1922-1944: Faschismus und Zweiter Weltkrieg.
1944 bis heute: Das italienische Wirtschaftswunder hat vielfältige Folgen auch in der Toskana: Ende der jahrhundertealten Bauernkultur; Landflucht und Landreform; beschleunigte Industrialisierung; Anwachsen der Städte und Entvölkerung abgelegener Gebiete; enormes Anwachsen des Lebensstandards.

Ein paar Straßen- und Platznamen kommen in fast jeder italienischen Stadt vor: *Corso Garibaldi, Piazza Cavour, Via Mazzini, Corso Vittorio Emanuele.* Wer waren die Herren?

Persönlichkeiten des R i s o r g i m e n t o , der Freiheitsbewegung, aus der zwischen 1859 und 1870 der italienische Staat entstand. Bis in die Mitte des vorigen Jahrhunderts war Italien (wie Deutschland) in zahlreiche Klein- und Mittelstaaten aufgeteilt. Die meisten wurden von ausländischen Mächten dominiert: in Oberitalien (Veneto und Lombardei) herrschten die Österreicher, in der Toskana die Habsburg-Lothringer, in der Romagna, Umbrien und Latium der Papst, in Süditalien die (spanischen) Bourbonen. Dann gab's noch winzige Herzogtümer wie Lucca, Parma, Modena - meist ebenfalls unter ausländischem Einfluß. National-italienisch (und relativ liberal) war nur das Königreich Piemont-Sardinien.

Gegen diese Verhältnisse entwickelte sich seit dem Beginn des 19. Jhdts. eine Einigungsbewegung. Giuseppe M a z z i n i war einer ihrer ersten Anführer: entschiedener Republikaner und unermüdlicher Konspirateur. Vom Exil (in Frankreich, England, der Schweiz) zettelte er zwischen 1830 und 1859 mehr als ein Dutzend Aufstandsversuche an. Es ging immer schief - aber Mazzini machte der Bewegung Dampf. So daß der gemäßigte Camillo C a v o u r , Ministerpräsident des Piemont, sich als vorsichtiger Staatsmann profilieren und zugleich die Einigung vorantreiben konnte. Cavour war ein Politiker mit ungewöhnlichem Weitblick. Alles nutzte er in seinem Sinn: die Spannungen zwischen den Großmächten (England, Frankreich, Rußland, Österreich), den radikalen Flügel des Risorgimento, die Angst der Konservativen vor der Revolution.Oft spielte er nach außen den ordnungsliebenden Staatsmann - und förderte unter der Hand die Revolten.

1861 war die Einigung Italiens erreicht. Wesentlich dazu beigetragen hatte Giuseppe G a r i b a l d i , der (mit ursprünglich nur tausend Mann) das Königreich Neapel-Sizilien militärisch besiegte - unter den Revolutionären aller Zeiten vielleicht der fähigste Militärstratege. Politisch aber setzte sich der Fuchs Cavour gegenüber den radikaleren Mazzini und Garibaldi durch: Italien wurde keine Republik, sondern eine konstitutionelle Monarchie - mit dem piemontesischen Herrscher V i t t o r i o   E m a n u e l e als erstem König.

In den meisten toskanischen Städten gibt es Matteotti- und Gramsci-Straßen. Beide sind Opfer des Faschismus. Der Sozialist Giacomo M a t t e o t t i wurde 1924 ermordet, der Kommunist Antonio G r a m s c i starb als politischer Häftling im Gefängnis.

Auch Daten sind für die Namensgebung beliebt: 20 settembre, 20 ottobre, 4 novembre usw. Es handelt sich jeweils um wichtige Ereignisse - die auch die Italiener nicht kennen ...

Kunst

Die Toskana ist Kunstlandschaft - eine der zwei oder drei bedeutendsten der Welt. Emsige Forscher haben allein in der Provinz Florenz ebensoviel Kunstwerke gezählt wie in ganz Spanien! Man kann's ignorieren und sich auf den Wein und die Landschaft beschränken - und kriegt dann halt nur die Hälfte mit von dem, was das Land reizvoll macht. Zum Glück hat's in der Toskana auch der Kunstbanause leicht: Man braucht kein Fachmann zu sein, um am Rathaus von Siena oder den Fresken von S. Gimignano seine Freude zu haben. Die toskanische Kunst - vor allem die des Mittelalters - war volksnah; das erleichtert den Zugang noch heute.

D i e große Kunststadt ist Florenz. Mittelalterliche und Renaissance-Atmosphäre erlebt man aber noch besser in den kleinen und mittelgroßen Städten mit ihren geschlossenen Ortsbildern, wie z.B. Siena, Lucca, Cortona, Volterra - und vielen anderen.

Kurzer Überblick zur toskanischen Kunstgeschichte
(Genaueres dann bei den Ortsbeschreibungen):

Die **E t r u s k e r** waren die ersten großen Künstler der Toskana (7.-1. Jhdt. v. Chr.). Von ihrer Kultur sind (fast) nur Gräber und Grabfunde erhalten geblieben. Die interessantesten Grabanlagen in der Südtoskana (vor allem bei Sovana); einzelne Gräber auch bei Castellina in Chianti, Cortona, Chiusi. Die schönsten Funde (insbesondere Skulpturen, Keramik, Sarkophage) in den Museen von Florenz, Volterra, Cortona, Chiusi; daneben zahlreiche kleine Provinzmuseen.

Vor der Loggia dei Lanzi, Florenz

Die Etrusker

Nach den Etruskern (lateinisch: *Tusci*) hat die Toskana ihren Namen. In der Toskana (vor allem im Süden) und im angrenzenden Latium befand sich das Kernland der etruskischen Kultur. Hier entstand ab dem 8. Jhdt. v. Chr. die erste Hochkultur auf italienischem Boden; die ersten Städte, eine entwickelte Technik, eine differenzierte Religion, Schriftzeugnisse, große Kunst.

Die Etrusker gelten als geheimnisvolles Volk: weil man über sie kaum etwas mit letzter Sicherheit weiß. Fast alle ihre schriftlichen Dokumente sind verloren gegangen, die Sprache ist weitgehend unbekannt. Daher stammt das Wissen über die Etrusker aus detektivischen Schlußfolgerungen: Spekulationen über die Grabfunde.

Die Funde sind allerdings oft faszinierend. Sie lassen vermuten, die Etrusker (oder genauer: die etruskische Oberschicht) seien ein raffiniertes, genußfreudiges Volk gewesen. Etruskische Gemälde zeigen Tanz- und Jagdszenen, Bankette, Musikanten, Jongleure. Anders als bei Griechen und Römern treten auch die Frauen hervor. Die etruskische Gesellschaft war offenbar nicht so patriarchalisch wie die der Nachbarvölker.

Die Etrusker waren hervorragende Techniker: Sie bauten Aquädukte, entwässerten Sumpfgebiete, verhütteten Metall in kleinen Hochöfen, experimentierten mit dem Gewölbebau. Viele dieser Techniken wurden später von den Römern übernommen - die alles taten, um die Erinnerung an ihre Vorgänger zu verdunkeln.

Politisch war Etrurien der Überlieferung nach in zwölf voneinander unabhängige *Lukomonien* aufgeteilt - Städte unter der Herrschaft eines Priesterkönigs, des *Lukomonen*. Diese Städte (in der Toskana zählten dazu Volterra, Chiusi, Cortona, Vetulonia, Arezzo) bildeten einen gemeinsamen Bund, aber kein einheitliches Reich.

In der etruskischen Religion spielte offenbar der Jenseitsglaube eine große Rolle: Die Gräber wurden oft aufwendig gebaut (vielfach in Form von Häusern oder Tempeln), die Grabbeigaben waren zahlreich und kostbar. Die etruskischen Priester waren Experten der Weissagug: Sie beobachteten den Vogelflug, die Blitze und die Eingeweide von Opfertieren, um die Zukunft und den Willen der Götter zu erkennen. Noch bei den Römern waren die *haruspices*, die Eingeweideschauer, immer etruskischer Herkunft.

Die große Zeit der Etrusker lag zwischen dem 7. und dem 5. Jhdt. v. Chr. Sie dehnten ihren Einflußbereich damals nach Norden bis in die Po-Ebene und nach Süden bis etwa Neapel aus. Mit dem Aufstieg Roms aber verloren die etruskischen Städte ihre Macht: Eine nach der anderen wurde unterworfen. Etruskische Kultur und Sprache bestanden noch bis zur Zeitenwende fort; aber die politische Selbständigkeit ging verloren. Man lebte nun unter römischer Herrschaft.

 Lesetip: Jacques Heurgon, Die Etrusker (Reclam). Umfassender, gut geschriebener Überblick.

Für die **r ö m i s c h e** Kunst ist die Toskana nicht sehr ergiebig: außer einzelnen Museumsobjekten sind allenfalls die Ausgrabungen von Fiesole und das Theater in Volterra interessant.

M i t t e l a l t e r und **R e n a i s s a n c e** (etwa 1050-1500) waren die Blütezeiten der toskanischen Kunst. Große mittelalterliche Architektur: Die noch gut erhaltenen Städte mit ihren Kirchen, Rathäusern, Wohnbauten. Ab dem 13. Jhdt. bedeutende Malerei und Skulptur. Kurz nach 1300 bringt Giotto (vgl. Florenz, S. Croce) einen neuen, 'realistischen' Zug in die Malerei. Damit deutet sich die Renaissance an - der Stil des 15. Jahrhunderts. Die Renaissance-Kunst ging vor allem von Florenz aus (vgl. dort). Die Kunst des Mittelalters und der Renaissance findet man in den meisten toskanischen Städten. Interessantesten Orte: Florenz, Siena, S. Gimignano, Volterra, Arezzo, Cortona, Montepulciano, Pienza, Lucca, Massa Marittima, Pisa, Pistoia, Prato.

N a c h 1 5 0 0 ist in der Toskana ein ganz großes Kunstwerk entstanden: die toskanische Landschaft. Die regelmäßigen Zypressenreihen, die auf die Hügelkuppen plazierten Häuser, die Weinberge und Olivenhaine wurden ganz bewußt - als Landschafts-Architektur - in den Jahrzehnten nach 1500 im Auftrag der florentinischen Landbesitzer angelegt. Das in Jahrhunderten angehäufte Kapital wurde in der Landwirtschaft investiert - und die florentinischen Kaufleute wirkten dabei landschaftsprägend.

Anreise

Mit der Bahn

Mehrfach tägl. direkte Verbindungen Basel-Florenz und München-Florenz, Fahrzeit jeweils rund 9 bis 10 Std., Fahrpreis für einfache Fahrt 2.Klasse ab München ca. 85 DM, ab Basel ca. 100 DM.

Direkte Züge nach Florenz auch ab Hannover, Dortmund, Frankfurt, Nürnberg, Stuttgart, Zürich, Wien. Daneben mehrere Verbindungen mit Umsteigen in Mailand.

Die italienischen Eisenbahnen bieten verschiedene Sondertarife (übertragbare 3000 km-Karte, Familienkarten, Touristen-Rundreisekarten). Information an den Bahnhöfen; in Deutschland bei der Vertretung der italienischen Staatsbahnen, Goethestr. 17, 8000 München 2, Tel. 089/591797.

 **Achtung in den Nachtzügen:** Vor allem zwischen Como und Mailand, aber auch auf anderen Strecken sind immer wieder Diebesbanden unterwegs, die in Liege- und Schlafwagen klauen. Deshalb unbedingt die Abteile verriegeln, Wertsachen am Körper tragen und nicht in Taschen und Koffern lassen.

Reisen mit öffentlichen Verkehrsmitteln in der Toskana ist problemlos: gute Zug- und Busverbindungen in alle größeren und die meisten kleineren Orte. Näheres beim Stichwort 'Öffentliche Verkehrsmittel' unter 'Toskana von A bis Z'.

Mit dem Auto

Durch die Schweiz über Gotthard - Mailand - Bologna oder durch
Österreich über Brenner - Verona - Modena - Bologna. Die Schweizer und italienischen Autobahnen sowie die Brennerautobahn sind
gebührenpflichtig.

Auf den Autobahnraststäten und bei Fahrtunterbrechungen in
größeren Städten nie ein mit Gepäck beladenes Auto (auch nicht für
kurze Zeit) unbewacht stehen lassen! Volle Wagen werden schnell
und gründlich aufgebrochen - Weitere Informationen beim Stichwort 'Autofahren' unter 'Toskana von A bis Z'.

Autoreisezüge fahren von Hannover und Köln nach Bologna.

Schnellste und teuerste Anreisemöglichkeit: **Mit dem Flugzeug**
nach Pisa (Direktflüge ab Frankfurt; von anderen deutschen Flughä-
fen sowie Wien und Zürich mit Umsteigen in Mailand).

 Zur Einreise in Italien reichen Personalausweis oder
Paß, für Autofahrer darüber hinaus die normalen Wa-
genpapiere. Grüne Versicherungskarte ist für in
Deutschland zugelassene Wagen nicht vorgeschrieben,
aber empfehlenswert.

Unterkommen

Hotels

Hotels und Pensionen werden in Italien durch die Tourismusbehörden klassifiziert (* bis ***** Sterne). Die Einteilung entspricht dem Hotelkomfort, allerdings sind die Kategorien nicht überall gleich, so daß manchmal ein Drei-Stern-Hotel enttäuschen, ein Zwei-Stern-Haus angenehm überraschen kann. Insgesamt kann man davon ausgehen, daß Vier- und Fünf-Stern-Häuser sehr komfortabel sind und Drei-Stern-Hotels guten bis gehobenen Mittelklassestandard bieten.

Unter den Zwei-Stern-Hotels gibt's neben angenehmen Häusern auch unerfreuliche Absteigen (vor allem in Florenz). Insgesamt ist das Niveau in Ordnung. Ein-Stern-Häuser: breites Spektrum vom ordentlichen, sympathischen kleinen Hotel bis zur schmuddeligen Billigbleibe. Durchhängende Betten kommen in allen Kategorien vor, mit nach oben abnehmender Wahrscheinlichkeit.

Was die Sterne nicht erfassen: Atmosphäre, Lärmbelästigung, ästhetische Schönheit - also Dinge, die oft gerade den Pfiff ausmachen.

Die Preise

sind staatlich zentral reguliert. Sie müssen sowohl an der Rezeption als auch im Zimmer angeschlagen sein. Auf keinen Fall sollte man höhere Preise als die angegebenen akzeptieren, sondern bei jedem Schummel-Versuch mit einer Anzeige bei Touristenbüro oder Polizei drohen. Manche Hoteliers umgehen die Preisregulierung (auf legalem Wege), indem sie nur inkl. Frühstück vermieten und dadurch höhere Preise erzielen. Seit dem Sommer '91 ist die Preisbindung innerhalb der Kategorien gelockert, wie sich dies auf die Zimmerpreise im Einzelnen auswirken wird ist noch nicht abzusehen.

Die Hoteliers sind verpflichtet, am Ende des Aufenthalts eine Rechnung auszustellen - und der Gast ist verpflichtet, diese beim Auszug aus dem Hotel mit sich zu führen, andernfalls machen sich beide strafbar! Mit diesen drakonischen Regelungen möchte der italienische Staat, in ständigem Defensivkampf gegen seine findigen Untertanen, die Steuerhinterziehung einschränken.

****	Einzelzimmer ab 120 DM, Doppelzimmer ab 220 DM (in manchen Häusern aber auch doppelt so hohe Preise!)
***	in abgelegenen Regionen Einzel um 55 DM, Doppel um 90 DM; in tourist. Zentren Einzel 80-90, Doppel 120-140 DM
**	Einzel ohne Bad um 40 DM, mit Bad 45 - 60 DM; Doppel ohne Bad 55 - 80 DM, mit Bad 65 - 90 DM
*	Einzel ohne Bad um 35 DM, mit Bad 35 - 50 DM; Doppel ohne Bad um 50 DM, mit Bad um 65 DM

Höhere Preise in Florenz, Siena und Lucca (vgl. jeweiligen Ortstext). Sofern ausnahmsweise auch in anderen Orten die Preise wesentlich von den angegebenen Werten abweichen, wird besonders darauf hingewiesen. Stand: Herbst 1991

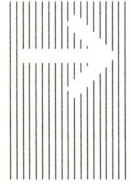 Frühstücken Sie nur dann im Hotel, wenn Sie sich durch Augenschein überzeugt haben, daß Sie in einem der seltenen Häuser sind, die mitteleuropäische Frühstücksträume befriedigen können! In 95 % aller Fälle sind Cappuccino und Hörnchen in der nächsten Bar dem kargen Hotelfrühstück vorzuziehen.

Vollständige H o t e l v e r z e i c h n i s s e bei den Aziende di Promozione Turistica (vgl. S. 319) bzw. den örtlichen Informationsbüros. - Manche Hotels (vor allem auf dem Land und an der Küste) schließen im Winter (November bis März).

Unterkunft vorbestellen

Vorbestellung ist u n e r l ä ß l i c h :
  an Ostern und
  in den besonders schönen Hotels (vgl. Ortsbeschreibungen); die
  sind in der Saison (März bis Oktober) fast immer voll belegt.

Vorbestellung ist (zwischen März und Oktober) für die in diesem Buch angegebenen Hotels d r i n g e n d e m p f o h l e n :
- in Florenz, Siena, S. Gimignano, Lucca
- im Chianti-Gebiet
- an den *Ponti* (Brücken) der Italiener: wenn die Feiertage 25.4., 1.5., 1.11. auf einen Freitag, Montag oder Dienstag fallen und sich somit ein verlängertes Wochenende bildet.

Vorbestellung immer s o f r ü h w i e m ö g l i c h - wenn's irgend geht, zumindest drei bis sechs Wochen im voraus.
  Auch abgelegene Orte wie Montalcino oder Saturnia sind zu bestimmten Zeiten langfristig ausgebucht. Vor allem im Mai und im September kann die spontane Hotelsuche schwierig werden.
  Keine Angst: Irgendeine Unterkunftsmöglichkeit findet sich (fast) immer. Auch ohne Voranmeldung werden Sie nicht im Auto oder im Wartesaal schlafen müssen. Aber wenn Sie dort unterkommen wollen, wo es Ihnen am besten gefällt - und wo es vermutlich auch anderen am besten gefällt - müssen Sie vorausplanen.

Bei schriftlicher Vorbestellung denke man an die langen Postlaufzeiten (oft um die zehn Tage). In den Hotels der höheren Kategorien (drei und vier Sterne) wird deutsch oder englisch verstanden, in den anderen Hotels häufig nur italienisch.

Ein möglicher Brieftext, wenn Sie auf italienisch schreiben wollen:

"Egregi Signori, vorrei prenotare una camera (due camere) singola (a due letti; matrimoniale) (con bagno) dal ... al ... . Sarei grato di una Vs. gentile conferma. Ringraziando, porgo distinti saluti."

"Sehr geehrte Damen und Herren, ich möchte ein Zimmer (zwei Zimmer), Einzelzimmmer (Zweibettzimmer; Zimmer mit Ehebett) (mit Bad) vom ... bis ... reservieren. Ich bitte um eine Bestätigung der Reservation. Mit bestem Dank und freundlichen Grüßen."

Die Antwort müssen Sie dann selbst entschlüsseln. (Wenn der Hotelier eine *caparra* wünscht, so ist das eine Anzahlung, am besten per telegrafischer Postanweisung zahlen.)

■ **Orte mit guten Unterkünften** - auch für einen längeren Aufenthalt geeignet (genauere Hinweise in den Ortsbeschreibungen): Florenz, Certaldo, S. Gimignano, Strove, Volterra, das gesamte Chianti-Gebiet, Siena, Montepulciano, Cortona, Pistoia, Lucca (Umgebung), Massa Marittima, Saturnia, Montemerano.

■ **Angenehme preiswerte Unterkünfte** - u.a. in S. Gimignano, Volterra, Radda in Chianti, Cortona, Semproniano, am Monte Amiata (vgl. Ortstexte) - außerdem Campingplätze und Jugendherbergen.

Ferienwohnungen

Zahlreiche Firmen und Privatvermieter bieten Ferienwohnungen und Ferienhäuser in der Toskana an - meist ausgebaute Bauernhäuser, manchmal auch Villen und Burgen. Die Preise variieren stark - je nach Objekt, Gegend, Jahreszeit. Grober Anhaltspunkt: eine Zweizimmer-Wohnung mit Küche und Bad (drei Schlafplätze) kostet in einer vielbesuchten Region wie dem Chianti-Gebiet rund 500-800 DM pro Woche; in abgelegeneren Gegenden ist ein entsprechendes Appartement normalerweise ab 400/450 DM zu haben

(Frühjahr/Herbst).

Toskana-Wohnungen werden ständig im Anzeigenteil überregionaler (z.T. auch lokaler) deutscher Zeitungen angeboten (z.B. in der ZEIT). Dort inserieren neben Reisebüros auch Privatvermieter (oft etwas preiswerter), so daß man sich einen Marktüberblick verschaffen kann. Große Anbieter: *Destination Cuendet*, I-53030 Strove, Tel. 0577-301130, in der Bundesrepublik von zahlreichen Reisebüros vertreten (Generalvertretung: Brigitte Klos, Friedrich-Stolze-Str. 13a, 6240 Königstein, Tel. 06174-23732 - bei Erstbestellung kostet der Katalog 12 Mark). *Tuscan-Enterprises*, deutsche Vertretung: Italien-Tours, Springeltwiete, 2000 Hamburg (kostenloser Katalog). Beachten Sie bitte auch die Anzeigen am Buchende, diese Anbieter versenden auf Anfrage informative Kataloge.

In der Toskana selbst vermitteln häufig die örtlichen Immobilienmakler *(agenzie immobiliari)* Ferienwohnungen.

Einige Adressen für die Vermittlung von Ferienwohnungen (vgl. auch Ortstexte):
- Umgebung von S. Gimignano: Chiantiferie, Via Gramsci 64, 53034 Colle di Val d'Elsa, Tel. 0577-923319, Fax 920852.
- Chianti: Promochianti, Via Roma 137, 50028 Tavarnelle, Val di Pesa, Tel. 055-8077009, Fax 8071443
  Colline Verdi, Via Roma 29, 53017 Radda in Chianti, Tel. 0577-738651, Fax 738652
- Südöstliche Toskana (Montepulciano, Pienza und Umgebung): Cooperativa Il Sasso, Via di Voltaia nel Corso 74, Tel. 0578-758311, Fax 757547
- Monte Amiata: Coop. Amiata Trekking, Piazza Fratelli Cervi 21, 53021 Abbadia S. Salvatore, Tel. 0577-777751
- Maremma: Terrapart, Krummgasse 3, D-8990 Lindau/Insel, Tel. 08392-5025, Fax 24499
- Südliche Küste (Talamone/Argentario): Agenzia Navy, Via Garibaldi 10, 58010 Talamone, Tel. und Fax 0564-887245

Vgl. auch die Hinweise im Ortstext zu Ferienwohnungen in: Gargonza, S. Gusmè, Volterra.

Agritourismo - Turismo Verde

- Ferien in ausgebauten Wohnungen auf einem Bauernhof der Landgut - werden auch in Italien immer beliebter. Es gibt vor Ort Hinweisschilder und in allen größeren Städten Reservierungsbüros des "Turismo verde". Zum Teil vermitteln auch die o.g. Adressen solche Unterkünfte. Es liegt nun aber auch ein deutschsprachiges Gesamtverzeichnis von mittlerweile über 700 Agriturismo-Herbergen vor. Die einzelnen Gehöfte (oft mit Reitgelegenheit) werden recht detailliert beschrieben (oft abgebildet), auch das kulinarische Angebot und evtl. Direktverkauf ist angegeben. Mit Reservierungsvordrucken.

■ Die Broschüre heißt: *Urlaub auf dem Bauernhof in Italien*. Im Buchhandel oder zu bestellen bei: Landschriften Verlag, Heerstr. 73, 5300 Bonn. Ca. 14 Mark.

Camping

Auf die Campingplätze in den meistbesuchten Gebieten weise ich jeweils bei den Ortsbeschreibungen hin (vgl. Karte S. 35). Darüber hinaus finden sich (in diesem Buch nicht aufgeführte) Plätze entlang der gesamten Küste und in den Bergregionen Casentino, Mugello, Pratomagno, Lunigiana, Apennin.

■ Ein Gesamtverzeichnis ist erhältlich bei der *Federazione Italiana del Campeggio*, Via Vittorio Emanuele 11, 50041 Calenzano, Tel. 055-882391 und im Buchhandel (Campeggi villaggi turistici di tutta Italia, ed. Nicola Vincitorio).

■ Preise (je nach Lage und Ausstattung des Platzes): 3500-7500 Lire/Person, 3500-6000 Lire/Zelt, 2000-4000 Lire/Pkw. Die meisten Zeltplätze sind von Mai bis September geöffnet.

Campingplätze

▲ In den Ortstexten erwähnte Campingplätze

_____ ganzjährig geöffnet

A 12

La Spezia

Castelnuovo Garf. ▲

S. Piero a Sieve ▲

Pistoia •

▲ Bivigliano

Lucca •

A 11

Florenz ▲

▲ Fiesole

▲ Pisa

▲ Camaldoli

Tavaranelle ▲

Figline ▲

Chiusi della Verna ▲

Barberino ▲

Livorno •

▲ Antignano

S. Gimignano

Cavriglia ▲

Arezzo •

▲ Volterra

Siena ▲

A 1

▲ Castagneto Carducci

▲ Casciano di Murlo

Chiusi ▲

Sarteano ▲

Piombino •

▲ Gavorrano

▲ Castel del Piano

▲ Scarlino

▲ Monticelli

Elba

Castiglione

• Grosseto

Pitigliano •

Giglio ▲

▲ Port Ercola

Essen und Trinken

Die toskanische Küche gilt als einfach, herzhaft, bodenständig - als die Küche einer agrarischen Gegend, in der man zu genießen weiß. Leider besteht dieser Ruf heute nicht mehr mit vollem Recht. Die traditionelle Toskana-Kochkunst beruht nämlich auf der hervorragenden Qualität der Grundbestandteile - und die ist aufgrund der Industrialisierung der Landwirtschaft nicht mehr gewährt. Klassische toskanische Gerichte, wie Arista al forno (Schweinebraten) oder Bistecca Fiorentina, leben von der erstklassigen Fleischqualität; wo die fehlt, wird das Essen fade. Gute, traditionelle Nudelgerichte, Risotti und Desserts findet man noch in vielen Restaurants; schwieriger wird's beim Fleisch, z.T. auch beim Gemüse. Da muß man Glück haben - oder ziemlich viel Geld ausgeben.

Trotzdem kann man in der Toskana mit Vergnügen speisen. Es gibt nach wie vor eine Menge Lokale, die auf Qualität achten; und auch in den eher durchschnittlichen Kneipen sind in der Regel zumindest die Teigwaren und die Nachspeisen gut. Außerdem hat sich die toskanische Küche auch in positiver Hinsicht entwickelt: Eine Reihe von Lokalen bietet exquisit verfeinerte, raffinierte Speisen, mit denen die alte Kochtradition kreativ weiterentwickelt wird - in den besten Fällen mit begeisterndem Ergebnis.

Ein ausgiebiges Essen beginnt mit den **A n t i p a s t i** (Vorspeisen), bei kleinerem Hunger auch anstelle des Primo (erster Gang) möglich. Gängig sind in ganz Italien gemischte Schinken-Wurst-Platten *(antipasto misto, affettati)*. Interessanter, aber weniger häufig die eingelegten Gemüse *(sottolii, sottaceti)*, z.B. Auberginen, Pilze, Zucchini - unbedingt empfehlenswert! Zu den speziell toskanischen Antipasti gehören die *Crostini di fegato* (geröstetes Brot mit Leberpastete) und die *Finocchiona* (Salami mit Fenchelsamen) dar. In ganz Mittelitalien verbreitet ist die *Bruschetta* (in der Toskana auch *fettunta* genannt): geröstetes Brot mit Knoblauch und Olivenöl.

Der **P r i m o** (erster Gang), mit dem eine gewöhnliche Mahlzeit anhebt, besteht aus Teigwaren, Suppe oder einem Risotto. Bei Nudelgerichten und Risotti ist die Fantasie italienischer Köche unerschöpflich; es gibt hunderte von Zubereitungsarten.

Probieren Sie mal: *Pappardelle alla lepre*, breite Nudeln mit Hasenfleisch-Sauce; *Ravioli* (oder *Tortelli*) *ricotta e spinaci*, Teigwaren mit Quark-Spinat-Kräuter-Füllung, köstlich!; Nudeln mit *funghi porcini*, Steinpilzen. Ein großer Genuß ist auch eine richtig zubereitete *Ribollita* (oder *Zuppa di pane*: Brotsuppe mit verschiedenen Gemüsen) oder eine Pilzsuppe, *Zuppa di funghi*. Die Ribollita ist ein typisch toskanisches Gericht - wie auch die *Acqua cotta*, Zwiebel-Tomatensuppe mit gratiniertem Brot (vor allem in der Maremma verbreitet) und der *Cacciucco*, Fischsuppe (an der Küste).

Unter den **S e c o n d i** (Hauptgerichten) ist der toskanische Klassiker die *Bistecca alla fiorentina*, ein am offenen Feuer gegrilltes Lendenstück vom Jungrind. Die Fleischqualität ist entscheidend: Die echte Bistecca muß von den weißen Rindern des Chiana-Tals stammen.

Weitere typisch toskanische Gerichte, die mittlerweile - aus den oben genannten Gründen - nur noch selten in Spitzenqualität angeboten werden: *Arista di maiale al forno*, Schweinebraten; *Ossobuco*, gedünstete Kalbshaxe; *Trippa alla fiorentina*, Kutteln in Tomatensauce; *Salsicce*, Schweinswürste. Nicht selten kommt Geflügel auf den Tisch: natürlich Huhn, *pollo*; aber auch Ente, *anatra*; Taube, *piccione*; Perlhuhn, *faraona* und Truthahn, *tacchino*. Außerdem: Lamm *agnello*; Kaninchen, *coniglio*; Wildschwein, *cinghiale*.

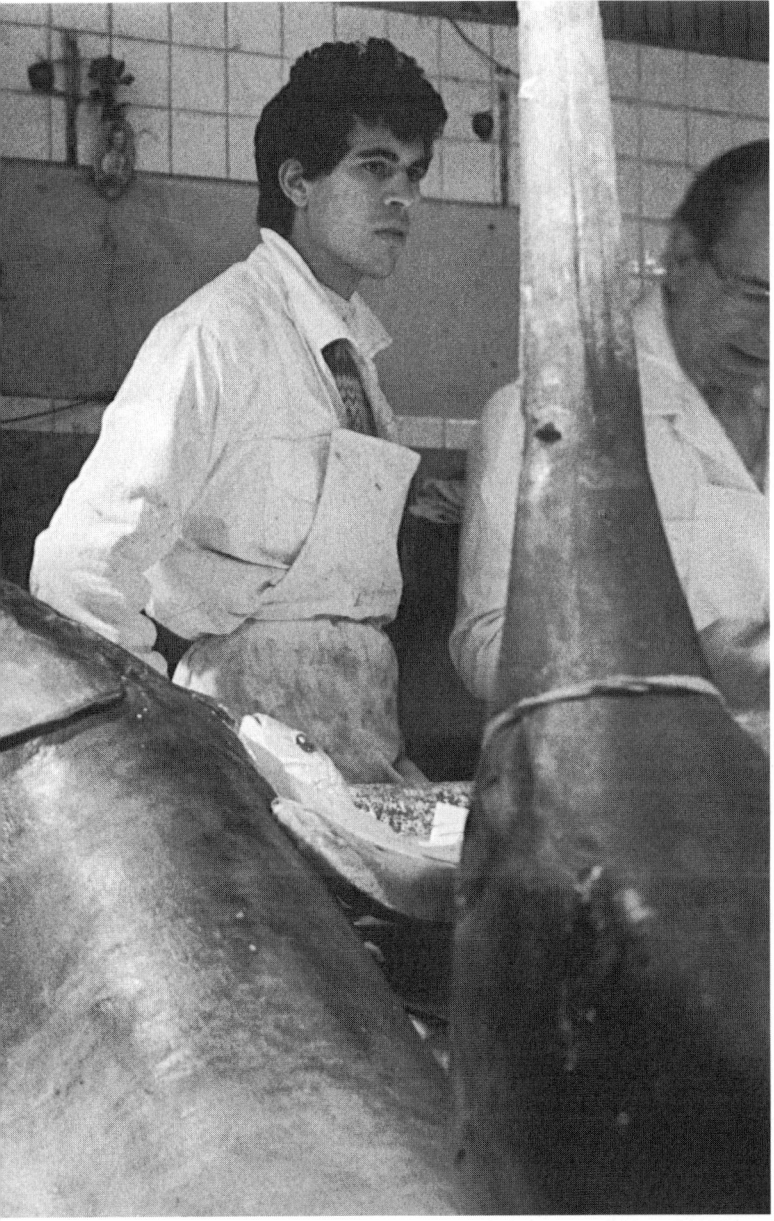

An der Küste natürlich F i s c h gerichte - häufig leider tiefgefroren. Vor allem Scampi, Langustinen usw. sind in der Toskana selten
frisch. Vorher nachfragen - meistens (nicht immer) bekommen Sie
eine ehrliche Auskunft.

B e i l a g e n - Spezialität der Toskana: Die schweren weißen Bohnen in Tomaten-Zwiebel-Pfeffer-Sauce, *fagioli all'uccelletto*.

Unter den regionalen K ä s e - Sorten ist vor allem der *Pecorino*
(Schafskäse) zu empfehlen, daneben auch die *Caciotta* (milderer
Käse, oft aus Kuh- und Schafsmilch gemischt).

D e s s e r t s : alle klassisch-italienischen Nachspeisen (Gelati, Tiramisù, Zuppa inglese usw.); daneben als lokale Besonderheiten die
Torta della Nonna (mit Creme und Pinienkernen), der *Panforte*
(Mandel-Nuß-Gewürz-Kuchen), die *Cantuccini* (harte Biskuits, die
man in den süßen Vin Santo taucht). Fragen Sie nach 'dolci fatti in
casa'- hausgemachte Desserts!

Getränke

V i n o ist *sfuso* (offen) oder *in bottiglia* (Flaschenwein). Die mittlerweile häufige Frage, ob der Wein trocken sei, ist überflüssig: Es gibt
in Italien, von den ausgesprochenen Dessertweinen abgesehen, fast
keine süßlichen Weine.
Die Toskana produziert eine große Menge (drittgrößte Weinbau-
region Italiens nach Apulien und Sizilien) und eine beachtliche Vielfalt an Weinen. Die bekanntesten:

- die Rotweine *Brunello* und *Rosso di Montalcino, Vino Nobile di
  Montepulciano, Chianti Classico* (vgl. jeweils auch Ortstext).
  Weitere Rote: die diversen *Chianti Putto* (Chiantis aus den Hü-
  geln von Arezzo, Florenz, Pisa, Siena, Pistoia), der *Morellino di
  Scansano* (Provinz Grosseto), der *Carmignano* (Provinz Florenz).
- Weißweine:*Vernaccia di San Gimignano, Galestro, Bianco di Pitig-
  liano* und verschiedene andere.
- Dessertwein: *Vin Santo*

Problem: Die Etiketten garantieren keine Qualität. Manche Spitzenweine kommen bescheiden als *Vino da Tavola* daher, manche DOC-*(di origine controllata)* und DOCG-*(di origine controllata e garantita)* Weine sind eher enttäuschend. Je nach Produzent schmeckt 'derselbe' Wein vom gleichen Jahrgang recht unterschiedlich. Da hilft nur: probieren!

Und noch eins: Der Wein, der so malerisch bereits auf dem Tisch steht, muß nicht immer der billigste sein!

B i r r a ist relativ teuer und meist nicht besonders gut. Allerdings gibt's - vor allem in Großstädten - neuerdings Birrerie mit Riesen-Auswahl.

A c q u a m i n e r a l e wird *con gas* (*gasata*, mit Kohlensäure) oder *senza gas* (ohne Kohlensäure) angeboten. Qualität meist hervorragend.

S p u m a (diverse Typen) und C h i n o t t o sind nicht-alkoholische Erfrischungsgetränke, die man ruhig mal anstatt der Cola probieren sollte. Speziell toskanisch: *Spuma bionda*, ein süßes Apfel-Kräuter-Getränk.

C a f f è gibt es normal als Espresso, *lungo* mit etwas mehr Wasser, *corretto* mit einem Schuß Alkohol, *con latte* mit Milch. *Cappuccino* trinken die Italiener zum Frühstück, niemals nach dem Essen! (Den Ausländern wird der Stilbruch allerdings verziehen.)

Die T e e kultur ist kaum entwickelt: Auch in besseren Häusern muß man seinen Beutel selbst ins mehr oder minder heiße Wasser hängen; die Twinings-Schachteln gelten als Höhepunkt des Teegefühls.

Lang ist dagegen die Liste der G r a p p e (Singular: Grappa, Tresterschnaps) und A m a r i (Magenbitter).

Restaurant-Sitten

Die S p e i s e k a r t e *(la lista)* muß in vielen Lokalen extra angefordert werden. Gerade in einfachen Trattorien sind es die Wirte gewohnt, die Tagesgerichte nur mündlich *(a voce)* anzubieten. Manchmal gibt es gar keine Karte für die Gäste. In diesem Fall sollten Sie sich nach Möglichkeit vorher über die Preise informieren (Aushang am Eingang oder hinter der Theke, evtl. nachfragen), um Überraschungen bei der Rechnung *(il conto)* zu vermeiden.

Pane e coperto (Brot und Gedeck) werden überall mit einem Fixpreis (meist zwischen 2 und 4 DM) in Rechnung gestellt. Bedienungsgeld *(servizio)* wird manchmal darüber hinaus berechnet, muß dann aber auf der Speisekarte ausgewiesen sein.

T r i n k g e l d e r sind üblich, aber nicht unerläßlich; allerdings macht man mit Pfennigbeträgen keine bella figura - die Italiener geben entweder gar nichts oder fangen mit Scheinen (d.h. ab tausend Lire) an. Man läßt das Trinkgeld beim Weggehen einfach auf dem Tisch liegen.

 B e i l a g e n *(contorni)* zum Hauptgericht müssen gesondert bestellt werden!

Restaurants werden in diesem Führer durch Kreise gekennzeichnet, sie beziehen sich ausschließlich auf die Preisklasse, sagen also noch nichts über die Qualität!

Drei P r e i s g r u p p e n :

° : Für weniger als 22.000 Lire (30 DM) erhält man ein vollständiges Menu (Teigwaren, Hauptgericht mit Beilagen, Dessert, Brot und Gedeck, Bedienungsgeld; ohne Getränke)
°° : Menu zwischen 22.000 und 29.000 Lire (30 und 40 DM)
°°°: Menu über 29.000 Lire (40 DM). Sofern der Preis des billigsten Menus 50 DM überschreitet, weise ich besonders darauf hin.

Only complete meals!

Manche Wirte stellen sich auf die Hinterbeine, wenn man nach deutscher Sitte nur einen Teller Nudeln bestellt und dann nicht mehr weiterißt. Die Italiener lassen eher den ersten Gang oder die Nachspeise fortfallen als das Hauptgericht. Ich denke: Man kann ruhig dem eigenen Hunger folgen, darf sich über etwas muffelige Gesichter dann eben nicht wundern. Wo die Restaurants allerdings von vornherein verkündigen: "We serve only complete meals" (vor allem in Florenz), werden Sie ums volle Menu (mindestens Primo, Secondo und Beilage) nicht herumkommen.

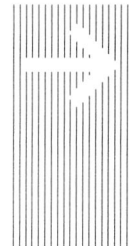 **Sehr wichtig**: Bei Fischgerichten und bei der Bistecca Fiorentina wird auf den Speisekarten meist der Preis pro 100 g (etto) angegeben, eine ganze Portion kostet also etwa das Dreifache (Fisch), bei der Bistecca sogar das Fünf- bis Sechsfache! Ich habe schon Tragödien und wütende Streitereien miterlebt, wenn's ans Bezahlen solcher Bestellungen ging und die große Überraschung kam.

Die Wirte sind verpflichtet, Steuerquittungen *(ricevuta fiscale)* auszustellen - und der Gast ist verpflichtet, diese beim Verlassen des Lokals mit sich zu führen. Diese Regelung wird häufig umgangen (vgl. Stichwort 'Hotels').

Eß-Lexikon

Antipasti

acciughe
antipasto misto

bruschetta

crostini

fettunta
finocchiona

insalata di mare

prosciutto
salumi
sottolii, sottaceti

Vorspeisen

Sardellen
gemischter Vorspeisen-Teller, meist mit Schinken und Wurst
geröstetes Weißbrot mit Öl und Knoblauch
geröstetes Weißbrot (meist crostini di fegato - mit Hühnerleberpastete)
s. bruschetta
grobe Salami mit Fenchelsamen
gemischte Vorspeise mit Meeresfrüchten
Schinken
Wurstwaren
eingelegte Gemüse (Pilze, Auberginen u.a.)

Primi

farfalle, fusilli, gnocchi, lasagne, pappardelle, penne, pici, ravioli, rigatoni, spaghetti, tagliatelle, tortelli, tortellini

all'arrabbiata
al burro e salvia
alla carbonara
al cinghiale
ai funghi (porcini)
alla lepre
alla marinara

Erster Gang

Teigwaren der verschiedensten Form und Konsistenz

"zornig" (scharf gewürzt)
mit Butter und Salbei
in Speck-Ei-Käse-Sauce
in Wildschwein-Sauce
mit (Stein-)Pilzen
in Hasenfleisch-Sauce
mit Meeresfrüchten

nero	"schwarz": in Tintenfisch-Sauce
alla panna	mit Sahne
alla pescatora	mit Meeresfrüchten
al pomodoro	mit Tomaten-Sauce
al ragù	mit Fleischsauce
al sugo di carne	mit Fleischsauce
alle vongole	mit Muscheln
acqua cotta	Zwiebel-Tomaten-Suppe mit gratiniertem Brot (Spezialität der Maremma)
cacciucco	Fischsuppe (Spezialität der Küste)
pappa al pomodoro	Tomatensuppe mit Brot
ribollita	Brotsuppe mit Gemüse
zuppa di funghi	Pilzsuppe
zuppa di pane	s. Ribollita
zuppa di verdura	Gemüsesuppe

Secondi	**Hauptgerichte**
agnello	Lamm
anatra, anitra	Ente
arista di maiale	Schweinebraten
bistecca fiorentina	Rindersteak (Lendenstück)
cinghiale	Wildschwein
coniglio	Kaninchen
cotoletta	Kotelett
cotoletta milanese	paniertes Schnitzel
cozze (ripiene)	(gefüllte) Muscheln
faraona	Perlhuhn
fegato	Leber
frittata	Omelett
gamberoni	Langustinen
lepre	Hase
maiale	Schwein
manzo	Rind

nodini di vitello	Kalbsnüßchen
orata	Goldbrasse
ossobuco	Kalbshaxe
pesce spada	Schwertfisch
petti di pollo	Hühnerbrust
piccione	Taube
pollo	Hähnchen
salsicce	Schweinswürstchen
sarago	Brasse
scaloppine	Kalbsschnitzel
sogliola	Seezunge
spigola	Lippfisch
tacchino	Truthahn
totano	Tintenfisch
trippa	Kutteln
vitello	Kalb
vitello tonnato	Kalbfleisch in Thunfischsauce (kalt)
arrosto	Braten, gebraten
alla brace	über Holzkohlenfeuer gegrillt
alla cacciatora	auf Jägerart
ai ferri	gegrillt
al forno	im Ofen gebacken
ai funghi	mit Pilzen
alla griglia	gegrillt
al limone	mit Zitrone
al pepe verde	mit grünem Pfeffer
allo spiedo	am Spieß
surgelato	tiefgefroren

Contorni

Beilagen

carciofi	Artischocken
cipolla	Zwiebel
fagioli	dicke Bohnen

fagiolini	grüne Bohnen
finocchio	Fenchel
funghi	Pilze
insalata (verde, mista, di pomo-dori)	(grüner, gemischter, Toma-ten) -Salat
melanzane	Auberginen
peperonata	Paprikagericht
piselli	Erbsen
pomodori	Tomaten
verdura	Gemüse

Dolci, Frutta, Formaggio	**Süßspeisen, Obst, Käse**
cantuccini	Biskuits (oft mit Mandeln, wer-den in Dessertwein Vin Santo getaucht)
fragole	Erdbeeren
grana	Parmesankäse
macedonia	Obstsalat
panforte	Mandel-Nuß-Gewürz-Kuchen
parmigiano	Parmesankäse
pecorino	Schafkäse
profiterolles	Windbeutel in Schokoladen-sauce
semifreddo	Halbgefrorenes
tartufo	"Trüffel" - ein semifreddo
torta di mele	Apfelkuchen
torta della nonna	"Oma-Kuchen": mit Creme und Pinienkernen
zuppa inglese	Vanillecreme mit Biskuits und Likör

50 Gegenüber der Kirche San Lorenzo

Florenz

Florenz hat rund 470.000 Einwohner, ist die größte Stadt der Toskana und rund ums Jahr beliebtes Touristenziel - ca. zwei Millionen Ankünfte und knapp sechs Millionen Übernachtungen im Jahr.

"Eine der schönsten Städte der Welt, vielleicht die schönste, reich an Kunstwerken, mit allen Reizen der Geschichte, aber auch dem Charme der Gegenwart. Keine Museums-Stadt, sondern ein Ort, an dem die Leute leben und sich vergnügen. Die schönsten Ausstellungen, die besten Konzerte ..." - Ja denkste. Natürlich, das Gerede geht immer weiter. Images sind standhaft. Und wenn die Fotos aus der richtigen Perspektive aufgenommen werden (die Domkuppel im Frühlicht ...), siehts ja auch wirklich toll aus.

In Italien, in Florenz selbst leugnet heute jedoch kein Mensch mehr, daß das historische Zentrum im Würgegriff von Tourismus und Business nur noch asthmatisch atmet: "Florenz hat jede Würde, jede Qualität verloren. Das tägliche Leben ist nicht mehr angenehm. Das Gesicht der historischen Stadt hat sich verdunkelt" (der Architekt Giovanni Michelucci). "Alle wissen Bescheid, und niemand tut etwas. Man schiebt auf, man läßt die Dinge laufen. Und das heißt:

den drängendsten Interessen nachgeben, denjenigen, die auf schnellen Verdienst aus sind - auch wenn das eine obszöne Verwüstung der Stadt bedeutet" (der Philosoph Eugenio Garin, 1988). "Die Stadt ist in den Händen der Touristen und der üblichen Geschäftemacher. Das Zentrum ist nur noch ein Mofa-Parkplatz" (der Schriftsteller Mario Luzi). "Eine Stadt ohne Identität ... Die Lokale, wo sich Künstler und Literaten trafen, sind verschwunden. Die Florentiner ziehen weg: Die Reichen auf die Hügel, die Mittelschicht in die tristen Vorstadt-Hochhäuser" (der Journalist Paolo Vagheggi). Ich könnte endlos so weiter zitieren. Florenz ist zum Problemfall geworden. Aber die schönen Farbfotos zirkulieren, die Kunstwerke stehen an ihrem Platz, der Tourismus funktioniert und es bestehen wenig Chancen, daß der Vorschlag eines florentinischen Architekturprofessors realisiert wird: "Warum bauen wir nicht ein Miniatur-Florenz in Alabama und Arizona ... womöglich auch eines bei Tokio? Dann können die Amerikaner und Japaner sich die Stadt in aller Ruhe anschauen."

Was ist los mit Florenz?

Warum neben dem andauernden Singsang von der zauberschönen Perle der Renaissance diese kritischen Stimmen? Zwei Krisen überlagern sich: Die touristische Überfüllung und - allgemeines Problem der italienischen Großstädte - die Entvölkerung und businessmäßige Umwandlung des historischen Zentrums.

Was den Tourismus angeht, ist die Sache sehr einfach und für jedermann sichtbar: Von März bis Oktober wird Florenz von Besuchern überrollt, gefüllt und plattgetreten. Ein guter Teil der Innenstadt ist zum Service-Center für den Tourismus geworden und hat jedes Eigenleben verloren.

Das zweite Problem ist komplexer - und langfristig gefährlicher: Wie in vielen Großstädten Italiens ist auch in Florenz die Altstadt - selbst unabhängig vom Tourismus - immer weniger ein belebter Organismus und immer mehr ein gigantischer Repräsentations- und Geschäfts-Bereich. In Straßen, in denen Dante und Michelangelo wandelten, läßt sich's prestigeträchtig verkaufen und vornehm verhandeln. Konsequenz: Im Zentrum siedeln sich (neben den auf

schnellen Umsatz mit den Touristen bedachten Läden) die Luxusge-
schäfte an, die Lokale für Spesenritter, die Verwaltungen großer
Firmen, die Banken. Die Quadratmeterpreise der Wohnungen steigen ins Unermeßliche, die Normalbevölkerung zieht weg. Es verschwinden die kleinen Läden, die Werkstätten der Handwerker, die
Weinkneipen. Normales Alltagsleben findet nicht mehr statt.

Dieser Prozeß ist noch nicht abgeschlossen. Das Zentrum von
Florenz ist nicht nur Schaufenster und Umsatz-Maschine. In manchen Straßen, in manchen Lokalen sind noch Reste der früheren Atmosphäre spürbar. Wie in den meisten Großstädten Nord- und Mittelitaliens verbinden sich auch in Florenz gestylte Business-Aggressi-
vität und alte Italien-Folklore. Nur neigt sich die Waage in Florenz
eindeutig zum Negativen, weil der Tourismus als zusätzlicher Faktor
an der Zerstörung des alten Ambientes mitwirkt. So verschwindet
allmählich das traditionelle Florenz der Florentiner.

Florenz ist italienisch, aber zugleich amerikanisch, japanisch,
deutsch, französisch. Und dieser Kosmopolitismus hat keinen Stil, er
entspringt der öligen Internationale der Tour operators und Schnellimbisse. Pulsierendes italienisches Leben ist hier eher die Ausnah-
me.Aber als Kunststadt ist Florenz, trotz alledem, kaum zu übertref-
fen: Auf der ganzen Welt gibt es nur in Rom mehr bedeutende Werke. Und nicht einmal in Rom kann man in so konzentrierter, eingän-
giger Form verstehen, was die Renaissance bedeutet und wie sie sich
aus dem Mittelalter entwickelt hat.

**Wenn Sie vor den Michelangelo-Skulpturen leise bis hundert zäh-
len ....**

und wenn Ihnen Botticelli und Raffael gleichgültig sind, dann nehmen Sie sich keinen langen Florenz-Aufenthalt vor, es lohnt nicht.
Machen Sie ein paar Spaziergänge zum Kennenlernen durch die
Stadt, schauen Sie sich das Ganze von oben an (von Fiesole oder
vom Piazzale Michelangelo) - aber suchen Sie um Himmels willen
kein echt italienisches Ambiente. Sie werden es in Florenz allenfalls
im Winter finden. Urbane Atmosphäre, italienisches Alltagsleben,
gutes Essen, Einkaufsmöglichkeiten - das alles findet man in anderen, weniger touristisch vollgesogenen Städten viel leichter als in der

Blick von Piazzale Michelangelo

Arno-Stadt (und für weniger Geld). Florenz lohnt die Reise aus einem einzigen (gewichtigen) Grund: wegen seiner Kunstwerke.

Beste R e i s e z e i t : der Winter (außer Weihnachten/Neujahr). Zwischen November und Anfang März gibt's keinen Streß und kein Geschiebe, die Einheimischen sind entspannter, die Hotels haben Platz und ersparen dem Gast das magere Zwangs-Frühstück. Vergleichsweise viel Sonnenschein - und wenn's regnet, geht man halt ins Museum. In den anderen Jahreszeiten vermittelt die Stadt dagegen meist zwiespältige Gefühle: Eine gewaltige Tourismus-Maschine, in der es viel zu sehen und viel zu drängeln gibt.

Orientierung

Die A l t s t a d t liegt am Arno. Im Norden, Osten und Süden erheben sich die *Colli Fiorentini*, die 'florentinischen Hügel' mit den Orten *Fiesole* und *Settignano*. Hier liegen die besten Wohngegenden: mit viel Grün, Blick auf die Stadt und angenehm frischem Klima. Im Talkessel wird's im Sommer höllisch heiß: Es geht kaum ein Luftzug.

Nach Westen/Nordwesten öffnet sich das A r n o - T a l in eine (kleine) Ebene, in der sich die neuen Wohnviertel und die Industrie konzentrieren.

Das t o u r i s t i s c h e Z e n t r u m : zwischen Dom, Palazzo Vecchio und Ponte Vecchio. Reisegruppen, Snack-Bars und historische Monumente. Immerhin: autofrei. Einige Seitengassen - z.B. die Via de'Cerchi bei der Piazza Signoria - sogar freundlich belebt.

Im Osten und Westen begrenzen zwei große Kirchen den engeren Altstadtbereich: S. Maria Novella (am Bahnhof) und S. Croce. Innen einige der interessantesten Kunstwerke der Stadt (vgl. Beschreibung unten). Davor große Plätze (autofrei). Touristenrummel.

Die a n g e n e h m s t e n Stadtteile, in denen sich das alte florentinische Leben noch teilweise erhalten hat: nördlich von S. Croce (zwischen Via Verdi, S. Ambrogio, S. Croce) und südlich des Arno (zwischen Ponte Vecchio und Via S. Frediano, um S. Spirito).

Jenseits des Arno auch das einzige große Stück G r ü n im Stadtbereich: die *Boboli-Gärten*.

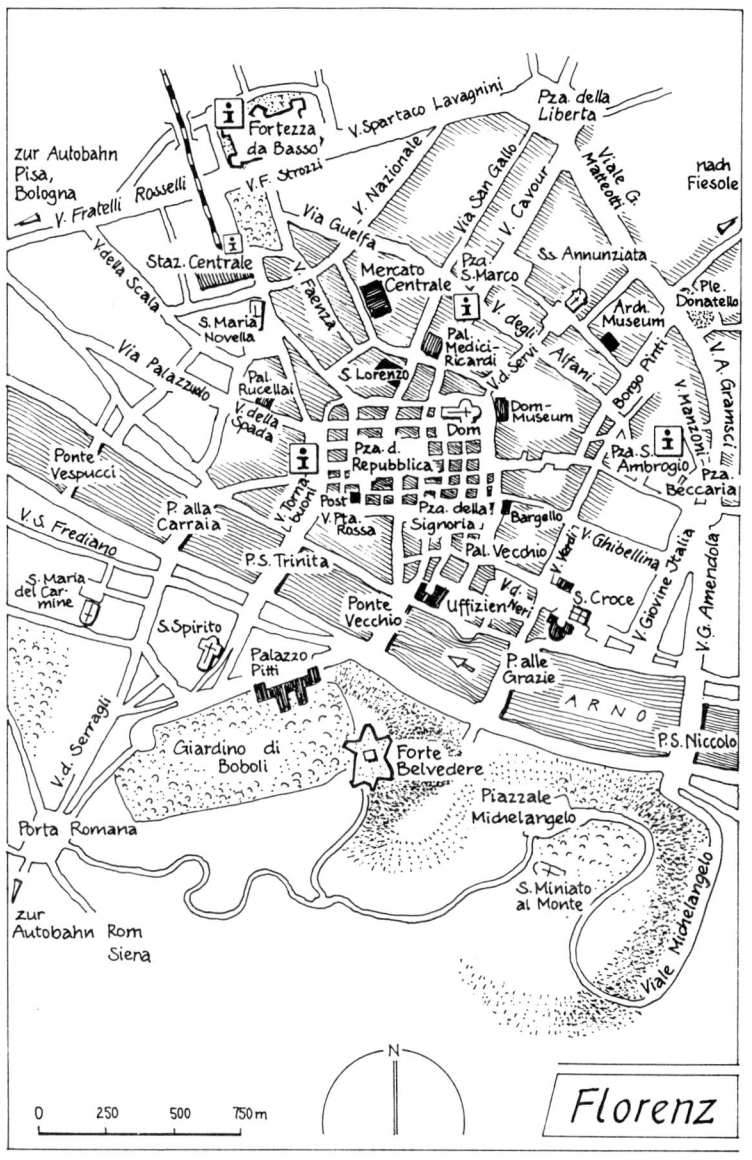

zur Autobahn Pisa, Bologna
V. Fratelli Rosselli

V. Spartaco Lavagnini

Pza. della Libertà

nach Fiesole

Fortezza da Basso

V. F. Strozzi

V. Nazionale

Via San Gallo

V. Cavour

Viale G. Matteotti

Via Guelfa

Staz. Centrale

V. della Scala

Faenza

Mercato Centrale

Pza. S. Marco

Ss Annunziata

Ple. Donatello

Arch. Museum

V. A. Gramsci

S. Maria Novella

Via Palazzuolo

S. Lorenzo

Pal. Medici-Ricardi

V. degli

V. d. Servi

Alfani

Borgo Pinti

V. Manzoni

Pal. Rucellai

V. della Spada

Dom-Museum

Dom

Ponte Vespucci

V. Tornabuoni

Pza. d. Repubblica

Post

Pza. S. Ambrogio

Pza. Beccaria

P. alla Carraia

V. S. Frediano

V. Pza. Rossa

Pza. della Signoria

Bargello

V. de' Neri

V. Ghibellina

V. Giovine Italia

P. S. Trinita

Pal. Vecchio

S. Maria del Carmine

S. Spirito

Ponte Vecchio

Uffizien

V. d. Neri

S. Croce

V. G. Amendola

Palazzo Pitti

P. alle Grazie

A R N O

P. S. Niccolo

V. d. Serragli

Giardino di Boboli

Forte Belvedere

Piazzale Michelangelo

Porta Romana

S. Miniato al Monte

Viale Michelangelo

zur Autobahn Rom Siena

N

0   250   500   750 m

Florenz

A u s s i c h t s p u n k t e : Piazzale Michelangelo (Bus 13 ab Hauptbahnhof); Platz vor S. Francesco in Fiesole (Bus 7 ab Hauptbahnhof/Dom). Mindestens einen der beiden Plätze sollten Sie unbedingt aufsuchen: Der Postkartenblick auf Florenz gehört dazu - und erleichtert die Orientierung!

ZTL

Um die *'Zona di Traffico Limitato'*, die verkehrsberuhigte Zone im Zentrum von Florenz, wird heftig gestritten. Der zuständige Stadtrat hat 1988 die Altstadt zu einem Teil für Privatautos (außer Anlieger und Lieferanten) gesperrt. Autofrei ist das Zentrum von Florenz damit nicht geworden - aber immerhin etwas ruhiger. Die Geschäftsleute der Innenstadt (bzw. ihre Organisationen) kämpften verzweifelt weiter für freie Fahrt in alten Gassen. Ein Referendum im November 1988 hat ihnen erstmal eine Niederlage beschert: Die Mehrzahl der Florentiner stimmte für eine Vergrößerung der ZTL.

Märkte

Großer Lebensmittelmarkt *Mercato Centrale* nördlich von S. Lorenzo (ganztags; sonntags und montags geschl.).

Kleinere Lebensmittelmärkte (vormittags) bei S. Ambrogio und S. Spirito.

Floh- und Antiquitätenmarkt auf der Piazza de'Ciompi (bei S. Ambrogio, ganztags).

Kleidermarkt *Mercato delle Cascine* dienstags (vormittags) am Arno bei Ponte della Vittoria.

Die Stroh- und Kleidermärkte bei S. Lorenzo und Mercato Nuovo sind berühmt, aber stark auf den Tourismus ausgerichtet.

Aufpassen!

Florenz hat eine blühende Kleinkriminalität: Autoeinbrüche, Taschendiebstahl, Handtaschenraub. Taschendiebe vielfach in den

Bussen und (natürlich) in jedem Gedränge. Handtaschenräuber arbeiten ausschließlich vom Motorrad aus - Handtaschen nicht zur Straßenseite hin tragen!

Ich möchte keine Vorurteile aufbauen, weiß aber aus eigener Anschauung: Viele der bettelnden Zigeunerkinder in der Stadt sind meisterhafte Taschendiebe, von skrupellosen Schleppern fürs Gewerbe ausgebildet. Höchste Alarmstufe, wenn Sie von mehreren Kindern zugleich angebettelt werden!

Eine Minderheit von Kellnern, Ticketverkäufern usw. haut die Touristen mit blöden Tricks über's Ohr. Ich habe in einem Self-service gesehen, wie einem Gast für zwei Gänge 90.000 Lire berechnet wurden - in der Hoffnung, der doofe Ausländer bringe die Nullen durcheinander. Unterstes Niveau - im allgemeinen an sprachunkundigen Gästen ausprobiert.

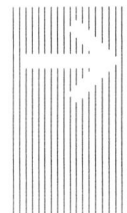 Legaler Nepp: Im Zentrum kann es Ihnen durchaus passieren, daß Sie für einen Eisbecher 20 DM zahlen müssen. Informieren Sie sich im voraus über die Preise - nie ohne Preisliste bestellen (in Bars meist hinter der Kasse ausgehängt.

Achtung, das Kleingeschriebene: Mit Sitzplatz kann's dreimal soviel kosten wie an der Theke).

Rote und schwarze Hausnummern

Ein verwirrendes System: Geschäfte und Restaurants haben rote Hausnummern (bei der Anschrift wird der Nummer ein *r* hinzugefügt), Privathäuser und Hotels schwarze (bzw. blaue) Nummern. Die beiden Nummern-System laufen völlig unabhängig voneinander - neben Nr. 104 (normal) findet sich also beispielsweise Nr. 22 *r* (rot). Wenn man's einmal kapiert hat, ist es zu verkraften.

Zur Stadtgeschichte

Bis 1400 unterschied sich Florenz in ökonomischer und politischer Hinsicht nicht entscheidend von den anderen toskanischen Städten. Allerdings war es schon damals bevölkerungsreicher als die Konkurrenten (90.000 Einwohner um 1400). Florenz lebte vom Handel und von einer ausgedehnten Industrie (vor allem Tuchproduktion). Es war, wie Siena, Lucca, Arezzo und viele andere, eine selbstverwaltete Stadtrepublik mit gewählten Räten und einer 'elitär-demokratischen Verfassung' - d.h. politische Rechte hatten nur die Männer der besitzenden Klasse (vgl. ausführlicher 'Mittelalterliche Toskana', S. 91).

Ende des 14. Jhdts. kam es zu großen sozialen Erschütterungen. Der 'Aufstand der Ciompi' (der Wollarbeiter) 1378 war die erste proletarische Revolution im modernen Europa - für kurze Zeit wurde die Stadt von den Unterklassen regiert. Für ein halbes Jahrhundert blieb die politische Situation der Folgezeit instabil, bis schließlich die Familie der *Medici* das Heft in die Hand nahm. Cosimo Medici der Ältere, ein intelligenter Bankier und Politiker, wurde durch Intrigen und Bestechung praktisch zum Alleinherrscher - allerdings nutzte er seinen Einfluß im Interesse der gesamten wohlhabenden Klasse von Florenz. Sein Enkel Lorenzo ging als *Il Magnifico* (der Prächtige) in die Geschichte ein: Zu seiner Zeit erlebte die florentinische Renaissance ihren Höhepunkt.

Nach Lorenzos Tod führte der Mönch *Savonarola* eine Art puritanischer Revolution gegen die Medici durch: Die Herrscherfamilie wurde vertrieben, Kunstwerke und Schmuck wanderten auf die Scheiterhaufen, die laxen Renaissance-Sitten sollten sich radikal bessern. Savonarola erreichte nur kurzzeitige Erfolge: Als er die Herausforderung einer Feuerprobe nicht annahm, wurde er selbst verbrannt (1498).

Nach 1500 wurde Florenz noch einmal für einige Zeit demokratisch verwaltet. 1530 aber errichteten die Medici gegen den erbitterten Widerstand der Einwohner - mit Unterstützung der Truppen des habsburgisch-spanischen Kaisers Karl V. - eine absolutistische Herrschaft in der Toskana. Bis zum Tod des letzten Abkömmlings der Familie (1743) blieben Florenz und die Toskana unter dem Medici-Regiment.

Ihre ökonomische und kulturelle Bedeutung hatte die Stadt schon seit 1500 verloren, die einstige Metropole sank zur Hauptstadt eines mittleren Fürstentums herab. Die angesammelten Reichtümer wurden jetzt meist in die Landwirtschaft investiert - daher die mustergültige, fast gartenarchitektonische Formung der toskanischen Landschaft.

Kunst

"Es ist unglaublich, welchen moralischen Zwang dieser Baedeker mit seinen zwei Kreuzen ausübt. Er nötigt uns, minutenlang vor einem Bilde zu stehen und Mienenspiele zu treiben. Da ist zum Beispiel diese Tribuna in den Uffizien. Der Herr Kommerzienrat werden mir bestätigen, daß er mit Frau, Tochter und Sohn sich zwölf Minuten lang in dem Saal aufgehalten hat ... Hier spricht jeder Stein zu dem Gebildeten."
Ludwig Thoma, 1908

Einen Florenz-Kunstführer kann und soll dieses Buch nicht ersetzen. Ich möchte hier nur einige der wichtigsten Kunstwerke vorstellen. Für eingehende Besichtigungen sollten Sie auf ausführlichere Bücher zurückgreifen.

Der mit Abstand beste Florenz-Kunstreiseführer ist m.E. 'Florenz' von Günter Wachmeier (Artemis-Cicerone). Endlich mal ein Buch, in dem nicht nur kunstgeschichtliche Daten und allenfalls irgendwelche Anekdoten beziehungslos nebeneinander stehen, sondern Hintergründe und Zusammenhänge intelligent gezeigt werden. Nüchtern, konzentriert und sachlich erstklassig. Jedem Kunstreisenden unbedingt zu empfehlen.

Renaissance

Florenz ist als Renaissance-Stadt berühmt. Zum Teil ist diese Vorstellung irreführend: Die Stadtanlage und die meisten großen Bauten (Kirchen, öffentliche Palazzi) stammen wie in Siena oder Lucca aus dem 13. und 14. Jhdt., d.h. noch aus dem Mittelalter. Aber während in den anderen toskanischen Städten die Kunstentwicklung nach 1400 stagnierte, erlebte Florenz jetzt sein goldenes Jahrhundert. Ab 1420 tauchten Kunstwerke und philosophische Strömungen auf, die radikal neue Tendenzen zeigten - eben jene Entwicklung, die man sehr viel später als Renaissance bezeichnet hat. Florenz blieb bis zum Ende des 15. Jhdts. die Hauptstadt dieser modernen Richtung - es war die Zeit der Frührenaissance.

Was war das Neue, das Besondere der Renaissance? Stark vereinfachend kann man sagen: Das Interesse verlagerte sich zur irdischen, *diesseitigen Welt*. Keine Diskussionen mehr, wieviel Engel auf eine Nadelspitze passen - stattdessen fertigte Leonardo da Vinci anatomische Zeichnungen und Pläne für Flugmaschine. In der Malerei wurden die unbewegten Madonnen und Heiligen des Mittelalters durch Menschen von Fleisch und Blut verdrängt; anschauliche Naturszenen ersetzten die Goldhintergründe der älteren Bilder. Und an die Stelle der Gemälde des Jüngsten Gerichts mit strenger Ordnung von Verdammten und Gerechten treten Schlachtenbilder, in denen es drunter und drüber geht.

Allerdings - das sollte man nicht übersehen - blieb die Renaissance eine stark religiöse Epoche. Der Glaube wurde nicht abgelehnt. Aber er verband sich mit Betrachtung und Freude an der wirklichen Welt, war nicht mehr so ausschließlich auf's Jenseits gerichtet. In der Kunst kann man den Renaissance-Stil vor allem an drei Merkmalen erkennen. Sie hängen alle mit der neuen 'Diesseitigkeit' zusammen:

- Die dargestellten Personen haben eine unverwechselbare *Individualität*. Gefühle und psychologische Haltungen werden deutlich. Immer häufiger porträtieren die Künstler wirklich existierende Menschen.
- Die *sinnliche Welt* wird dargestellt: die Natur, Gebäude, Städte. Aber auch Details wie Gräser, Tiere, Kleidungsstücke gewinnen Be-

deutung. Ganz klar wird's im Vergleich: Mittelalterliche Bilder haben meist einen flächigen, einfarbigen Hintergrund; auf Renaissance-Gemälden erscheinen Berge, Flüsse, Burgen, Wälder.

- Die *Rationalität* spielt eine neue Rolle. Bilder werden bewußt - vielfach unter Zuhilfenahme mathematischer Regeln - konstruiert. Entscheidende Neuerung: die Zentralperspektive. Im Florenz des frühen 15. Jhdts. entstehen erstmals Bilder, die nach den perspektivischen Gesetzen der Optik aufgebaut sind. Alle Renaissance-Kunst bemüht sich um perspektivische Genauigkeit.

Individualität, Darstellung der sinnlichen Welt, Rationalität: An diesen Merkmalen kann man nicht nur die Renaissance-Kunst erkennen; sie finden sich im gesamten Denken der Zeit. Sie prägen ein neues Weltbild. Und dieses Weltbild hat noch heute Bedeutung. Viele moderne Sichtweisen sind von der Renaissance mitentwickelt worden: der Individualismus, die Wissenschaft, die Unterwerfung der Natur und die Liebe zur Natur. Es ist nicht nur Mode, wenn die Amerikaner wie besessen zum David des Michelangelo pilgern: Dieser kräftige jugendliche Selfmade-man hat - wenn auch nur sehr entfernt - gewiß einiges mit den Idealen moderner Gesellschaften zu tun.

Viele andere Strömungen hatten - über die hier angedeuteten hinaus - in der Renaissance Bedeutung: die Besinnung auf die Antike (von der die Bezeichnung 'Renaissance' = Wiedergeburt hergeleitet ist), die Astrologie und Alchimie, die magisch-philosophische Spekulation. Wenn Sie mehr wissen wollen: Lesehinweise auf im ABC, Stichwort 'Literatur'.

Das religiöse Zentrum: *Dom und Baptisterium*

Das B a p t i s t e r i u m (Taufkirche) zählt zu den ältesten Bauten in Florenz. Es wurde zwischen 1060 und 1128 gebaut. Allerdings nicht im damals üblichen romanischen Stil, sondern in Anknüpfung an antike römische Bauten, vor allem an das Pantheon. Tatsächlich hat man später lange Zeit das Baptisterium für einen original-antiken Bau gehalten! Innen ist es mit mittelalterlichen Mosaiken geschmückt. - Berühmt sind die drei Bronzetüren, insbesondere die dem Dom zugewandte 'Paradiespforte' von *Lorenzo Ghiberti*. Ghiberti, einer der ersten Renaissance-Bildhauer, hat an dem Portal siebenundzwanzig Jahre lang (von 1425 bis 1452) gearbeitet. Die Szenen (Darstellungen aus dem Alten Testament) sind stark bewegt, oft dramatisch - mit reichen Architektur- und Naturhintergründen. Die einzelnen Reliefs der Tür werden gegenwärtig nach und nach ins Dommuseum gebracht und am Baptisterium durch Kopien ersetzt.

Der Bau des D o m s wurde kurz vor 1300 begonnen, in der großen Zeit des mittelalterlichen Florenz. Bis zur Fertigstellung der Kuppel, des Wahrzeichens der Stadt, brauchte man fast 150 Jahre; auch danach wurde am Dom noch weitergebaut. Die heutige Fassade entstand erst im 19. Jhdt. Innen wirkt die Kirche eher enttäuschend: ziemlich nüchtern, in starkem Gegenatz zu dem fast übertrieben farbigen Außenbau. Ganz interessant an der linken Wand das gemalte Reiterstandbild des John Hawkwood (eines englischen Söldnerführers, den die Italiener, um sich die Aussprache zu erleichtern, *Giovanni Acuto* nannten). Es stammt von dem Maler *Paolo Uccello* (1436), ist eine komplizierte perspektivische Darstellung aus der Untersicht. (Das rechte der beiden Reiterbilder.) Etwas weiter vorn an der gleichen Wand ein Bild *Dantes* vor dem mittelalterlichen Florenz.

Die Konstruktion der Domkuppel war lange Zeit ein ungelöstes technisches Problem. Der Architekt *Brunelleschi*, der auch die mathematische Formulierung der Zentralperspektive gefunden hatte, machte schließlich den entscheidenden Vorschlag: die Kuppel nicht über einem Holzgerüst zu errichten, sondern sie Schale für Schale von außen nach innen hochzuziehen. Unter großen Schwierigkeiten wurde das Projekt zwischen 1420 und 1436 verwirklicht. Neuerdings hat man Risse in der Domkuppel festgestellt und sie zunächst auf Umwelteinflüsse zurückgeführt, wahrscheinlich waren diese Risse aber schon von Anfang an vorhanden!

"Die Stadt hatte ich eiligst durchlaufen, den Dom, das Baptisterium. Hier tut sich wieder eine ganz neue, mir unbekannte Welt auf, an der ich nicht verweilen will. Der Garten Boboli liegt köstlich. Ich eilte so schnell heraus als hinein." Johann Wolfgang Goethe, 1786

Das politische Zentrum - Piazza Signoria und Palazzo Vecchio

Hier fanden einst die Volksversammlungen statt, hier tagten die Ratsherren, hier wurde der Dominikanermönch Savonarola verbrannt, der für einige Zeit Florenz beherrscht hatte. Das R a t - h a u s (Palazzo Vecchio oder Palazzo della Signoria) wurde (wie der Dom und wie auch das Rathaus von Siena) um 1300 gebaut. Man kann es innen besichtigen; die Ausstattung stammt zum größten Teil aus dem 16. Jhdt., ist nur von begrenztem Interesse.

Rechts vor dem Palazzo Vecchio die L o g g i a   d e i   L a n z i, ein Repräsentationsbau aus dem späten 14. Jhdt. In der Loggia sind zahlreiche Skulpturen aufgestellt, darunter der berühmte 'Perseus mit dem Haupt der Medusa' von Benvenuto Cellini (um 1550 entstanden). Die Loggia dei Lanzi ist das architektonische Vorbild der Münchner Feldherrenhalle.

Vor dem Rathaus noch einige weitere Statuen, darunter eine Kopie des David von Michelangelo. (Das Original stand hier bis 1910, wurde dann in die Galleria dell'Accademie gebracht.) Linker Hand der N e p t u n s b r u n n e n. Er stammt von einem Schüler Michelangelos, Bartolomeo Ammanato. Angeblich war Michelangelo mit dem feisten Neptun nicht zufrieden und reimte: "Ammanato, Ammanato, che bel marmo hai sciupato" ("Ammanato, Ammanato, welch schönen Marmor hast du versaut"). Die schöne Legende kann nicht stimmen - Michelangelo war schon tot, als der Brunnen entstand.

Or San Michele

Eine merkwürdige Kirche zwischen Dom und Piazza della Signoria: eher ein klobiges mittelalterliches Hochhaus. Tatsächlich befand sich hier ursprünglich ein Getreidemarkt. In dem Markt war ein wundertätiges Bild des Erzengels Michael angebracht, vor dem soviel gebetet wurde, daß man schließlich das Getreide in zwei obere Stockwerke verlagerte - unten blieb eine Kirche. Ungeplanter Nebeneffekt: Die Konstruktion war praktisch für die kirchliche Sozialfürsorge, Kornspenden für arme Leute konnte man direkt vom oberen Stockwerk in die Kirche leiten. An einigen Pfeilern sieht man noch heute die Öffnungen, aus denen früher das Getreide herauskam.

Kunstgeschichtlich interessant ist Or San Michele, weil die florentinischen Zünfte für diesen Bau jeweils eine Skulptur stifteten. Die Bildwerke stehen in Nischen außen an den vier Seiten der Kirche - ein Freilichtmuseum der Renaissance-Bildhauerei. Besonders interessant: die *Quattro Coronati* von Nanni di Banco (von Via Tornabuoni aus: rechte Seite, dritte Nische) - im Sockelrelief eine anschauliche Darstellung einer Bildhauerwerkstatt, gleichsam eine Selbstdarstellung der Arbeit des Künstlers; rechts daneben der *Hl. Georg* von Donatello (Kopie; Original im Bargello-Museum) - wie der David des Michelangelo eine Symbolfigur des auf sich selbst gestellten, frei dastehenden Renaissance-Menschen. Innen in der Kirche ein prunkvolles Marmor-Tabernakel von Andrea Orcagna (1359) mit schönen Reliefs.

Ponte Vecchio

Der Ponte Vecchio ist die einzige mittelalterliche Arno-Brücke, die sich in Florenz erhalten hat. Er wurde 1345 gebaut. Von Anfang an standen kleine Häuschen auf der Brücke. Sie dienten als Läden; durch die Vermietung wurden binnen weniger Jahre die Baukosten der Brücke eingebracht. Eine genau kalkulierte Investition - und dem Kommerz dient der Ponte Vecchio noch heute. Seit 1593 haben ausschließlich Goldschmiede das Recht, hier zu verkaufen.

Die anderen Arno-Brücken wurden 1944 von den deutschen Truppen gesprengt. Man hat sie in den alten Formen wieder aufgebaut - zum großen Teil mit den Original-Steinen, die man sorgsam aus dem Arno fischte.

S. Croce

S. Croce ist die Franziskanerkirche von Florenz. Die Bettelorden (Franziskaner und Dominikaner) wirkten seit dem 13. Jhdt. in den ärmeren Stadtvierteln der Großstädte - unter Tucharbeitern, Tagelöhnern, kleinen Handwerkern. Große Teile der Stadtbevölkerung Italiens (und Frankreichs) standen damals der Kirche kritisch gegenüber. Die 'Ketzer' - vor allem Katharer und Waldenser - hatten unter den städtischen Massen Tausende von Anhängern. In manchen Regionen waren sie stärker als die Katholiken. Franziskaner und Dominikaner versuchten, mit einer Art kirchlicher Basisarbeit den Ketzerbewegungen entgegenzutreten: Überzeugungsarbeit und vorbildliches Leben unter den Armen der Stadt. (Die Dominikaner 'retteten' gefährdete Seelen notfalls auch mit Gewalt: Sie waren im Mittelalter der Inquisitions-Orden.)

Die Bettelordens-Kirchen (es gibt sie in den meisten Städten Italiens) sind fast immer sehr groß: um eine zahlreiche Gemeinde fassen zu können. Oft (so auch in Florenz) haben sie besonders viele Kunstwerke. Ursprünglich waren die Bauten, entsprechend den Grundvorstellungen der Orden, fast schmucklos; aber gerade ihre Leere zog später, als sich die ursprüngliche Strenge verlor, viele Stiftungen reicher Leute an. Hier gab es genug Platz für Kunstwerke. So wurden diese Kirchen zu bedeutenden Kunststätten. Das gilt auch für S.Croce, die zudem die Grabkirche vieler berühmter Italiener ist.

Von dem bedeutenden Renaissance-Bildhauer D o n a t e l l o stammen das Verkündigungs-Relief (rechte Wand, vor dem Querschiff) und das Holzkruzifix (Kapelle im linken Querschiff). Sie zeigen, welch unterschiedliche Spielarten menschlichen Ausdrucks dieser Künstler beherrschte. Über das Kruzifix soll der Architekt *Brunelleschi*, Freund Donatellos, mißbilligend gesagt haben: "Du hast einen Bauernburschen ans Kreuz genagelt" - ihm war Donatellos Realismus zu weit gegangen.

In den beiden Kapellen rechts vom Chor Fresken von G i o t t o , der als Hauptvorläufer der Renaissance-Malerei gilt (frühes 14. Jhdt.). Man versteht, warum, wenn man seine Franziskus-Fresken (zweite Kapelle rechts) mit den Franziskus-Szenen auf Goldgrund (Tafelbild in der gleichen Kapelle) vergleicht, die etwa siebzig Jahre zuvor entstanden sind. Alles bei Giotto weist über den traditionellen Stil der älteren Bilder hinaus: die Behandlung der Körper, die Bewegungen, die Bildhintergründe, die Perspektive, die psychologische Gestaltung der Personen.

Blick auf den Arno

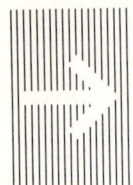 Meine Empfehlung: Versuchen Sie hier, zwei Darstellungen mit gleichem Thema gründlich in ihren Unterschieden zu sehen (nirgendwo in Florenz geht es leichter als in dieser Kapelle) - Sie werden in zehn Minuten vermutlich mehr über die florentinische Kunstrevolution verstehen als aus stundenlanger Lektüre!

Weitere Kunstwerke sowie Grabdenkmäler in S. Croce:

Gleich rechts vom Eingang das *Grabmal Michelangelos* mit den etwas komisch wirkenden trauernden Gestalten der Skulptur, der Architektur, der Malerei. Daneben ein *Grabmal für Dante.* (Der Dichter ist allerdings nicht hier, sondern in Ravenna begraben.) Schöne *Renaissance-Kanzel von Benedetto da Maiano* (um 1475) mit Reliefs der Franziskus-Legende. Etwas weiter vorn rechts an der Wand *Grabmal für Niccolò Macchiavelli*, den florentinischen Staatsmann und Philosophen. *Grabmal des Komponisten Gioacchino Rossini.* Im rechten Querschiff und in den Kapellen des Chors zahlreiche *Fresken*, zumeist aus dem 14. Jhdt.

In der Capella Baroncelli (rechtes Querschiff) Fresken des Giotto-Schülers Taddeo Gaddi, darunter das erste Nachtbild der europäischen Malerei (Verkündigung an die Hirten). Die Hauptchorkapelle wurde von Agnolo Gaddi ausgemalt (Szenen der Kreuzlegende). Neben der Kirche die *Pazzi-Kapelle*, Frührenaissance-Bauwerk von Filippo Brunelleschi.

S. Maria Novella

S. Maria Novella ist die zweite große Bettelordenskirche in Florenz: die Kirche der Dominikaner. Sie entstand im gleichen Zusammenhang und zur gleichen Zeit (um 1300) wie S. Croce (vgl. Beschreibung S. Croce). Wie ihre Schwesterkirche ist sie zu einem Museum florentinischer Kunst geworden.

An der linken Wand - etwa in der Mitte des Kirchenraums - das Fresko der Dreifaltigkeit von *Masaccio*. Masaccio war der bedeutendste Maler der Frührenaissance; er starb 1428 mit nur siebenundzwanzig Jahren, hat relativ wenige Gemälde fertiggestellt. Sein Einfluß wirkte noch - fast ein Jahrhundert später - auf Michelangelo.

Das Dreifaltigkeits-Bild, eine strenge Komposition, ist das erste Gemälde, das konsequent nach der mathematischen Zentralperspektive aufgebaut ist - wo die perspektivische Sicht also, einfach gesagt, hundertprozentig stimmt. Weitere kunst-revolutionäre Neuerungen: Die Stifterfiguren (rechts und links unten) sind in gleichem Maßstab geschaffen wie Gott und Christus - eine Aufwertung der Menschen. Das Bild ist konsequent durchkomponiert (in einem Dreiecksaufbau); der Körper Christi ist nicht mehr zeichenhaft angedeutet, sondern in allen Einzelheiten dargestellt; die Architekturelemente (Säulen, Gebälk, Gewölbe) gehen auf die Antike zurück.

Ich muß gestehen: mir gefallen sehr viel besser Masaccios Fresken in S. Maria del Carmine (s. Beschreibung unten) - aber das Bild in S. Maria Novella hat für die Entwicklung der Kunst eine vergleichbare Bedeutung wie die abstrakten Werke zu Beginn des 20. Jhdts.: Eine neue Epoche beginnt.

Hinter dem Hauptaltar eingängigere, farbenfreudige Renaissance-Malerei: Szenen aus dem Marienleben und dem Leben Johannes des Täufers von *Domenico Ghirlandajo* (1485-90). Hier sieht man besonders klar die 'Hinwendung zur diesseitigen Welt' in der Renaissance: Landschaft, Architektur, zahlreiche Details, Porträts in einer naiv erzählenden, unbeschwerten Darstellung. Besonders schön, mit anschaulichen Einzelheiten, die Szene der Mariengeburt (linke Wand) und die Stadtansicht auf dem Bild links unten an der rechten Wand.

Weitere Kunstwerke in S. Maria Novella:

Elegante *Kanzel* mit Reliefs des Marienlebens (nach Entwurf von Brunelleschi). In der Kapelle links vom Hauptaltar ein *Holzkruzifix*, ebenfalls von Brunelleschi, der Überlieferung nach als Antwort auf Donatellos allzu realistisches Kruzifix in S. Croce geschaffen (vgl. Beschreibung S. Croce). In der Sakristei (Zugang vom linken Querschiff) großes gemaltes Kruzifix von *Giotto*.

Neben der Kirche die ehemaligen Klostergebäude; im Kreuzgang bedeutende, leider schlecht erhaltene *Fresken von Paolo Uccello* (um 1450). Besonders schön 'Die Sintflut' und 'Die Trunkenheit Noahs'. In der sogenannten Spanischen Kapelle theologisch-geschichtlich interessante Fresken von Andrea da Firenze (um 1365): 'Triumph des hl. Thomas', 'Allegorie der Kirche'.

S. Maria del Carmine

Etwas außerhalb des engeren Stadtzentrums steht auf der südlichen Arnoseite die Kirche S. Maria del Carmine mit - für mein Empfinden - den schönsten Fresken von Florenz. Hier hat zwischen 1425 und 1428 *Masaccio*, der erste große Renaissance-Maler (vgl. oben), sein Hauptwerk geschaffen.

Der Fresken-Zyklus in der Brancacci-Kapelle war von dem älteren Maler *Masolino* begonnen worden; eine Zeitlang arbeiteten Masolino und Masaccio zusammen; schließlich malte Masaccio einige Bilder allein. Allerdings hat er die Arbeit in der Kapelle nicht zuende geführt: Er starb bereits mit siebenundzwanzig Jahren (und hartnäckig hielt sich das Gerücht, eifersüchtige Kollegen hätten das Malergenie vergiftet).

Masaccios neue Ausdruckskraft erkennt man gut bei einem Vergleich seiner 'Vertreibung aus dem Paradies' (oben am linken Pfeiler) mit Masolinos traditionellerem 'Sündenfall' (rechter Pfeiler oben). In Masaccios Bild steckt eine intensive psychische Dynamik: Seelische Bewegungen sind niemals zuvor so ausdrucksstark gemalt worden. Der neue individualisierende und psychologische Ton der Renaissance wird hier ganz deutlich.

Auch in den anderen Fresken Masaccios ist - neben dem klaren, gegliederten Bildaufbau - vor allem die Gestaltung der Personen interessant: unterschiedlich geformte, sprechende Physiognomien, in denen Stimmungen u. Gefühle klar zu erkennen sind; plastische Körper; kräftige, entschiedene Bewegungen.

An der linken Wand oben: 'Der Zinsgroschen' (Jesus und die Jünger sollen eine Tempelsteuer bezahlen; Petrus will sich weigern, erhält aber von Jesus den Befehl, einen Fisch zu fangen, in dessen Mund er eine Münze für die Steuer finden werde); Fensterseite, links unten: 'Schattenheilung' (Petrus heilt Kranke durch seinen Schatten); Fensterseite, rechts: oben 'Taufe durch Petrus', unten 'Almosenspende des Petrus und Johannes'.

"Al fresco und für ewig fast/ wenn's mittlerweile nicht verblaßt"

reimte Wilhelm Busch. Er hatte teilweise recht: Fresken halten fast ewig. Aber nicht so sehr das 'Verblassen' verändert ihre Farben im Lauf der Zeit, sondern vielmehr Schmutzschichten, die sich über das Bild legen.

Al fresco heißt 'frisch gemalt': Die Farben wurden von den Malern auf den Kalkverputz der Wände aufgetragen, bevor er antrocknete. So verbanden sie sich stabil mit dem Verputz und blieben über Jahrhunderte erhalten. Maltechnisch ist das Verfahren nicht einfach: Es darf nur so viel Kalk aufgetragen werden, wie der Künstler vor dem Antrocknen bemalen kann. Wird er damit nicht rechtzeitig fertig, müssen die fehlenden Teile *al secco*, d.h. auf der trockenen Wand nachgetragen werden. Diese Secco-Teile aber haben keine Dauerhaftigkeit: Sie haften nur oberflächlich und blättern im Laufe der Jahre ab.

Die Fresko-Technik wurde seit dem ausgehenden Mittelalter angewandt. Ihr verdanken wir den guten Erhaltungszustand vieler Wandgemälde. Restaurierungen beschränken sich oft auf die bloße Reinigung der Bilder. Allerdings nicht immer: Wenn es zu chemischen Reaktionen in der Kalkschicht gekommen ist (vielfach aufgrund älterer Restaurierungen mit fragwürdigen Mitteln), müssen aktive Gegenmaßnahmen ergriffen werden. Welche - darüber sind sich die Restauratoren selten einig. Jeder Eingriff kann ungeplante Folgen haben, die nicht mehr ganz wiedergutzumachen sind.

Konstruiert und geordnet: S. Spirito und S. Lorenzo

Gewiß nicht die schönsten Kirchen der Stadt - aber in gewisser Weise sehr charakteristisch für das Renaissance-Florenz. Beide Kirchen wurden von *Filippo Brunelleschi* entworfen, dem Architekten der Domkuppel und Theoretiker der Zentralperspektive.

Es sind reine Renaissance-Kirchen; in ihnen kommt vor allem die rationale Seite der damaligen Kunst deutlich zum Ausdruck. Alle Maßverhältnisse sind genau durchgerechnet (bei S. Lorenzo z.B.: Querschiff genauso breit wie Mittelschiff, Seitenschiff so breit wie

Kapellen; bei S. Spirito: Mittelschiff und Seitenschiff jeweils doppelt so hoch wie breit, usw.).

Die Kirchen wirken konstruiert und geordnet: Helle, übersichtliche Räume, kaum Dekoration. Der Gesamteindruck ist ziemlich kühl. Ich muß gestehen, daß mir diese florentinische Renaissance-Architektur sehr viel weniger gefällt als die gleichzeitige Bildhauerei und Malerei: das Geplant-Konstruktive tritt zu sehr in den Vordergrund. Bei beiden Kirchen wurden die Fassaden nicht fertiggestellt.

Ein Gag: Der Gelateria-Besitzer an der Piazza S. Spirito (Nr. 9r) forderte vor einigen Jahren Architektur-Studenten auf, Fassadenentwürfe für S. Spirito zu machen. Ergebnis: Hunderte von witzigen, kreativen Vorschlägen, die in einem Seitenraum der Bar ausgestellt sind. Unbedingt anschauen!

Palazzo Strozzi, Palazzo Medici-Ricardi, Palazzo Rucellai

Die Stadtpaläste der reichen Florentiner Familien. Sie stammen aus der Renaissance (15. Jhdt.). Die riesigen Palazzi mit ihrem massiven Mauerwerk haben aber noch etwas von mittelalterlichen Burgen. Nicht zufällig: Bei den Reichen von Florenz war die Erinnerung an die Volksaufstände des späten 14. Jhdts. noch wach, als diese Bauten errichtet wurden. Beim Außenbau achtete man nicht so sehr auf Eleganz wie auf die Möglichkeit, sich nötigenfalls im Palazzo verteidigen zu können.

Der architektonisch interessanteste, am feinsten durchgegliederte dieser Bauten ist der Palazzo R u c e l l a i . Im Erdgeschoß dieses Gebäudes befindet sich übrigens das *Museo di Storia della Fotografia* (tägl. 10-19.30, samstags 10-23 Uhr), in dem alte Fotoapparate und wechselnde Fotoausstellungen zu sehen sind.

Im Palazzo M e d i c i - R i c a r d i die interessante kleine Hauskapelle: ansprechende Fresken von Benozzo Gozzoli (1459/60).

S. Miniato al Monte

Die romanische Kirche oberhalb des Stadtzentrums (in der Nähe des Piazzale Michelangelo) zählt zu den ältesten Bauwerken in Florenz. Sie wurde zwischen 1070 und 1150 gebaut. Meines Erachtens hat sie den schönsten Innenraum der Kirchen von Florenz - belebte und bewegte Architektur, im Gegensatz zu den streng rationalen Konstruktionen der Renaissance-Kirchen und zu der Nüchternheit des Doms.

Unter dem Chor eine interessante Hallenkrypta (11. Jhdt.). Einzelkunstwerke: Marmorkanzel und Chorschranken mit Skulpturen (um 1210); reichgeschmücktes Tabernakel vor dem Eingang zur Krypta (von Michelozzo, 1448); Grabmal des Kardinals von Portugal in einer Kapelle des linken Seitenschiffs (um 1465); Fresken (Leben des hl. Benedikt) von Spinello Aretino (um 1400) in der Sakristei (Zugang vom Chor aus).

Museen

Ein kleiner Überblick - und einige genauere Hinweise zum Dommuseum und den Uffizien. Öffnungszeiten, soweit nichts anderes angegeben ist: 9-14 Uhr, sonn- und feiertags 9-13 Uhr (Kasse schließt jeweils 30 min. früher!), montags geschl. Ohne Gewähr: Die Zeiten können sich überraschend ändern.

Das A r c h ä o l o g i s c h e Museum wird verhältnismäßig wenig besucht - weil Altertümer nicht so recht zum Florenz-Image passen. Dabei hat es einige der bedeutendsten etruskischen Funde der Welt, außerdem auch ägyptische und römische Werke.

Im B a r g e l l o befinden sich vor allem Renaissance-Skulpturen: Meisterwerke insbesondere von Donatello und Michelangelo, aber auch von allen anderen florentinischen Renaissance-Bildhauern.

In der G a l l e r i a d e l l ' A c c a d e m i a steht der berühmte David des Michelangelo (1910 von der Piazza Signoria hierher gebracht). Weniger bekannt, aber noch ausdrucksstärker sind Michelangelos 'Sklaven' oder 'Gefangene'; unvollendete Gestalten, die sich aus dem rohen Stein herauszuquälen scheinen. Die Accademia ist - wegen des David - meist sehr überlaufen.

Ebenfalls von Michelangelo: die M e d i c i - G r ä b e r (Capelle Medicee; Eingang an der Rückseite der Kirche S. Lorenzo). Eines der kompliziertesten Werke des Künstlers, mit tiefsinnigem philosophischen Gehalt - für den unvorbereiteten Besucher, glaube ich, kaum verständlich.

Unmittelbar ansprechend sind dagegen die Fresken und Gemälde des Malermönchs Fra Angelico im K l o s t e r S a n M a r c o.

Der P a l a z z o P i t t i zeigt vor allem Meisterwerke des 16. und 17. Jhdts.: berühmte Gemälde von Tizian und Raffael, aber auch von Rubens, van Dyck, Giorgione, Murillo u.a.

Das D o m m u s e u m (Museo dell'Opera del Duomo; 9-19.30 Uhr, sonntags geschl., feiertags 9-12.30) hat zwei Vorzüge: Es ist klein und übersichtlich - und es beherbergt einige besonders charakteristische Werke der florentinischen Kunst.

Auf halber Treppe zum ersten Stock *Michelangelos Pietà*, des Künstlers letztes Werk. Michelangelo hat es nicht selbst zu Ende geführt - man kann deutlich erkennen, daß die Gestalt der Magdalena (links) von einem anderen Künstler stammt.

Im mittleren Raum des Obergeschosses die beiden *Sängerkanzeln von Luca della Robbia* (an der Eingangsseite) und *Donatello* - Ausdruck einer ungeheuer lebensfrohen, bei Donatello geradezu antik-orgastischen Religiosität. Die Holzfigur der *Magdalena*, ebenfalls von Donatello, wirkt fast wie ein modernes Kunstwerk; sie zeigt die immense psychologische Ausdruckskraft des Bildhauers. Mehrere *Prophetenstatuen* von der alten Domfassade erlauben einen guten Vergleich zwischen dem gotischen Stil (steifere Haltung, Körperformen vom Gewand verdeckt, kein individueller Ausdruck) und den Renaissance-Figuren (starke Bewegung, Körperhaftigkeit, individuell durchgestaltete Physiognomien - bis hin zu dem charakteristischen Glatzkopf, den wiederum Donatello geschaffen hat).

Nach und nach werden jetzt auch die *Bronzereliefs* der 'Paradiespforte' des Baptisteriums (von *Lorenzo Ghiberti* ins Dommuseum gebracht.

Das M u s e o d i S t o r i a d e l l a F o t o g r a f i a A i n a r i (Via della Vigna Nuova 16, neben dem Palazzo Rucellai; 10 - 19.30 Uhr außer montags) zeigt wechselnde Ausstellungen internationaler Spitzen-Fotografen.

Wenige Schritte entfernt das M u s e o M a r i n o M a r i n i (Piazza di S.Pancrazio, 10-18 Uhr außer dienstags) mit Werken des aus der Toskana stammenden, 1980 gestorbenen Künstlers.

Gebrauchsanweisung für die Uffizien

Bei der Besichtigung der Uffizien (9-19 Uhr, sonn- und feiertags 9-13 Uhr, montags geschl.) ist vor allem eines zu bedenken: Versuchen Sie n i c h t , a l l e s zu sehen - spätestens nach der Hälfte der Räume sind Sie völlig erledigt! Bei einem ersten Rundgang sollte man sich auf einige Hauptwerke konzentrieren; wenn Sie danach noch Kraft haben, können Sie ja nochmal von vorn anfangen ...

Hinweise für einen gezielten Rundgang:

In *Raum 2* drei große Madonnenbilder von Cimabue (1275), Duccio di Buoninsegna (1285; gegenwärtig, 1989, in restauro) und Giotto (1310). Interessant ist der Vergleich: Der Sienese Duccio hat eine feinere, differenziertere Farbgebung als die beiden Florentiner Cimabue und Giotto. Giotto ist der modernste Maler: Der perspektivische Thron, der menschliche Ausdruck von Madonna und Kind, vor allem die Behandlung des Körpers weisen schon auf die Renaissance voraus.

Raum 5: eine anschauliche 'Anbetung der Weisen' von Gentile da Fabriano (1423). Nette Details, z.B. auf Pferden reitende Affen.

Raum 7: Die 'Schlacht von San Romano' von Paolo Uccello - eine fast surreale Atmosphäre, Fantasiefarben und genaueste Bildkonstruktion. Im gleichen Raum das Porträt des Herzogspaars von Urbino von Piero della Francesca (die Nase des Herzogs!).

Raum 8: Einige berühmte Madonnenbilder von Filippo Lippi.

Raum 10/14: Die noch berühmteren Botticelli-Bilder 'Geburt der

Vor den Uffizien

Venus', 'Allegorie des Frühlings', 'Anbetung der Weisen'.

Raum 15: Merkwürdige, etwas traumartige 'Anbetung der Weisen' von Leonardo da Vinci; 'Verkündigung', ebenfalls von Leonardo. 'Perseus befreit Andromeda' von Piero di Cosimo - ein unterhaltsames Bild mit tollem Ungeheuer in grünen Wasserfluten und (obwohl das Geschehen in Afrika spielt) putzigen Fachwerkhäusern.

Raum 18 ('Tribuna'): In der Mitte die Skulptur der Venus Medici, ein griechisches Werk, dessen Kopien im letzten Jahrhundert als Nippesfiguren populär waren (Wilhelm Busch: "Ach, die Venus ist perdu/Klickeradoms von Medici").

Raum 23: Noch eine 'Anbetung der Weisen', von Andrea Mantegna, mit zahlreichen, reizvollen Details: Wolken, Steine und Gräser, Felsen, Burgen, der gebeugte Joseph mit seinen Sandalen ...

Raum 25: 'Heilige Familie' von Michelangelo (welch muskulöse Madonna!).

Raum 26: 'Madonna mit dem Stieglitz' und zwei Papst-Porträts von Raffael.

Raum 28: 'Venus von Urbino' von Tizian; verschiedene weitere Tizian-Bilder.

Raum 29: Die geradezu surrealistische 'Madonna mit dem langen Hals' von Parmigianino.

In Raum 32 schwelgt Sebastiano del Piombo in feinen Farben und weiblichem Fleisch ('Tod des Adonis'); im Bildhintergrund Venedig.

Raum 44: 'Medusa', 'Bacchus' und 'Opfer Isaaks' von Caravaggio.

■ Einige Meisterwerke niederländischer und deutscher Maler habe ich bei diesem ersten Rundgang ausgelassen; vielleicht möchten Sie diese Bilder nach einer Kaffeepause in der Uffizien-Bar noch anschauen?

Raum 14: 'Anbetung der Weisen' von Hugo van der Goes und 'Grablegung Christi' von Rogier van der Weyden;

Raum 20: 'Anbetung der Weisen' von Dürer; 'Ehepaar Luther' von Lucas Cranach; 'Adam und Eva', je einmal von Dürer und Cranach;

Raum 41: Mehrere Rubens-Gemälde im Großformat;

Raum 44: Drei Porträts von Rembrandt; die 'Kupferminen' von Henri met de Blees, ein interessantes Renaissance-Industrie-Bild mit romantischem Landschaftshintergrund.

Gemeint ist das 'Stendhal-Syndrom', benannt nach dem französischen Romancier, der bei seinem Florenzbesuch 1817 über heftiges Unwohlsein geklagt hatte: "Als ich Santa Croce verließ, hatte ich starkes Herzklopfen. Ich war bis zum äußersten erschöpft und fürchtete umzufallen." Über Herzrhythmusstörungen, nervösen Erschöpfungszustand bis hin zur Bewußtlosigkeit und über heftige Depressionen klagen auch heute viele Touristen in der toskanischen Hauptstadt. Laut einer wissenschaftlichen Studie von 1987, die sich über einen Zeitraum von 8 Jahren mit diesen Beobachtungen beschäftigte, stellen sich diese Beschwerden jährlich bei über 100 Florenz-Besuchern ein, darunter Vertreter aller Altersklassen beiderlei Geschlechts, Einzel- und Gruppenreisende. Es passiert entweder in den Uffizien oder kurz vor der Abfahrt auf der Bahnstation von Santa Maria Novella. Amerikaner und Australier trifft diese merkwürdige Kulturkrankheit am häufigsten - immun erweisen sich bis jetzt allein die Italiener.

Gute Adressen

i Via Cavour 1r, Tel. 055-276382
Via Manzoni 16, Tel. 2478141
Informationsbüros auch am Hauptbahnhof und an Autobahnraststätten

Stadtpläne und Informationen

Bei den Touristenbüros auf den Autobahnraststätten Peretola (letzte Raststätte von Bologna aus) bzw. Chianti-Est (im Süden von Florenz; nur 1.4.-30.11.) sowie im Hauptbahnhof (Parkprobleme!). In all diesen Büros können Sie auch ein Hotelzimmer reservieren lassen. Fahren Sie direkt zum Hotel (Innenstadt ist für privaten Autoverkehr gesperrt, aber Zufahrt zum Hotel bei An- und Abreise erlaubt), räumen Sie den Wagen vollständig aus, lassen Sie sich vom Hotelier einen Parkplatz zeigen.

Lassen Sie auf keinen Fall Ihren Wagen mit Gepäck allein - es wird sehr viel geklaut! Bewachte Parkplätze an mehreren Stellen am Rand der Altstadt (Hinweisschilder); außerdem verschiedene *Autorimesse* (Parkgaragen).

Mit der B a h n : Informationsbüro im Hauptbahnhof (nimmt auch Hotelbuchungen vor) - in der Saison oft endlose Warteschlangen. Wenn Sie kein Hotel buchen müssen, gehen Sie besser zur Touristeninformation, außerhalb des Bahnhofs (nach links aus der Bahnhofshalle).

Mit **F a h r r a d / M o t o r r a d** : Unter dem Hauptbahnhof die Garage Ciao e Basta (Via Alamanni, Eingang beim Kiosk an der Südwest-Ecke des Bahnhofs). Preiswert - und wegen der Diebstahlsgefahr unbedingt zu empfehlen.

Herumkommen

B u s bahnhof (gute Verbindungen in alle Orte der Provinz Florenz und nach Siena): SITA, Via S. Caterina da Siena (Südwestecke des Bahnhofsvorplatzes).

Bustickets für Stadtbusse gibt's in Tabacchi-Geschäften; kein Verkauf im Bus. Verzeichnis der Buslinien im Info-Heft des Touristenbüros.

M i t f a h r z e n t r a l e n : Allonsanfan, Via Guelfa 64r, Tel. 283395; Agenzia Autostop, Via dei Tintori 39, Tel. 2478626.

F a h r r a d - / M o f a v e r l e i h - Unter dem Hauptbahnhof die Garage Ciao e Basta (Via Alamanni); Eingang beim Kiosk an der Südwest-Ecke des Bahnhofs, Tel. 055-2342726. Fahrräder kosten rund 4 DM/Stunde, 21 DM/Tag - kein Verleih von Mehrgang-Rädern. Mofas 40 DM/Tag. Wer in der Jugendherberge wohnt, bekommt dort die gleichen Räder (von demselben Verleih) für günstigere Tarife. - Ausweis oder Führerschein für die Dauer der Ausleihe hinterlegen.

■ **T e l e f o n i e r e n / P o s t** : Telefonzentrale und Hauptpost im Palazzo delle Poste (Via Pelliceria). Telefonzentrale ist Tag und Nacht geöffnet (nachts evtl. klingeln).

■ **B u c h l ä d e n** , Kartenmaterial,

Deutschsprachige Bücher: Borgo Ognissanti 4r.

Reiseführer, Karten: Libreria Il Viaggio, Via Ghibellina 117r (Nähe Bargello), Libreria Geographica, Via dei Cimatori 16 (Nähe Piazza della Signoria).

Essen und Trinken

■ *Sehr gut essen* - heißt in Florenz immer: zu gehobenen Preisen speisen. Mit mindestens 40.000 Lire pro Person sollten Sie in den folgenden Lokalen rechnen; in der Enoteca Pinchiorri wesentlich mehr (vgl. Beschreibung).

Coco Lezzone°°° (Via del Parioncino 26r - Seitenstraße des Lungarno Corsini, Nähe Ponte Vecchio; Tel. 055-287178; sonn- und feiertags geschl.) ist die toskanische Trattoria wie sie im Buche steht: urige Atmosphäre und hervorragende traditionelle Küche. Ein Geheimtip, der sich bis Australien durchgesprochen hat - es wimmelt von ausländischen Gästen. Die Preise sind entsprechend, aber bei Einrichtung und Essen gibt's keine Konzessionen. Bei Regenwetter kommen die Sägespäne auf den Fußboden, in den Räumen ist nichts veredelt und vor allem: Hier läßt sich toskanische Küche auf bestem Niveau probieren - bodenständige herzhafte Gerichte erster Qualität. Daß ein Arista al forno (Schweinebraten) eine Köstlichkeit sein kann und nicht nur ein Magenfüller, und zu welchen gastronomischen Höhen sich eine Ribollita (Brotsuppe) aufschwingen kann - bei Coco Lezzone kapiert man's.

Dino°°° (Via Ghibellina 51r, Tel. 241452, Sonntagabend u. Montag geschl.) hat eher eine bürgerlich-elegante Atmosphäre. Traditionelle toskanische Gerichte, aber auch einige Neukreationen - erstklassiges Essen in jedem Fall.

Le Cave di Maiano°°° (Via delle Cave 16, Maiano; Tel. 59133; Sonntag abend und Donnerstag geschl.; ca. 7 km ab Stadtzentrum: Str. Rg. Fiesole, bei Abzweigung Maiano nach rechts, noch ca. ein km; bei der Abzweigung hält auch der Bus Florenz-Fiesole) liegt in der schönen Landschaft der Colli Fiorentini: Ein Landgasthaus, dessen Ruf sich weit über Florenz hinaus verbreitet hat. Auch hier hervorragende traditionelle Küche.

Enoteca Pinchiorri°°° (Via Ghibellina 87, Tel. 242777, Sonntag und Montagmittag geschl.) gilt als eines der besten, wenn nicht das beste Restaurant in Italien. Ich schließe mich den allgemeinen Lobeshymnen an: Traumhaft ... eine Küche, die das Essen jeder materiellen Schwere entkleidet und die reine Vielfalt der Aromen und Düfte freisetzt. Mit toskanischer Herzhaftigkeit hat das nichts mehr zu tun: leicht, raffinert, elegant - und dabei immer im Kontakt mit dem natürlichen Geschmack der Zutaten. Unendlich erfindungsreich (z.B.: Teigwaren in einer Sauce aus Oliven, Karotten, Taubenfleisch; oder ein unübertreffliches Haselnuß-Bavarois in Schokoladen-Mandel-Sauce). Der Service ist der Würde des Ortes angemessen: zuvorkommend, etwas steif, aber freundlich. Erstklassige Weinkarte. Die Superpreise sind gerechtfertigt: Menu ab 120.000 Lire, Weine ab 30.000 Lire; Vorbestellung abends empfohlen.

■ **Fast zu schön, um wahr zu sein:** Der Chef eines Edel-Restaurants verläßt zahlungskräftige Kunden und befrackte Kellner, eröffnet in einem schmucklosen Kellergewölbe ein preiswertes Lokal und bringt statt Novelle Cuisine traditionelle toskanische Gerichte in erstklassiger Zubereitung auf den Tisch: *La Pentola dell'Oro*° (Via di Mezzo 24r, Seitenstraße

des Borgo Pinti bei Piazza S.Ambrogio, Tel. 241808). Das Lokal wird aus steuerlichen Gründen als Club geführt, hat daher außen kein Hinweisschild; die Gäste müssen für rund 10 DM einen Mitgliedsausweis erwerben, der ein Jahr gültig ist. Der Kauf lohnt, selbst wenn Sie bei Giuseppe Alessi nur ein einziges Mal essen gehen: Die klassische Landküche der Toskana werden Sie kaum irgendwo anders in Florenz in solch hervorragender Qualität finden. Besonders interessant ist der Versuch des Wirts, in Zusammenarbeit mit einem befreundeten Winzer wieder einen traditionellen Chianti zu produzieren: bewußter Verzicht auf moderne Kellereitechnik, Qualität wird allein durch sorgfältige Auswahl der besten Trauben und durch den optimalen Zeitpunkt für die Ernte erreicht. Das Resultat ist ein feiner leichter und zugleich gehaltvoller Wein, der jung getrunken werden kann - weit über dem durchschnittlichen Chianti-classico-Niveau.

■ *Gute Küche, mittlere Preise*

Il Latini°°° (Via Palchetti 6r, bei Palazzo Rucellai; Tel. 210916; Montag und Dienstag mittag geschl.) ist ein zu Recht populäres Restaurant: Die Schinken hängen von der Decke, die Wirte machen spettacolo und es ist immer was los. Gutes Essen und hervorragende Stimmung.

La Maremmana° (Via dei Macci 77r, bei S. Ambrogio; Tel. 241226; sonntags geschl.). Mehrere preiswerte Menus, große Auswahl à la carte, angenehme Küche bei bemerkenswert kleinen Preisen!

Sergio Gozzi°° (Piazza di S. Lorenzo 8r; sonntags geschl.), die typische Kneipe, in der die Angestellten aus dem Viertel zu Mittag essen. Oft vollständig besetzt - zeitig kommen!

Trattoria delle Belle Donne°° (Via delle Belle Donne 16r - bei S. Maria Novella; sonntags geschl.). Für florentinische Verhältnisse geradezu extrem legere Stimmung, leicht alternativ angehaucht. Die Küche ist originell, manche Gerichte hervorragend.

■ *Preiswert und in Ordnung*

Angesichts der hohen florentinischen Durchschnitts-Preise eine besonders wichtige Restaurant-Kategorie! Zum Glück gibt's eine Reihe anständige Lokale mit Menus um 20.000 Lire (z.T. auch weniger). Spitzen-Küche kann man hier nicht erwarten, aber doch angenehmes Essen und oft auch reizvolle Atmosphäre.

Da Benvenuto° (Via della Mosca 16r, Ecke Via dei Neri; nah bei Piazza Signoria: zwischen Rathaus und Uffizien hindurch, dann 200 m geradeaus; Tel. 214833; mittwochs und sonntags geschl.). Solides Essen in freundlichem Ambiente. Menu-Pflicht (mindestens Primo, Secondo und Beilage).

Da Mario° (Via Rosina 2r, beim Mercato Centrale; nur mittags geöffnet; Sonntag Ruhetag). Nett, belebt, angeregte Atmosphäre.

Casa di S. Francesco° (Piazza Santissima Annunziata 2; nur mittags, Samstag/-Sonntag geschl.). Sieht nicht nach Restaurant aus - und ist auch keines, sondern eine Art kirchlicher Mensa. Aber jeder darf rein. Gemischtes Publikum zwischen Clochard-Oberschicht u. Büroangestellten. Verblüffend gutes Essen.

Trattoria Casalinga° (Via Michelozzi 9r, bei Piazza S. Spirito; sonntags geschl.). Immer voll, lockere Atmosphäre, Essen korrekt, gute Auswahl.

Trattoria Sabatino° (Borgo S. Frediano 39r, bei S. Maria del Carmine, samstags geschl.) kann mit rot-weiß karierten Wachstüchern, Schinken an der Decke und dem Blick in die Küche direkt ins Trattoria-Museum, wenn sowas je eingerichtet wird: florentinische Kneipe der fünfziger Jahre, unverändert. Einfaches, solides Essen, nettes Ambiente.

La Mescita° (Via degli Alfani 70r, sonntags geschl.). Schöne Weinstube mit Imbiß, in der man aber auch 'richtig' speisen kann. Angenehme Atmosphäre.

Nur preiswert und nicht mehr ist die *Mensa universitaria* (Via S. Gallo 25). Meist großes Gedrängel. Menu um 8.500 Lire (internationaler Studentenausweis notwendig).

■ **W e i n s t u b e n**, Imbisse: Zwei Panini, ein Glas Wein - manchmal schöner als ein ganzes Menu. Als italienische Alternative zum Schnellimbiß gibt's in Florenz eine Reihe kleiner Weinstuben mit Verpflegung - meist ohne Sitzplätze, oft nur eine Theke zur Straße hin. Drei Adressen (aber Sie werden mühelos weitere finden):

Fiaschetteria, Piazza del Olio 15r (vom Dom Rg. Bahnhof, dann erste Str. links; sonntags geschl.). Preiswert. Im Keller einige Sitzplätze.

Vini, Via Castellani 23r (rechts hinterm Palazzo Vecchio). Etwas teurer, einige Stehplätze im Freien, kleine Gerichte, Salate.

Alimentari, Via del Parione 19r (parallel zum Arno bei Ponte S. Trinità).

P a n i n i (belegte Brote) kann man sich in fast allen Lebensmittelgeschäften zubereiten lassen - ohne Aufpreis.

P i z z a auf die Hand in der *Friggitoria* Via dei Neri 40r (bei Piazza Signoria, s.

oben 'Da Benvenuto').

E i s : Berühmt und gut das *Vivoli* (Via dell'Isola delle Stinche 7, bei S. Croce; montags geschl.). Hervorragend ist auch die *Gelateria dei Neri*, Via dei Neri 20r. Durchschnittliches Eis, aber sehenswerte Ausstattung in der Gelateria Piazza S. Spirito 9r.

Unterkunft

Die Hotelpreise in Florenz sind deutlich höher als in den anderen Orten der Toskana. In der Saison vermieten die meisten Hotels zudem nur inkl. (häufig magerem) Frühstück, was den Preis weiter hochtreibt. Auf Hotels, die auf diese Unsitte verzichten, weise ich besonders hin. Im Winter entfällt der Frühstückszwang fast überall.

* Einzel ohne Bad um 40 DM; Doppel 60 (ohne) / 75 DM (mit Bad), Frühstück um 10 DM

** Einzel 70 DM, Doppel um 100 DM (jew. mit Bad) Frühstück um 12 DM

*** Einzel 110 DM, Doppel um 170 DM, Frühstück 15-20 DM

**** vgl. Beschreibung

■ *Schöne Hotels*

Florenz mit seiner langen Tourismus-Tradition hat eine Reihe ausgesprochen schöner Hotels - meist in alten Palazzi untergebracht, stilvoll-antik möbliert, manchmal mit Garten oder Terrasse. Vorbestellung in der Saison (März bis Oktober, Weihnachten/Neujahr) unerläßlich - mindestens einen Monat im voraus, besser früher!

Villa Carlotta**** (Via Michele di Lando 3, Tel. 055-220530, Fax 2336147). Elegantes, gut eingerichtetes ruhiges Haus mit Garten etwas außerhalb der Altstadt (Villenviertel in der Nähe der Porta Romana). Einzel 280 DM, Doppel 380 DM; im Winter preisgünstiger.

Loggiato dei Serviti*** (Piazza Santissima Annunziata 3, Tel. 219165, Fax 289595). Eines der angenehmsten Hotels in Florenz: zentral, ruhig, in einem mit viel Gefühl restaurierten und möblierten Renaissance-Palazzo. Zwei bis drei Monate im voraus reservieren!

Porta Rossa*** (Via Porta Rossa 19, Tel. 287551, Fax 282179). Das älteste Hotel der Stadt, im 19. Jhdt. eine Zeitlang das erste Haus am Platz. Super-Unterkunft für Nostalgiker: viel Stil, alte Möbel, ein wenig Staub und historische Reminiszenzen vom Mittelalter bis zum Jugendstil. Zentrale Lage. Einige Zimmer ohne Bad sind vergleichsweise preiswert.

Dante*** (Via S. Cristofano 2, Tel. 241772, Fax 2345819). Das Dante hat nicht den ästhetischen Pfiff der anderen 'schönen Hotels' - der Blick aus den Fenstern ist sogar eher enttäuschend. Aber: optimale ruhige Lage (bei S. Croce), komfortabel, alle Doppelzimmer mit eigener Küche. Hier logieren oft Schauspieler; Eingang und Treppenhaus sind mit Starfotos und Autogrammen tapeziert. Kein Frühstückszwang.

Liana** (Via V. Alfieri 18, Tel. 245303, Fax 2344596). Sympathisches Haus mit Spuren einstiger Größe: im 19. Jhdt. befand sich hier die britische Botschaft. Deckenfresken und Ausstattung vermitteln noch herrschaftliche Gefühle. Terrasse, kleiner Garten. Leider nicht völlig ruhig (Zimmer nach hinten bestellen, aber auch da einige Verkehrsgeräusche). 15 Fußminuten vom Zentrum entfernt.

La Scaletta** (Via Guicciardini 13, Tel. 283028, Fax 214255). Leider an einer stark befahrenen Straße, sonst wäre es eine optimale Unterkunft: zwischen Ponte Vecchio und Boboli-Gärten gelegen, geschmackvoll eingerichtet, zwei Dachterrassen mit Traumblick auf die Stadt. Aber leider kann ich es nur Lärmunempfindlichen und Oropax-Schläfern empfehlen - es sei denn, Sie bestellen (Monate im voraus) ausdrücklich eines der drei ruhigen Zimmer.

Bencista** (Via Benedetto da Maiano 4, Fiesole, Tel. u. Fax: 59163). Ein ehemaliges Kloster auf halber Höhe zwischen Florenz und Fiesole (5 km ab Stadtzentrum; häufig Busverbindungen). Traumblick auf die Stadt, großer Garten, völlige Ruhe, schöne Möblierung - für mein Empfinden eine der angenehmsten Unterkünfte. Sehr langfristig reservieren! Nur mit Halbpension (125 DM/Person im Doppel).

Villa Bonelli** (Via Francesco Poeti 1, Fiesole, Tel. 59513, Fax 598942). Angenehmes Haus außerhalb des Großstadt-Betriebes. Zum Hotel gehört ein hübscher, den Gästen zugänglicher Olivenhain. Blumengeschmückte Terrasse, Restaurant mit herrlichem Blick. In der Saison nur mit Halbpension (HP im Einzel 160 DM, im Doppel 140 DM);

Cestelli* (Borgo Ss. Apostoli 25, Tel. 214213). Für ein Ein-Stern-Hotel nahezu unglaublich: mehrere wunderbare, z.T. riesengroße, antik möblierte Räume. Auch die einfacheren Zimmer sind in Ordnung. Reservierung ist nur kurzfristig (2,3 Tage im voraus) möglich.

■ *In Ordnung*

Im folgenden einige gute Ausweichquartiere, falls Sie in keinem der 'schönen Hotels' unterkommen. Die angeführten Hotels bieten mindestens den Komfortstandard ihrer Kategorie. Vorbestellung

auch hier unbedingt empfohlen; aber eher als in den 'schönen Hotels' haben Sie bei kurzfristiger Reservation noch Chancen. Trotzdem: je früher, je besser!

Fiorino*** (Via Osteria del Guanto 6, Tel. 210579). Verwinkeltes mittelalterliches Haus in einer ruhigen Seitenstraße bei der Piazza Signoria. Einrichtung eher durchschnittlich. Kein Frühstückszwang. Preise unterm Drei-Stern-Schnitt: Einzel 85 DM, Doppel 125 DM (!).

Ariston** (Via Fiesolana 40, Tel. 2476980); *Giotto*** (Via del Giglio 13, Tel. 263864); *Nuova Italia*** (Via Faenza 26, Tel. 287508, Fax 210941) - alle zentral, korrekt, ohne besondere Reize. Frühstücks-Pflicht.

■ *Zentral gelegene, ordentliche Hotels der untersten Preisstufe:*

Orchidea* (Borgo degli Albizzi 26, Tel. 2480346). Mehr als nur korrekt: Palazzo aus dem 13. Jhdt., mit Atmosphäre und sympathisch. Einige Zimmer gehen auf einen Innengarten mit Brunnen. Kein Frühstückszwang.

Firenze* (Piazza Donati 4, Tel. 214203). Mitten im Zentrum, gute Lage in hübschem Hof, Zimmer z.T. renoviert, z.T. ein-stern-mäßig abblätternd.

Azzi* (Via Faenza 56, Tel. 213806). Sympathisch, mit blumengeschmückter Terrasse.

Merlini* (Via Faenza 56, Tel. 212848) ohne Terrasse, ansonsten gleich gut und gleich nett wie das Azzi. Kein Frühstückszwang.

In Via Faenza 56 sind auch die Pensionen *Armonia*, Anna** und *Marini** in Ordnung.

Nella* (Via Faenza 69, Tel. 284256). Einfaches, ordentliches, sympathisches Haus. Hier hat man am ehesten Chancen, ohne Reservierung unterzukommen.

Vergleichsweise viele Einzelzimmer. Kein Frühstückszwang.

Mirella* (Via degli Alfani 36, Tel. 2478170). Gut eingerichtet, sozusagen ein Anderthalb-Stern-Hotel. Die freundliche Wirtin ist zu Recht stolz auf ihr blitzsauberes Haus mit den hübschen Zimmern - für die Preisklassen ein Schmuckstück!

*Istituto Gould** (Via dei Serragli 49, bei S. Spirito, Tel. 212576). Sehr ordentliches kirchliches Hotel. Unbedingt vorbestellen! Ankunft und Reservierung nur zu den Bürozeiten: montags-freitags 9-13, 15-19 Uhr, samstags 9-13 Uhr.

■ J u g e n d h e r b e r g e n - *Istituto Pio X* (Via dei Serragli 106, Tel. 225044). Mittelding zwischen JH und Pension: Zimmer mit 3 - 5 Betten (nach Geschlechtern getrennt), niedrige Preise (14.000 Lire/Person). Tagsüber bleibt das Haus offen. Keine Vorbestellung - morgens vorbeikommen! (Nähe S. Spirito) Höchstalter 30 Jahre.

Ostello Santa Monaca (Via S. Monaca 6, bei S. Maria del Carmine; Tel. 268338). Priv. Jugendherberge. Knallharte Hausordnung: Wecken um 8 Uhr, zwischen 9 u. 18 Uhr darf man sich nicht im Hause aufhalten. Morgens vorbeigehen, auf Warteliste eintragen. 13.000 Lire.

Ostello per la Gioventù (Viale Righi 2/4, Tel. 601451). Die 'normale' JH (nur mit JH-Ausweis). Ziemlich weit vom Zentrum entfernt (ca. 30 min mit Bus 17 B ab Bahnhof), aber schöne Lage in großem Park. 16.000 Lire inkl. Frühstück.

■ C a m p i n g p l ä t z e - *Parco Comunale* (Viale Michelangelo 80; Bus 13 ab Bahnhof.; Tel. 6811977). Schöne Lage über der Stadt, aber oft überfüllt, kaum Schatten, Discolärm bis 1 Uhr nachts. Mitte März bis Ende Oktober.

Camping *Villa Camerata* (Viale A. Righi 2, s. oben Ostello della Gioventù, Tel. 610300). In großem Park, viel Schatten, ruhig. April bis Oktober.

In der Umgebung: Camping *Panoramico*, Fiesole (Via Peramonda, Tel. 055-599069). 9 km nördlich. Wunderbare Lage, gute Ausstattung, Schatten. Oft voll, relativ teuer. Ganzjährig geöffnet.

Camping *Poggio di Uccellina*, Bivigliano-Vaglia (Via di Campagna 38, Tel. 055-406725). 18 km nördlich Schattig, pool.

Camping *Norcenni Girasole*, Figline Valdarno (Via di Norcenni 7, Tel. 055-9599666). 30 km südöstlich, gute Verbindung nach Florenz durch Autobahn und Zug. Gute Ausstattung, Schwimmbad. Ganzjährig geöffnet.

Ausflug nach Fiesole

14.000 Einw., 295 m. Der Standard-Ausflug von Florenz aus - sehr empfehlenswert (Bus Nr. 7 ab Hauptbahnhof/Dom/S. Marco, etwa 20-30 Minuten Fahrzeit). i : Piazza Mino da Fiesole 44, Tel. 055-598720.

Fiesole, auf dem Hügel über dem Arno-Tal gelegen, war ursprünglich die bedeutendere Stadt - ein Etrusker-Ort, älter als Florenz, das zur Sicherung des Flußübergangs erst von den Römern gegründet wurde. Seit der Renaissance-Zeit diente Fiesole den reichen Florentinern als Sommersitz. Hier diskutierte Cosimo Medici in der 'Platonischen Akademie' mit Künstlern und Philosophen. Heute ist es ein kleines, von Villen umgebenes Landstädtchen mit einem schönen Blick auf die Großstadt.

■ Sehenswert: Die Ausgrabungen des etruskisch-römischen Faesulae - Reste des Theaters, der Thermenanlage, eines Tempels, besonders reizvoll durch die schöne landschaftliche Lage (9-19 Uhr, Okt.-März 10-16 Uhr); der romanische Dom (11. Jhdt.; der Blick auf Florenz vom Platz vor der Kirche S.Francesco.

■ Ein angenehmer markierter Spazierweg (rot-weiße Markierung, Weg. Nr. 1) führt in 25 min zum *Monte Céceri*, von dort in weiteren anderthalb Stunden nach Settignano (von dort Busverbindung nach Florenz). Der Weg beginnt in der Via G. Verdi, rechts vom Reiterdenkmal an der Piazza in Fiesole.

■ Essen und Unterkunft: Villa Bonelli**, Pensione Bencistà**
Restaurant: Le Cave di Maiano°°°. Vgl. oben 'Essen und Trinken' bzw. 'Unterkunft' Florenz.

■ Antiquitätenmarkt (vorwiegend kostspielige, wertvolle Objekte): am zweiten Sonntag jeden Monats (außer Juli/August) im Seminario, Via S. Francesco

San Gimignano

San Gimignano zählt zu den Glanzlichtern der Toskana - obligatorische Ziele der meisten Toskana-Reisenden. Zu Recht. Einzelne mögen sich über Massenbetrieb, Andenkenläden und Edel-Restaurierungen beschweren - San Gimignano ist dennoch einer der schönsten, wenn nicht (architektonisch) der schönste Ort der Region. Ein Hügelstädtchen (325 m) von 4000 Einwohnern in milder Bilderbuch-Landschaft. Ein geschlossenes mittelalterliches Stadtbild mit Mauerring, Steinhäusern, malerischen Piazze und den fünfzehn Geschlechtertürmen, die aus den Gassen hervorragen und die berühmte Silhouette des Ortes formen. Und, anders als es auf den ersten Blick erscheinen mag: San Gimignano ist kein Freilichtmuseum, sondern hat immer noch ein kräftiges Eigenleben. Daß (nahezu einzigartig in Italien) die Stadtverwaltung die Ausgabe von Plastiktüten untersagt - als Beitrag zum Umweltschutz - ist nur ein kleines Zeichen dafür.

San Gimignano entstand vor rund 1200 Jahren als eine Station an der *Frankenstraße*, dem Pilger- und Handelsweg von Mitteleuropa nach Rom. Der Verlauf der alten Fernstraße im Ort ist noch deutlich zu erkennen; ihm entsprechen heute die Via S. Matteo und die Via S. Giovanni. An diesen Straßen konzentriert sich die wuchernde touristische Infrastruktur: Weinläden, Postkartenstände, Bars und dazwischen die unvermeidlichen Schinken-, Käse-, Wildschweinsalami-, echt-toskanischer-Schwertlilienhonig usw.-Geschäfte. Es ist nicht mehr schön. Aber logisch. Anderthalb Millionen Besucher wälzen sich jährlich durch die Hauptgassen!

■ Trotz allem läßt sich San Gimignano genießen, selbst in der Hauptsaison. Mit drei kleinen Tricks raus aus dem Gedränge:

- Erstens: Runter von der Hauptgasse - sofort wird's ruhig! (Ein Einheimischer, den ich fragte, ob die Leute aus dem Ort nicht genervt seien vom touristischen Dauerbetrieb, antwortete: Kein Problem - die Touristen liefen ja bloß in der Hauptstraße rum, da gehe man eben nicht hin.)

- Zweitens: In San Gimignano übernachten - am Morgen und

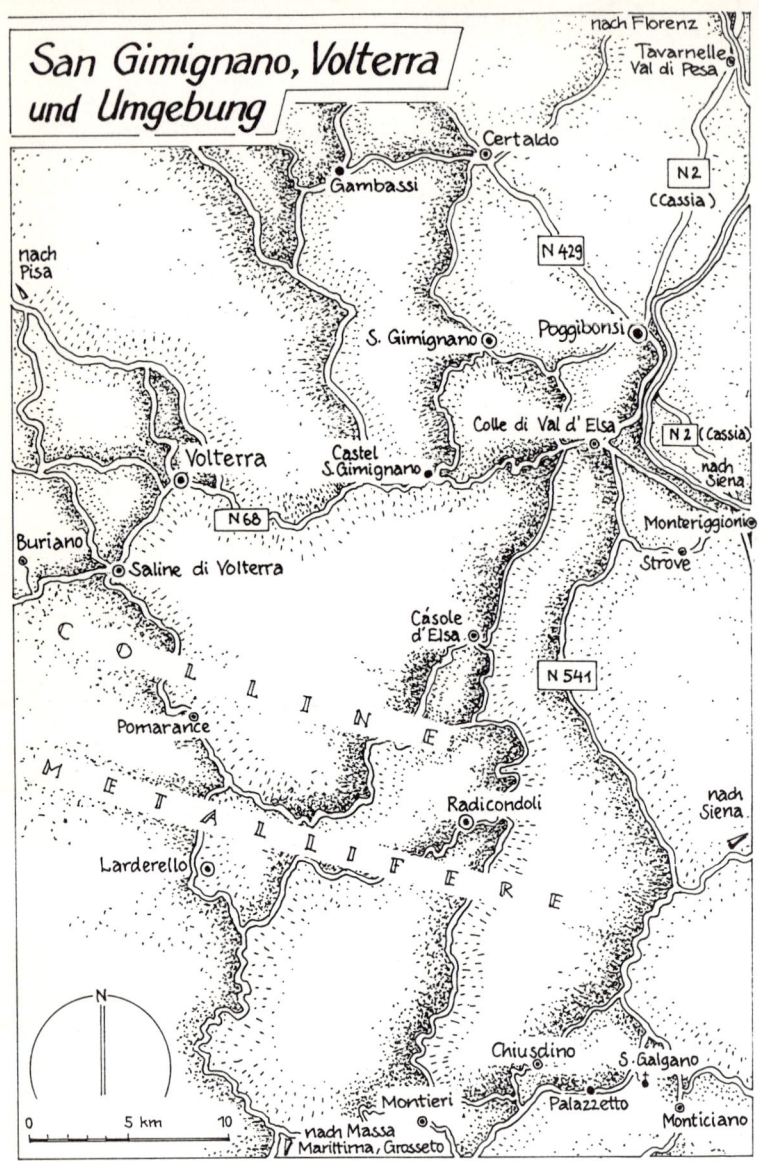

San Gimignano, Volterra und Umgebung

nach Florenz
Tavarnelle Val di Pesa
N 2 (Cassia)
Certaldo
Gambassi
N 429
nach Pisa
S. Gimignano
Poggibonsi
Colle di Val d'Elsa
N 2 (Cassia)
nach Siena
Volterra
Castel S.Gimignano
Monteriggioni
N 68
Strove
Buriano
Saline di Volterra
Càsole d'Elsa
N 541
C O L L I N E
Pomarance
nach Siena
M E T A L L I F E R E
Radicondoli
Larderello
N
0   5 km   10
Chiusdino
S. Galgano
Montieri
Palazzetto
Monticiano
nach Massa Marittima, Grosseto

Abend, erst recht in der Nacht, entfalten die alten Steine ihren ganzen Reiz.

- Drittens: Vermeiden Sie die Wochenenden und Feiertage - da sind die italienischen Ausflügler unterwegs und es ist fünfmal so voll wie sonst.

 Der örtliche Wein - V e r n a c c i a di S. Gimignano - ist ein angenehmer, trockener Weißer. Viele Verkaufsstellen im Ort, Weingüter in der Umgebung. Probieren in historischem Gemäuer, mit Panorama-Terrasse: Enoteca Il Castello (Via del Castello 12, bei Piazza Cisterna).

Toskanisches Mittelalter

Nirgendwo anders kann man sich das Leben einer mittelalterlichen toskanischen Stadt so gut vorstellen: San Gimignano hat die Struktur des 13./14. Jahrhunderts fast unverändert bewahrt. Vor siebenhundert Jahren war San Gimignano etwa so groß wie heute - für damalige Verhältnisse ein bedeutender Ort. Fast zweihundert Jahre lang wurde es als *libero comune* verwaltet, als unabhängige Stadtrepublik mit eigener Regierung - wie zahlreiche andere mittel- und norditalienische Städte jener Zeit.

Die soziale Basis dieser Selbständigkeit war der Handel. Die italienischen Städte bildeten die ökonomische Drehscheibe zwischen dem Orient einerseits, Mittel- und Nordeuropa andererseits. Venezianische, lombardische, genuesische, toskanische Kaufleute waren im gesamten Mittelmeerraum und in Mitteleuropa aktiv. Sie häuften dabei große Reichtümer an und waren zugleich eine der kulturell progressivsten Schichten ihrer Zeit. Die Blüte der Kunst in Italien, aber auch neue politische Formen wurden wesentlich von dieser Gruppe hervorgebracht.

Um beim Beispiel San Gimignanos zu bleiben: Kaufleute aus dem Ort fuhren bis in die Provence und zu den Champagne-Messen, nach Tunesien, Alexandrien, Syrien. Sie waren vor allem auf den

Handel mit Safran spezialisiert, dessen getrocknete Blüten zum Färben von Stoffen benutzt wurden.

Die selbstbewußte Kaufmannschaft erreichte - in den meisten toskanischen Städten im 12. Jhdt., in San Gimignano um 1170 - die Unabhängigkeit von den alten Stadtherren, den Bischöfen. Rechtlich war ihnen der deutsche Kaiser (Kaiser des Heiligen Römischen Reiches deutscher Nation) übergeordnet. Der war aber so weit weg, daß er seine Herrschaftsansprüche in der Praxis nicht durchsetzen konnte. Die Städte verwalteten sich selbst, als kleine Republiken mit eigenem Recht. Volterra, S. Gimignano, Colle Val d'Elsa - und natürlich alle größeren Orte - bildeten solche Republiken.

Die italienischen Städte waren die ersten Demokratien in Europa seit der Antike. 'Demokratien' in Anführungsstrichen: Nur die Männer der besitzenden Klasse hatten das Wahlrecht. Aber immerhin: Innerhalb dieser Schicht galten demokratische Regeln. Gewählte Ratsversammlungen verwalteten die Stadt; im größten, dem 'öffentlichen Rat', saßen nahezu alle politisch aktiven Bürger. Das rotierende System war selbstverständlich: Ämter und Gremien wurden mehrfach im Jahr neu besetzt, um jede Machtkonzentration zu vermeiden. Aus gegenseitigem Mißtrauen und politischer Vorsicht ließ man den Bürgermeister *(podestà)* grundsätzlich nicht aus dem eigenen Ort kommen. Das Amt erhielten in allen toskanischen Städten Berufspolitiker, die jedes Jahr anderswo tätig waren. Sie lebten unter strengen Vorschriften, die alle den Zweck hatten, die Bürgermeister aus den innerörtlichen Machtkämpfen herauszuhalten. So war es in San Gimignano dem Bürgermeister beispielsweie verboten, Geschenke oder Essenseinladungen anzunehmen - und vor allem durfte er nicht in Familien verkehren, die 'mannbare Töchter' besaßen. Splendid isolation sollte seine Neutralität sichern. Nach sechs Monaten, höchstens einem Jahr wurde er vorsichtshalber entlassen - und suchte sich einen Bürgermeister-Posten in einer anderen Stadt.

Die Doppelgleisigkeit der Verwaltung - auswärtiger Bürgermeister auf der einen Seite, einheimische Räte auf der anderen - spiegelt sich noch heute in der Architektur der toskanischen Städte. Meist gibt es, wie in San Gimignano, zwei Rathäuser: einen Palazzo del Podestà für den Bürgermeister, einen Palazzo Comunale für die örtlichen Gremien. Die Namen wechseln (in Florenz z.B. heißen die beiden Rathäuser heute Palazzo Vecchio und Bargello), aber die

Struktur ist fast überall gleich.

Die Städtefreiheit verschwand in den meisten Orten im 14. Jhdt.: Das mächtige Florenz gliederte sich die unabhängigen kleineren Städte an. In San Gimignano geschah das um 1350. Sobald sie ihre Unabhängigkeit aufgaben, verloren die Orte auch jeden künstlerischen und architektonischen Elan; es entstand kaum noch Neues. So erhielten sich die Stadtbilder der großen, freien Zeiten fast unversehrt.

Sehenswert

Im Z e n t r u m San Gimignanos die beiden hübschen *Piazze della Cisterna* und *del Duomo*; rundherum stehen die meisten der fünfzehn erhaltenen Geschlechtertürme. An beiden Plätzen zahlreiche mittelalterliche Palazzi. Am Domplatz die Pfarrkirche (Collegiata); gegenüber der *Palazzo del Podestà*, einst Sitz des Bürgermeisters. In der offenen Halle im Erdgeschoß des Gebäudes wurde früher Gericht gesprochen. An der Südseite der Piazza del Duomo das zweite Rathaus, der *Palazzo del Popolo*, mit schönem Innenhof. Links von der Kirche gelangt man zu einer malerischen weiteren Piazzetta.

Die P f a r r k i r c h e aus dem 12. Jhdt. wurde später mehrfach verändert. Im Innenraum schwarz-weiße Streifen an den Wänden wie im Dom von Siena - man wollte in San Gimignano mit der toskanischen Zebrastreifen-Mode des Mittelalters mithalten, hatte aber nicht genug Geld, um ordnungsgemäß hellen und dunklen Marmor zu verwenden; deshalb wurden die Streifen nur aufgemalt.

Zahlreiche schöne Fresken. An der linken Seite: Szenen des Alten Tetaments von *Bartolo di Fredi* (1367) - köstlich farbenfreudige, naive Malerei. In der obersten Reihe prachtvolle Paradies-Darstellungen. Darunter besonders bemerkenswert: der Durchgang durchs Rote Meer mit den stocksteifen ertrunkenen Ägyptern; die Arche Noah mit sympathischen, zum Teil offenbar nach fantastischen Reiseberichten gemalten Tieren (einer Art Schlappohr-Elefanten; Affen, die auf Kamelen reiten; von rechts sprengt wild entschlossen eine Mischung aus Hund und Wildschwein heran); der betrunkene Noah, der sich auf geradezu obszöne Weise entblößt; die Geschich-

San Gimignano

ten Hiobs, bei denen jeweils in der linken oberen Ecke ein comic-strip-artiges Teufelchen auf Gottvater einredet.

Rechte Seite: Szenen des Neuen Testaments von *Barna da Siena* (um 1350), ebenfalls farbige, dramatische Darstellungen. An der Eingangswand ein 'Martyrium des hl. Sebastian' von dem Renaissance-Maler *Benozzo Gozzoli:* schöne toskanische Landschaft und edle Folterknechte ohne jede Boshaftigkeit. Darüber, an den Seiten (nicht gut erkennbar): drastische Darstellungen der Höllenstrafen und ein eher spannungsloses Paradies von Taddeo di Bartolo (1393).

Ein weiteres Renaissance-Gemälde im Hof links von der Kirche: 'Verkündigung' von *Domenico Ghirlandajo.* Im Palazzo del Popolo zwei Museen: eine kleine Pinakothek und ein Etrusker-Museum - beide eher für Spezialinteressenten von Bedeutung.

Die G e s c h l e c h t e r t ü r m e dienten einst den reichen Familien der Stadt als Verteidigungs- und Prestigebauten. Ursprünglich standen in San Gimignano 72 Türme, heute sind es noch fünfzehn. Die Türme waren übrigens keine Besonderheit San Gimignanos: Es gab solche Bauwerke in den meisten Städten Mittelitaliens. Florenz, Siena, Pisa hatten jeweils einige hundert Türme! Nur wurden sie in den meisten anderen Orten abgerissen, nachdem sie im ausgehenden Mittelalter ihre Funktion verloren hatten; in San Gimignano dagegen schufen die Medici schon vor einigen hundert Jahren eine Art Denkmalsschutz.

Der Name 'Geschlechtertürme' hat nichts mit männlich und weiblich zu tun, mit Geschlechtern sind die Familienverbände gemeint. Diese nutzten die Türme, um sich bei gewaltsamen Streitigkeiten zu verbarrikadieren. Der Prestige-Aspekt war noch wesentlicher: Man baute so hoch wie möglich, um die eigene Macht zu demonstrieren. Das führte dazu, daß die übertrieben hohen Bauten aus statischen Gründen einsturzgefährdet waren, die Gemeinde verfügte daher, niemand dürfe einen höheren Turm als den Rathausturm (54 m) errichten.

Der Symbolcharakter der Türme wird an einer ungewöhnlichen Sitte besonders deutlich: Nach gewaltsamen Auseinandersetzungen wurden als Zeichen der Demütigung die Bauten der unterlegenen Familien häufig gekappt. Solche kastrierten Türme sind noch an mehreren Stellen zu sehen, z.B. an der Piazza Cisterna.

■ Für **K u n s t** interessierte: In der Kirche *S. Agostino* (am nördlichen Ortsrand) ein marmorner Renaissance-Altar von *Benedetto da Maiano* (1494) und - hinter dem Hauptaltar - ein Freskenzyklus 'Leben des hl. Augustinus' von *Benozzo Gozzoli* (1464). Besonders hübsch die Schul-Szene (linke Wand unten), auf der neben dem Musterschüler Augustinus ein unfähiger Knabe vom Lehrer versohlt wird - schwarze Pädagogik der Spätantike. Neben der Kirche ein Renaissance-Kreuzgang.

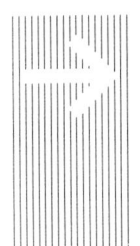 Schöne **A u s b l i c k e :** Der *Rathausturm* ist vom Platz links neben der Kirche zugänglich (Eintrittsgebühr).

Unbedingt lohnend der kurze Gang zur *Rocca*, den Ruinen der ehemaligen Festung am höchsten Punkt San Gimignanos (rechts an der Kirche vorbei, Hinweisschilder). Optimaler Blick auf den Ort und die Landschaft.

Gute Adressen

i *Associazione Pro Loco, Piazza del Duomo 1, Tel. 0577-940008*

Restaurants

Man ißt erstaunlich gut im Touristenzentrum San Gimignano. Das *Bel Soggiorno*°°° (Via S. Giovanni 91, Tel. 0577-940375, montags geschl.) bietet in angenehmem Ambiente traditionell-tosk. Küche auf hohem Niveau.

Das *Dorandò*°°° (Vicolo dell'Oro 2, bei der Piazza Cisterna, Tel. 941862, montags geschl.) bemüht sich um historische Gerichte (sogar etruskische Rezepte - weiß der Himmel, wo sie die gefunden haben). Essen und Weine sehr gut, Service vorzüglich. Ärgerlich nur, daß die Speisekarte draußen die 20% Bedienungsgeld verschweigt - es wäre wirklich nicht nötig und sorgt erstmal für gemischte Gefühle. Menu um 60 Mark.

Gutes Essen, mit herrlicher Aussicht aus dem Speisesaal, im Restaurant *Le Terrazze*°°° des Hotels La Cisterna (Piazza Cisterna, Tel. 940328, dienstags geschl.); für die gebotene Qualität aber etwas zu teuer.

Ein gutes Lokal etwas außerhalb des Ortes (6 km Rg. Norden): *Le Renaie*°° loc. Pancole, Tel. 955072, dienstags geschl.).

Wer sparen muß, hat's in San Gimignano nicht leicht - richtig preiswert ist keines der Restaurants. Am besten schlägt man sich mit Pizza durch.

■ Unbedingt empfehlenswerte Köstlich-

San Gimignano

keiten: die verschiedenen Sorten des Panforte, Torta Etrusca, Ricciarelli (vgl. Essen und Trinken Siena).

Gutes E i s in der Gelateria an der Porta S. Giovanni (Via S. Giovanni 51). Dort auch die preisgünstigeren Bars - an den Piazze im Zentrum sitzt man schön, zahlt aber Super-Preise.

Unterkunft

San Gimignano bietet - eine Seltenheit in der Toskana - für jeden Geldbeutel günstige Möglichkeiten: mehrere schöne, komfortable Hotels (frühzeitig reservieren!); eine Reihe von Privatzimmern u. -wohnungen; preiswerte Unterkünfte im Kloster u. in der Jugendherberge (JH-Ausweis nicht erforderlich); Campingplatz.

■ *Hotels*

*La Cisterna*** (Piazza Cisterna, Tel. 0577-940328) in schönem historischem Gebäude (13. Jhdt.), optimale Lage. Nachteil: Die Zimmer sind sehr unterschiedlich - einige traumhaft schön mit Panoramablick, andere mittelmäßig, wieder andere winzig und eher unerfreulich. Zimmer mit Aussicht reservieren!
   Gleich gegenüber das *Leon Bianco*** (Piazza Cisterna, Tel. 941294), etwas schlichter als das Cisterna, aber hübsch eingerichtet und mit gleichmäßig angenehmen Zimmern. Eigene Garage. Vergleichsweise preisgünstig.
   *L'Antico Pozzo*** (Via S.Matteo 87, Tel. 942014), edel restauriertes Hotel in einem mittelalterlichen Palazzo, manche Räume sind freskengeschmückt. Viele Zimmer mit guter Aussicht.
   Nicht schlecht auch das *Bel Soggiorno*** (Via S. Giovanni 91, Tel. 940375).

In der Saison nur mit Halbpension, was keinen Nachteil darstellt: Das Restaurant ist hervorragend (s. o.). Zimmer von unterschiedlicher Qualität. Halbpension im Doppel 120 DM/Person.
   Einfaches Hotel: *Pino** (Via S. Matteo, Tel. 940415).
   3 km außerhalb in Traumlage: *Pescille*** (loc. Pescille, Tel. 940186). Garten, kleiner Pool.
Sehr angenehm, ruhig auf dem Land gelegen, mit Schwimmbecken u. gutem Restaurant: *Le Renaie*** (loc. Pancole, 6 km nördl. S.Gimignano; Tel. 955072).

■ *Privatzimmer*

Zahlreiche Privatvermieter im Ort und in der Umgebung. Die Preise für Doppelzimmer liegen zwischen 55 DM und 90 DM. Daneben werden auch ganze Wohnungen vermietet. Privatzimmer finden sich im allgemeinen auch ohne Voranmeldung.
   Auskünfte: Associazione Pro Loco (Touristenbüro), Piazza del Duomo 1, Tel. 940008; Agenzia La Rocca, Via dei Fossi, Tel. 940387; Agenzia Simona, Via S. Giovanni 95, Tel. 941848.
   Vermittlung von Ferienwohnungen in der Umgebung: Chiantiferie, Via Gramsci 64, 53034 Colle di Val d'Elsa, Tel. 0577-923319.

■ Im K l o s t e r S. Agostino preiswerte Einzel- u. Doppelzimmer (25/40 DM). Leser beklagten sich allerdings über dünne Wände u. unzureichende Sauberkeit. Zugang: Im Kreuzgang, beim Schild 'Riservato alla foresteria' klingeln. Tel. 940383.

■ Sympathische, von einer Kooperative geführte J u g e n d h e r b e r g e (Ostella della Gioventù, Via delle Fonti 1,

Tel. 941991). JH-Ausweis nicht erforderlich, keine Altersbegrenzung! Ordentliche, neu eingerichtete Schlafsäle, auch Dreibett-Zimmer. Übernachtung/-Frühst.20 DM. Im Winter geschl.

■ C a m p i n g *Il Boschetto,* 2 km südöstlich (localitá Santa Lucia, Tel. 940352). Preiswert, schöne Lage, viel Schatten. Geöffnet vom 1.5. bis zum 15. Oktober.

Die Umgebung von San Gimignano

C e r t a l d o hat eine winzige Altstadt aus Backsteinbauten über der unruhig-modernen Unterstadt. Am Rathaus (Palazzo Pretorio) Dutzende von Terrakotta- und Steinwappen: Erinnerungen an die von Florenz eingesetzten Statthalter. In der Hauptstraße das Haus des Boccaccio: Giovanni Boccaccio (1313-73), Autor der Novellensammlung 'Decamerone' und gelehrter Humanist, starb in Certaldo (ob er dort auch geboren wurde, ist unklar; jedenfalls stammte seine Familie aus dem Ort); daß er im sogenannten Boccaccio-Haus gelebt hat, ist eher unwahrscheinlich.

■ Unterkunft/Restaurants: *Il Castello*°°° (Via della Rena 6, Tel. 0571-668250, samstags geschl.) ist ein atmosphärisch wunderbares Restaurant am Rand der Altstadt: herrliche Terrasse zum Draußensitzen, mit Blumen, Bäumen und mehreren herumkriechenden Schildkröten. Gute traditionelle Küche.

Das Hotel *Osteria del Vicario*°°° (Via Rivellino 3, Tel. 668228) befindet sich in einem umgebauten Kloster; schöne Zimmer, Garten, Terrasse, gutes Restaurant. Nur mit Halbpension (120 DM/Person).

Lingua Toscana

Dante, Petrarca und Boccaccio waren die ersten bedeutenden Dichter des Mittelalters, die in italienischer (und nicht mehr in lateinischer) Sprache schrieben; alle drei stammten aus der Toskana. Unter anderem durch den Einfluß ihrer Bücher wurde der toskanische Dialekt zur italienischen Hochsprache - und ist es bis heute geblieben. 'Lingua toscana in bocca romana' - die toskanische Sprache in römischer Aussprache - ist das ideale Italienisch.

Auch in C o l l e d i V a l d ' E l s a eine mittelalterliche Oberstadt (größer als in Certaldo) über einer ausgedehnten Neustadt. Colle, am Fluß Elsa gelegen, war schon im Mittelalter ein wichtiger Industriestandort (und, wie San Gimignano, freie Stadt). Es zählte zu den bedeutendsten Zentren der Papierherstellung in Italien, hatte Woll- und Glasindustrie, seit dem 15. Jhdt. auch Druckereien. Heute gibt's hier, in Anknüpfung an alte Traditionen, Kristallfabriken und auch einige Kristallhandwerker.

■ Ganz gut das Hotel *Arnolfo**** in der Oberstadt (Via Campana 8, Tel. 0577-922020); die Zimmer zur Straße und zum Platz allerdings nicht ganz ruhig. In der Bar an der Ecke daneben gutes Eis.

Auf halbem Weg zwischen S. Gimignano und Siena liegt M o n t e - r i g g i o n i , einst Grenzfestung der Republik Siena gegen Florenz. Beeindruckend der gut erhaltene Mauerring mit den vierzehn Türmen, die - damals noch höher als heute - von Dante in der 'Göttlichen Komödie' mit den Riesen am Höllenpfuhl verglichen wurden. Innen ein ganz hübscher alter Ort, in dem sich auf wenigen Quadratmetern drängen: geparkte Autos, jede Menge Touristen, das bekannte Restaurant *Il Pozzo,* das weniger bekannte Restaurant *Il Castello,* die Ausstellung der Mobili dell'Arte, drei Weinläden, ein Souvenirgeschäft und ein Kunstgewerbe-Laden. Wenn Sie das nicht interessiert: Bleiben Sie draußen - der Mauerring ist schöner von außen als von innen.

■ Wenige Kilometer weiter in S t r o v e das gemütliche Hotel *Casalta**** (Tel. 0577-301002).

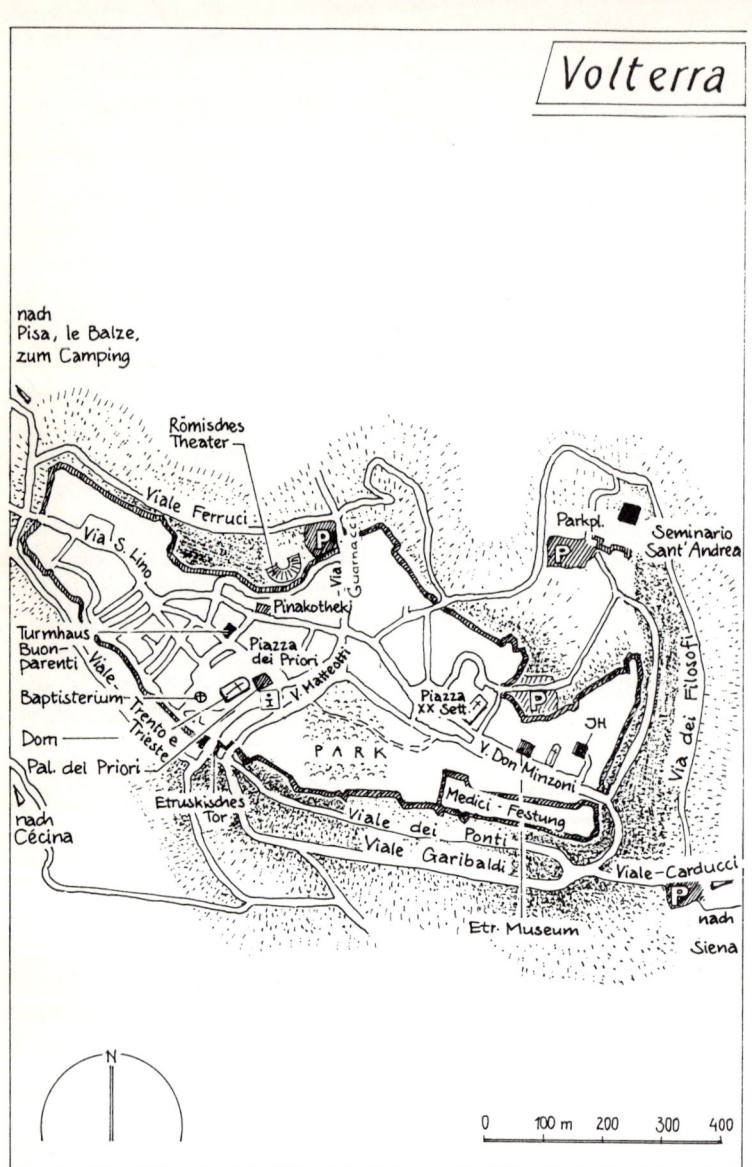

Volterra

nach
Pisa, le Balze,
zum Camping

Römisches
Theater

Viale Ferruci

Via S. Lino

Via Guarnacci

Parkpl.

Seminario
Sant'Andrea

Pinakothek

Turmhaus
Buon-
parenti

Viale Trento e Trieste

Piazza
dei Priori

V. Matteotti

Baptisterium

Piazza
XX Sett.

Dom

P A R K

V. Don Minzoni

JH

Pal. del Priori

Via dei Filosofi

nach
Cécina

Etruskisches
Tor

Viale dei Ponti

Medici - Festung

Viale Garibaldi

Viale-Carducci

Etr. Museum

nach
Siena

N

0   100 m   200   300   400

Volterra

Volterra (15.800 Einwohner) hat den Charakter einer Bergstadt, obwohl es nur 550 m hoch liegt. Seine exponierte Lage auf einem Hügelrücken, die weiten Blicke, die Häuser aus dunklem Stein, die kühlere Luft - alles gibt den Eindruck, man sei nicht mehr im milden Hügelland. Oft pfeift der Wind über die Piazza, wenn es in Siena noch schön warm ist. Die Umgebung ist karg - keine Weinreben und Ölbäume, sondern ausgedehnte Getreideäcker und Schafweiden.

Volterra scheint ein wenig außerhalb der Welt - und vielleicht ist der Eindruck nicht ganz falsch. Zwar rollen auch hier die Touristen an; die mittelalterliche Altstadt und das Etruskermuseum zählen zu den meistbestaunten Toskana-Sehenswürdigkeiten. Aber richtig hektisch wird's eigentlich nie; und wenn man außerhalb der Saison kommt, findet man einen fast unglaublich ruhigen Ort.

Ganz klar: Die großen Zeiten sind vorbei. Nur ihre Reste sind geblieben: Eine schöne Altstadt aus dem 12. und 13. Jhdt., als Volterra freie Kommune war; die Funde aus dem etruskischen Vorgängerort Velathri, einer der zwölf großen Etruskerstädte. Über dem Ganzen die riesige Medici-Festung, Symbol der Unterdrückung durch Florenz seit 1361.

Piazza dei Priori

Das Zentrum der Stadt - eine schöne einheitlich-mittelalterliche Platzanlage. Der *Palazzo dei Priori* ist der älteste erhaltene Rathausbau der Toskana (1208 begonnen, allerdings später teilweise umgebaut). Die Wappen an der Fassade stammen von florentinischen Statthaltern (nach der Unterwerfung Volterras). Der Turm sieht sehr original aus - sein oberer Teil wurde aber erst 1846 errichtet. Gegenüber das zweite Rathaus der Stadt, der *Palazzo Pretorio*; er entstand im 13. Jhdt. Wenige Schritte (nach Nordwesten) von der Piazza dei Priori entfernt ein weiterer interessanter Bau aus dem 13. Jhdt.: das *Turmhaus Buonparenti*.

Dom

Von außen nicht interessant, aber der Innenraum beherbergt beachtliche Kunstwerke. Die Kirche ist romanisch, wurde aber im 16. Jhdt. stark verändert. An den Innenwänden aufgemalte Zebrastreifen (wie in San Gimignano); prunkvolle Kassettendecke. Sehr schön ist die romanische *Kanzel* (im Mittelschiff links): eindrucksvolle Szenen des Abendmahls, der Verkündigung, des Opfers Abrahams. Figuren in strenger Haltung, mit großen Augen und merkwürdigen Blicken. An der Abendmahls-Szene kann man sich klarmachen, wie es den mittelalterlichen Künstlern noch nicht auf Individualität, sondern allein auf den religiösen Inhalt der Szene ankam: Unter den Jüngern wiederholen sich immer wieder die gleichen Typen, ohne individuelle Unterschiede; nur der böse Judas (am Boden, von einem Drachen begleitet) und der Lieblingsjünger Johannes (an Christi Brust) sind herausgehoben.

Im rechten Querschiff steht in einer Kapelle eine interessante bemalte *Holzskulpturen-Gruppe*, eine Kreuzabnahme des 13. Jhdts. Sie ist von realistischer Lebendigkeit: ein Mann steigt auf einer Leiter zum Kreuz hinauf, ein anderer zieht mit einer Zange einen Nagel aus dem Fuß Christi. Links und rechts die Gestalten der Maria und des Johannes. Schöne Farben: Gold, Blau und das knallige Rot der Strümpfe des linken Mannes.

Gegenüber dem Dom das *Baptisterium* (Taufkirche), meist verschlossen und nicht weiter interessant.

Etruskisches Tor (Arco Etrusco)

Dem Namen zum Trotz ist dieses Stadttor nur zum kleineren Teil etruskisch: nur die großen Tuffmauern unten stammen aus der Etruskerzeit (4./3. Jhdt. v. Chr.). Den Bogen darüber mit den drei - heute verwitterten - Köpfen schufen die Römer, die Ummantelung und die angrenzenden Mauern sind mittelalterlich. Von den Etruskern sind aber (außer den Grabanlagen) derartig wenig Bauten erhalten geblieben, daß die Mauern des Volterra-Tors schon eine mittlere Sensation darstellen, einfach der Seltenheit wegen.

Römisches Theater und Thermen

In der Römerzeit war Volterra - nachdem es unter den Etruskern eine Glanzperiode erlebt hatte - eine Provinzstadt, immerhin mit eigenem Münzrecht. Aus dieser Epoche sind (neben einigen Funden im Museum) Reste des Theaters und der Thermen erhalten geblieben. Vom *Theater* steht noch der halbzerstörte Zuschauerraum und die - teilweise wiederaufgebaute - Bühnenwand.

Den ursprünglichen Bau muß man sich mit einer durchgängigen festen Bühnenwand vorstellen; die Zuschauer hatten also keineswegs den schönen Blick über die Landschaft (bei klarer Sicht bis zum Meer!), den wir heute an gleicher Stelle genießen. Hinter dem Theater Ruinen einer *Thermenanlage*, die sich ein Privatmann hier hatte bauen lassen. Sie war, wie man noch erkennen kann, von einer Wandelhalle umgeben.

Unter den Grundmauern der verschiedenen Thermenräume (Kaltbad, Wärmestube, Warmbad) fällt die kreisrunde Form rechts hinten auf: vermutlich ein *sudatorium*, eine Art Sauna.

Festung (Fortezza)

Die riesige Burg am höchsten Punkt der Stadt, einer der größten Renaissance-Bauten in Italien, dient heute als Gefängnis. Sie wurde von den Florentinern errichtet, um die Stadt nach der Unterwerfung unter Kontrolle zu halten. Volterra, das bis 1361 frei gewesen war, hatte sich Florenz nur widerwillig ergeben; es blieb eine der rebellischsten Städte der Toskana (blutige Aufstände 1426, 1472, 1530) - daher der gewaltige Militärbau über der Stadt.

Machtarchitektur: die ungeheuren Dimensionen machen den Zweck deutlich; ganz im Gegensatz beispielsweise zum Rathaus, das den Stil der Stadt nicht sprengt. - Vor der Festung eine Parkanlage, die sich gut zum Ausruhen eignet.

Etruskisches Museum

Öffnungszeiten: täglich 9.30-13 und 15-18.30 Uhr.

Eines der bedeutendsten Provinzmuseen Italiens mit etruskischen Funden. Der Besuch lohnt auch, wenn man kein ausgesprochener Etruskerfan ist, weil das Museum angenehm die Mitte hält zwischen der anstrengenden Fülle der großen Museen und den etwas langweiligen Scherben der meisten kleinen.

Volterra war - mit dem Namen Vclathri - einer der zwölf führenden Stadtstaaten der etruskischen Kultur (vgl. S. xxx). Die damalige Stadt war viel größer als das heutige Volterra; ihre Mauern umfaßten den gesamten Hügelrücken. - Links vom Museumseingang gelangt man in einen Raum mit Funden aus der *Villanova-Kultur*, die der etruskischen Periode voranging (Urnen, Werkzeug, Schmuck); ganz interessant, weil man im Vergleich mit den etruskischen Arbeiten sich die Kulturrevolution vor Augen führen kann, die sich im 8./7. Jhdt. v. Chr. in Mittelitalien abspielte. In der Villanova-Kultur gab es noch keine Städte, keine Schrift, keine Arbeitsteilung; die Menschen lebten als Selbstversorger in Dörfern, ihre Technik war sehr einfach. Die Wissenschaftler rätseln seit Jahrhunderten an der Frage herum, wie aus diesen Voraussetzungen binnen kurzer Zeit eine entwickelte Hochkultur - eben die der Etrusker - entstehen konnte. Eindeutig geklärt ist das Problem noch immer nicht; allgemein glaubt man heute, verschiedene Faktoren (Einwanderung, Einflüsse durch Handel mit Orientalen und Griechen) hätten zusammengewirkt.

Ein Werk aus der etruskischen Frühzeit im Durchgang zum letzten Raum im E r d g e s c h o ß : eine schöne *Grabstele* (6. Jhdt.), der man den orientalischen Einfluß deutlich ansieht.

Im letzten Raum vor dem Garten jede Menge *Urnen* zum Thema 'Reise in die Unterwelt'. Das Museum hat mehrere hundert Urnen und Sarkophage; sie sind nach Themenbereichen der Reliefs angeordnet. Bei den Etruskern waren Feuer- und Leichenbestattung nebeneinander üblich; daher finden sich - oft am gleichen Ort - sowohl Sarkophage als auch Urnen. Die Unterweltreise-Darstellungen zeigen meist den Toten, der auf einem Pferd davonreitet; oft wird er von geflügelten Wesen (sogenannten *Lasen*, Unterweltsbegleitern) geführt. Die trauernden Verwandten nehmen Abschied.

Im e r s t e n S t o c k im Eingangsraum ein römisches Fußbodenmosaik. Zur Linken Räume mit Urnen und Sarkophagen; die Themen der Reliefs stammen aus der griechischen Sagenwelt *(Ciclo eroico)*.

In Raum XXIV hat man ein spätrömisches Grab nachgestellt; im gleichen Raum in einer Vitrine farbige Gläser aus der römischen Kaiserzeit.

Raum XX: Einer der bekanntesten Ausstellungsgegenstände des Museums, der Urnendeckel mit der Skulptur eines alten Ehepaars (1. Jhdt.). Eine erstaunlich realistische, psychologische Darstellung: die beiden Alten verhärmt, geradezu verbittert mit den nach unten gezogenen Mündern - und trotzdem in ihrer Körperhaltung aufeinander bezogen. Ein charakteristisches Kennzeichen der etruskischen Porträtkunst wird hier ganz deutlich: die Abwendung von jeder Idealisierung. Anders als die Griechen stellten die Etrusker nicht das Idealbild des Menschen dar; vielmehr bildeten sie Menschen auch in ihrer Häßlichkeit und ihrem Unglück ab. Vielleicht deshalb haben sich die anti-klassischen Strömungen der modernen Kunst oft zu den Etruskern in Beziehung gesetzt.

Raum XXI: Griechische, von wohlhabenden Etruskern importierte Keramik und die schwarzen *Buccheri* - etruskische Keramiken, deren Herstellungstechnik trotz zahlreicher Experimente immer noch unklar ist.

Raum XXII: Ein ganz modern wirkendes Werk, der 'Abendschatten'. Diese surrealistisch in die Länge gezogene Bronzestatue eines jungen Mannes könnte ohne weiteres als Arbeit des 20. Jhdts. durchgehen - sie ist aber mehr als 2000 Jahre alt.

In den folgenden Räumen Gebrauchsgegenstände und Schmuck (Raum XXIII: römische Münzen, Spangen, diverser Schmuck; Raum XXIV: Weihfiguren, Goldschmuck-Fragmente, Elfenbeinarbeiten; Raum XXV: Goldschmuck).

Im z w e i t e n Stockwerk sind noch einige Sarkophage bemerkenswert. Die schönsten stehen in den Räumen XXX und XXXI; sie stammen aus dem 3. und 2. Jhdt. v. Chr. Beachtenswert vor allem: Nr. 62 (Reise in die Unterwelt), Nr. 65 (Odysseus und die Sirenen), Nr. 66 (Odysseus vor der Sphinx), Nr. 73 (Ritt in die Unterwelt).

Le Balze

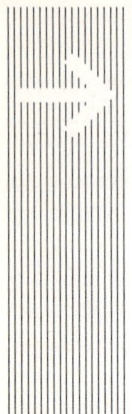

Ein ausgedehntes Erosionsgebiet etwa 1 km nordwestlich der Stadt (Hinweisschilder) - schöner Blick in die Tiefe vor allem zur Zeit der Ginsterblüte, wenn die in die Erde eingefressenen Furchen sich leuchtend gelb färben.

Im Lauf der Jahrhunderte sind zahlreiche Gebäude und eine etruskische Nekropole in den langsam wachsenden Abgrund gefallen. Die Mönche, die 1861 vorsichtigerweise das Kloster am Rand der Balze verließen, hätten allerdings ruhig etwas warten können: Es steht immer noch. - Am Rand der Balze Reste der etruskischen Stadtmauern.

Alabaster

Bei Volterra finden sich einige der wenigen Alabaster-Gruben Europas. Alabaster ist ein weicher Gips, der sich verhältnismäßig leicht bearbeiten läßt. Die ganze Vielfalt seiner Möglichkeiten enthüllt sich bei einem Gang durch die Andenkenläden Volterras: Vom Seepferdchen bis zum Aschenbecher gibt er sich willig für jedes Souvenir her. Aber schon die Etrusker nutzten das Material für ihre Sarkophage und Urnen, die man im Volterraner Museum betrachten kann. Die edelste Alabaster-Art stellt der durchscheinende 'Agatha' dar, er ist fein gemasert wie Holz und zeigt unregelmäßige gelbe oder braune Einsprengsel. Die einfacheren Sorten sind grau oder weiß. Für die Geschenkartikel-Produktion werden sie häufig künstlich gefärbt, wobei dei Handwerker den porösen Stein zunächst mit Polyester überziehen und dann die Farbe auftragen.

Die Blütezeit des Alabaster-Handwerks in Volterra lag zwischen 1800 und 1930. Die Volterraner Unternehmer exportierten ihre Waren im 19. Jhdt. bis nach Übersee. Die abenteuerlichsten unter ihnen gelangten auf ihren Verkaufsfahrten nach Nordamerika, Brasilien, Indien. Den größten Geschäftserfolg hatte in gewisser *Giuseppe Viti,* der unter anderem in New York, Boston, Rio, Buenos Aires,

Bombay und Kalkutta Alabaster-Objekte verkaufte, zum 'Emir von Nepal' ernannt wurde und sich 1849 nach ausgedehnten Weltreisen schwerreich in seinem Heimatort zur Ruhe setzte.

Heute befindet sich das Alabaster-Handwerk in einer Krise. Der Markt für Geschenkartikel ist überfüllt. Vor allem billige Kunststoff-Objekte, die vorwiegend in Asien gefertigt werden, bilden eine harte Konkurrenz. Nur noch 280 Beschäftigte bearbeiten den Alabaster- vor dreißig Jahren war ihre Anzahl mehr als doppel so hoch. Sieben bis acht größere Betriebe beherrschen den Markt, die zahlreichen kleinen Handwerker sind heute nur noch Zulieferer für diese Unternehmen. Viele Objekte - vor allem die kleinen Dosen und Behälter - werden in Serienproduktion industriell gefertigt.

Piero Fiumi ist der Inhaber einer der größten Werkstätten in volterra, der 'Alabastri Rossi'. Der 1912 gegründete Familienbetrieb beschäftigt 9 Arbeiter und Angestellte, außerdem arbeiten 20 Handwerker als Zulieferer. Fiumi, der fließend deutsch spricht und zweimal jährlich die Frankfurter Messe besucht, zeigt sich besorgt um die Zukunft des Alabaster-Handwerks. Nicht nur des eigenen Unternehmens wegen, sondern vor allem deshalb, weil für ihn die Alabaster-Bearbeitung zur Identität der Stadt gehört.

"Früher standen in Volterra die Alabasterblöcke auf den Gassen, heute haben wir an ihrer Stelle Autos. Aus den Werkstätten sind Garagen geworden, niemand vermietet mehr eine Werkstatt. Einerseits kann ich das verstehen: die Bearbeitung des Alabasters wirbelt Staub auf, die Nachbarn protestieren. So liegen heute die meisten Werkstätten auf dem Land. Aber der Alabaster gehört zu Volterra! Wovon soll die Stadt denn leben, wenn das Handwerk hier nicht mehr bleibt? Vom Tourismus, gewiß, aber die Touristen wollen einen lebendigen Ort, nicht ein Freilichtmuseum, in dem alles für die Reisenden hergerichtet ist. Die Landwirtschaft spielt kaum noch eine Rolle, nur die zugewanderten Sarden betreiben sie hauptberuflich. Früher hatten wir in der Stadt ein großes Psychiatrisches Krankenhaus, in dem 1000 Menschen beschäftigt waren, aber es wurde aufgelöst. Mehr als ein Drittel der Bevölkerung sind Rentner, es gibt kaum Arbeitsplätze - das ist eine ungesunde Situation, und der Tourismus allein kann das Problem nicht lösen."

Der Absatz der Alabaster-Objekte aber ist rückläufig, immer mehr Unternehmen müssen schließen. Fiumi erklärt: "Fast alle Betriebe haben Finanzierungs-Schwierigkeiten. Die Preise bringen im Verhältnis zu den Kosten nicht genug ein. Geschenkartikel aus Plastik, vor allem aus dem Fernen Osten, ruinieren den Markt. Andererseits exportieren wir zugegebenermaßen auch viel nach Asien. Japaner kaufen besonders viel, vor allem kostbare Objekte, wie die handgefertigten großen Skulpturen von künstlerischem Niveau, die in einer unserer Werkstätten entstehen. Auch in den USA und in Deutschland haben wir viele Kunden. Insgesamt gehen 80% unserer Produktion in den Export.

Ein Arbeiter verdient etwa anderthalb Millionen Lire (rund 2000 Mark netto, aber die Kosten sind für den Arbeitgeber mindestens doppelt so hoch. Der Lohn ist nicht schlecht, doch die Jugendlichen suchen dennoch lieber anderswo Arbeit: beim Staat oder auswärts in Großbetrieben. Dazu trägt sicher die Arbeitsplatz-Unsicherheit bei. Generell ist aber eine Abkehr von Handwerk festzustellenn, auch in anderen Branchen. Das ist ein kultureller Wandel, die Arbeit wird heute anders gesehen, man sucht eher Bequemlichkeit und Sicherheit und nicht so sehr die kreative Tätigkeit. Es ist schade, denn viele der traditionellen Fertigkeiten in der Toskana drohen auszusterben! Wir haben im Ort eine Schule des Alabaster-handwerks mit großer Tradition - sie wurde bereits 1850 gegründet. Aber die meisten Absolventen ergreifen den Beruf gar nicht, sie studieren auf der Universität weiter, um dann etwas ganz anderes zu machen."

Die Werkstätten der 'Alabastri Rossi' stehen, wie auch viele andere Betriebe Volterras, Besuchern zur Besichtigung offen. Piero Fiumi stellt beim Kaufverhalten und bei den ästhetischen Vorlieben deutliche nationale Unterschiede fest: "Die Italiener kaufen viel mehr, ich vermute, als Geschenke für die Familienangehörigen. Bei Euch Deutschen ist der Familienzusammenhalt wohl nicht so stark? Ich glaube nicht, daß die meisten Deutschen ihren Kindern etwas nach Hause mitbringen - für uns ist das ganz selbstverständlich. Auch umgekehrt: Wenn Schulklassen kommen, kaufen sie immer etwas für die Eltern ein. Erstaunlich übrigens, wieviel Geld die Kinder dabeihaben. Gerade haben zwei Klassen, etwa 60 Mädchen, hier für eine halbe Million Lire (700 DM) eingekauft! - Auch der Geschmack variiert bei den verschiedenen Nationen. Nord- und Mitteleuropäer bevorzugen Gegenstände aus naturbelassenem Stein, die Italiener kaufen gern gefärbte Objekte."

Eine Schulklasse betritt den Betrieb. Piero Fiumi entschuldigt sich - er erklärt den Kindern selbst die Gegenstände und Produktionsverfahren. Viele hundert Mal hat er in seinem Leben diese Erklärungen abgegeben, aber er tut es noch immer mit Leidenschaft. Die Besucher, meint er, sollen in Volterra nicht nur die historischen Denkmäler sehen, sondern etwas vom wirklichen Leben und den Alltagstraditionen der Stadt begreifen. "Monumenti, monumenti, monumenti - delle volte stancano!" sagt er ("Kunstdenkmäler, Kunstdenkmäler, Kunstdenkmäler - manchmal ermüden sie!") Schade nur, so meint der Alabaster-Unternehmer, daß die meisten Reisenden ihre Besuchszeit in Volterra zu knapp bemessen. "In drei Stunden kann man vielleicht das Etrusker-Museum und den Dom anschauen - aber von der Realität der Stadt bekommt man da nichts mit. Und darauf kommt es doch eigentlich an!"

(Die Werkstatt Rossi steht Besuchern täglich offen. Sie befindet sich in der Via del Mandorlo, beim römischen Theater, Tel. 0588-86133.)

Gute Adressen

i Via Turazza (an der linken Seite des Palazzo dei Priori), Tel. 0588-86150

Essen

Ein richtig begeisterndes Restaurant habe ich in Volterra nie gefunden. Am liebsten gehe ich einfach Pizza essen in dem kleinen Lokal mit den langen Holzbänken von *Nanni*°, dem unheimlich schnellen Pizzerschneider (Via delle Prigioni 40, hundert Meter von der Piazza dei Priori entfernt; montags geschl.).
Gleich gegenüber bietet *Da Beppino*°° (Via delle Prigioni 15, Tel. 0588-86051; mittwochs geschl.) passable Menus zu vertretbaren Preisen.
Ebenfalls gut: La Tavernetta°° (Via Guarnacci 14, Tel. 87630; Do geschl.).

Im Speisesaal ein großes Deckenfresko.

■ Für Selbstversorger: gute Feinkostgeschäfte in Via Guarnacci 3 und Via Matteotti 16 (hervorragender Schafkäse aus der Umgebung).

■ Probieren Sie den ungewöhnlichen 'brutto ma buono'! Direktverkauf von Schafkäse beim Produzenten: Hof 'Colli di Volterra' (Giovanni Zara) bei Mazzolla (ca. 6 km von Volterra, Abzweigung an der Straße Rg. Siena, nachmittags 15 - 19 Uhr.

Unterkunft

Die meisten Touristen kommen nach Volterra allenfalls für einen Tagesausflug. Man findet daher leichter - und auch etwas preiswerter - Unterkunft als im Goldenen Dreieck zwischen Florenz, Siena und San Gimignano. Gutes Angebot: angenehme Hotels der Drei- und Vier-Stern-Kategorie, aber auch preiswerte Schlafplätze im ehemaligen Priesterseminar, Jugendherberge und Privatzimmern, Campingplatz am Ortsrand.

Unter den H o t e l s gefällt mir am besten *Villa Nencini**** (Borgo S. Stefano 55, Tel. 0588-86386). Ein umgebautes Wohnhaus des 17. Jhdts. in traumhafter Lage unterhalb der Altstadt, ruhig, großartige Aussicht, großer Garten. Swimming-Pool. Freundliche Wirte, die im Keller Weinproben veranstalten. Einzel 70 DM, Doppel 110 DM. Reservierung empfohlen.

Sympathisch auch das *Etruria**** im Ortszentrum (Via Matteotti 32, Tel. 87377). Besonders hübsch der kleine Garten mit Blick auf die Dächer der Stadt.

Zentral gelegen und in Ordnung das *Nazionale**** (Via dei Marchesi 7, Tel. 86284). Einige Zimmer mit schönem Ausblick.

Im komfortablen *San Lino***** (Via S. Lino 26, Tel. 85250), einem ehemaligen Kloster, paßt für mein Empfinden die nordisch-holzvertäfelte Einrichtung der Zimmer nicht ganz zum über 700 Jahre alten Gebäude. Schöne Terrasse mit pool. Einzel 100, Doppel 160 DM.

In den unteren Preisklassen ist empfehlenswert das ehemalige Priesterseminar am nordöstlichen Stadtrand (*Seminario Sant'Andrea*, Piazzale di Sant' Andrea, Tel. 86028). Weite Flure, weite Blicke. Wer Glück hat, bekommt anstelle eines Seminaristen-Zimmers (mit Steinfußboden) den ehemaligen Wohnraum eines Priesters (Parkettboden)

oder - höchstes der Gefühle - sogar die köstliche Suite des Bischofs. Nach Trauschein wird nicht gefragt. Abends sollen die Gäste um 23 Uhr oder 23.30 im Hause sein - aber da ist in Volterra sowieso nichts mehr los. Zimmer mit und ohne eigenes Bad: Einzel um 30 DM, Doppel um 55 DM. Außerhalb der Hauptreisezeit auch Schlafsäle, in denen man für wenig Geld im eigenen Schlafsack übernachten kann.

■ Ferienwohnungen und auch Zimmer in einem ausgebautem großen Bauernhof, herrliche Lage 2 km vom Ortszentrum entfernt: Podere San Lorenzo, Volker Piasta, Tel. 39080. Zimmer ab 50 DM. Wohnungen ab 80 DM/Tag. (Weitere Details hierzu vgl. auch: 'Der Deutsche' S. 308).

Adressen von P r i v a t vermietern erfährt man beim Touristenbüro (s.o.).

■ Schöne J u g e n d h e r b e r g e im Ortszentrum (Ostello della Gioventù, Via del Poggetto, Tel. 85577, geöffnet ca. 1.4.-30.9.).

■ C a m p i n g p l a t z *Le Balze*, Via di Mandringa (1km außerhalb Rg. Nordwesten), Tel. 87880. Schöne Lage mit Aussicht, Schwimmbecken. Allerdings wenig Schatten. Von Mai bis September.

Ein wunderbares, obendrein preisgünstiges Hotel in der U m g e b u n g Volterras, auch für einen längeren Aufenthalt geeignet: *Buriano*** (loc. Buriano, 56040 Montecatini V.C., Tel. 0588-37295). Bislang noch ein rarer Tip - wegen der nicht sonderlich zentralen Lage wird's wohl auch so bleiben (18 km ab Volterra; Richtung Cécina, vor Ponteginori nach rechts biegen - überdimensionale Hinweisschilder).

Fantastische einsame Lage, völlig Ruhe, weite Blicke aufs Hügelland und Volterra, hübsche einfache Zimmer. Doppel ohne Bad 65 DM, mit Bad 90 DM; Halbpension ist wegen des guten Restaurants sehr empfehlenswert - um 80 DM. Keine Einzelzimmer.

Das dazugehörige Restaurant°° (montags geschl.) bietet ausgezeichnete traditionelle Gerichte (als Antipasti eingelegtes Gemüse, hausgemachte Teigwaren), daneben aber auch gelungene Neukreationen: Kaninchen in Cognac-Sauce, Perlhuhn mit grünem Pfeffer u.ä.

Die Metallhügel

Südlich der Linie Colle di Val d'Elsa - Volterra erstrecken sich bis etwa Massa Marittima - Roccastrada die *Colline Metallifere*, eine einsame, dünn besiedelte Gegend. Die Landschaft - meist bewaldete Hügel und kleine Berge - ist nordischer und weniger postkartenreif als in anderen Regionen der Toskana; sie bietet aber eine ungewöhnlich intakte Natur. Im klaren Wasser der Flüsse Merse, Farma, Feccia kann man noch problemlos baden.

Die Wälder der Metallhügel, seit jeher abseits der großen Straßen, sind ein Gebiet der Sagen und Märchen. Auf dem Berg Le Cornate, nördlich von Massa Marittima, fand nach dem Volksglauben der Hexensabbat statt; anderswo tauchten mysteriöse schwarze Wildsäue, Königsgräber, Drachen und Riesenschlangen auf. Handfester waren die Metalle, die in dem Gebiet gefunden wurden: Die Silbergruben von Montieri trugen wesentlich zum ökonomischen Aufschwung Sienas bei.

Der historisch bedeutendste Ort der Bergbauregion ist *Massa Marittima* (siehe dort). Daneben lohnt vor allem die verfallene Klosterkirche von *San Galgano* einen Besuch. Wer Spaß an dem skurrilen Gebrause und Gezische geothermisch erhitzten Dampfes hat, mag auch das 'Tal des Teufels' bei Larderello (s.u.) besuchen.

San Galgano

Im Mittelalter war San Galgano eine bedeutende Abtei der Zisterzienser. Die *Klosterkirche* ist heute die beeindruckendste Ruine der Toskana. Noch stehen die hohe Fassade, die Seitenwände, die Säulen, die Apsis. Das Dach aber ist eingestürzt, der Fußboden der Kirche eine Wiese. Wie bei den griechischen Tempeln strömt das Licht ungehindert ein - ein selten naturnaher Kirchenraum.

Wenige Meter oberhalb der Kirchenruine steht auf einer Hügelkuppe das romanische *Oratorio di San Galgano*, Grabkirche für den heiligen Einsiedler Galgano Guidotti. Der originelle Rundbau ist im Stil von der etruskischen und römischen Grabarchitektur beeinflußt. Die Torhalle ist ein späterer Anbau, ebenso die Kapelle mit schönen, leider schlecht erhaltenen Fresken von Ambrogio Lorenzetti (um 1340): Madonna mit Engeln und Heiligen (bemerkenswerte Eva zu Füßen der Maria), Verkündigung, Szenen aus dem Leben des hl. Galgano.

■ Unterkunft/Essen: *Hotel Il Palazzetto*** im 2,5 km von San Galgano entfernten Palazzetto (Ortsteil von Chiusdino) ist ordentlich und preiswert (Tel. 0577-750032). Sehr gut das dazugehörige Restaurant° (mittwochs geschl.). Empfehlung: Wildschwein (cinghiale).

La valle del diavolo

Südlich von Volterra das dampfende und stinkende Geistertal um Larderello. Auf einem Gebiet von 2000 Quadratkilometern endlose silberne Pipelineschlangen, dazwischen bis zu 75 m hohe Kühltürme. Zusammen mit der 70 km entfernten Region am Monte Amiata ist dies das größte geothermische Feld der Welt: eine vulkanische Zone, in der das Magma bis nah an die Erdoberfläche reicht. Eingesikkertes Regenwasser erhitzt sich und tritt als Dampf aus den Erdklüften und Rissen bzw. wird durch Bohrungen an die Oberfläche gebracht.

Ein deutscher Chemiker, *Franz Höfer*, entdeckte 1777 Borsäure in den kochenden Wassertümpeln der Gegend. Der Franzose *François*

Larderel, nach dem Larderello seinen Namen erhielt, fand wenig später den Trick heraus, mit Hilfe der heißen Dämpfe Fabriken zu betreiben, in denen man aus dem borsäurehaltigen Wasser Ammoniakderivate gewann. Seit 1905 werden die Dämpfe auch zur Stromerzeugung verwendet. Die Stahlrohre in der Landschaft leiten stündlich etwa 23 Tonnen Dampf von 160 Grad zu einem Kraftwerk. Larderello und das Monte-Amiata-Gebiet liefern pro Jahr fast drei Milliarden Kilowatt - eine Menge Strom, der eine Großstadt wie Florenz versorgen könnte. Ein Museum der heißen Dämpfe gibt's in Larderello.

Roccatederighi

Spaziergang durch das einsame Bergdorf: Erinnerungen an ein altes, freundliches Italien werden lebendig. In den Gassen des winkligen Ortes grüßt jeder, dem man begegnet. Autos und Häuser stehen unverschlossen. Ein Plakat protestiert gegen den Rassismus - der hier gewiß nicht zu Hause ist. Unter der Statue des Anarchisten Francisco Ferrer teilt eine Inschrift mit, die Faschisten hätten das Standbild umgestürzt und nach der Befreiung sei es von der Bevölkerung wieder aufgestellt worden. Die Abwanderungen der Jüngeren bleibt ein Hauptproblem, die Region entvölkert sich. Viele Häuser im alten Ortszentrum wurden längst an Auswärtige verkauft, Deutsche, Schweizer, Engländer haben sich niedergelassen.

■ Im winzigen Gastraum der *Trattoria Da Nada°* (Tel. 0564-567226, donnerstags geschl.) haben zwischen dem überdimensionalen Farbfernseher, den Weinflaschen und den Töpfen mit eingelegten Pilzen gerade vier Tische Platz. Der Fernseherläuft natürlich, aber was die Wirtin aufträgt, läßt alle Hintergrundbilder und -geräusche schnell vergessen: köstliche Oliven, Artischocken und Pilze in Öl, hausgemachte Nudeln, frische Salate, ein unvergeßliches Tiramisù. Cucina casalinga, mit Raffinesse zubereitet, ein reines Eßvergnügen!

Das
Chianti

Toskana satt, der Bildband lebt. Olivenhaine werfen ihr schimmerndes Licht, sanfte Hügelketten krümmen sich im Abendrot, edle Zypressen stehen wie stumme Wächter da. Unendlich milde Kulturlandschaft. Die Augen leuchten, die Herzen jubeln. Undsoweiter.

Wirklich: Im Chianti ist's schön. Aber: Schwierig, über's Chianti-Gebiet zu sprechen, ohne an München und Zürich, an Stuttgart und Krefeld zu denken. Die Toskana-Vorstellungen aus München, Zürich usw. hängen, sozusagen als mentaler Smog, über der Landschaft.

Das Chianti ist - mehr als jede andere Region der Toskana - ein konsumgerecht aufbereitetes Gebiet, auf eine ganz bestimmte Zielgruppe zugeschnitten: gut verdienende Mitteleuropäer auf der Suche nach der verlorenen Ursprünglichkeit. Alles soll echt sein: ursprüngliche Bauernhäuser, Olivenöl extra vergine, originaler Chianti-Wein. Solch hundertprozentige Toskanität, wie sie hier verlangt wird, gibt's überhaupt nicht. Das Angebot kommt mangels Masse nicht mit. Konsequenz: Im Chianti trieft's von künstlicher Bodenständigkeit. Die *Bistecche Fiorentine* stammen nicht selten aus Deutschland, das Olivenöl aus Apulien; die rustikalen Landsitze werden von cleveren Managern gezielt für nostalgische Städter ausgebaut. Fehlt nur noch, daß man wieder die weißen Ochsen vor die Pflüge spannt.

Die Gäste wissen Bescheid ...

Die Gäste wissen genau, wie die Toskana, die Toskaner und die toskanischen Weine aussehen müssen: Es stand in GEO und Merian. Wehe, die Hügel sind nicht lieblich und die Küche ist nicht bodenständig! Aber die Ursprünglichkeit ist schöner Schein. Demütig verzieht sich das italienische Alltagsleben vor der Touristeninvasion. Während sich die Reisenden in den Chianti- Dörfern drängen, fahren die Einheimischen zum Einkaufen ins häßliche Städtchen Poggibonsi - das kommt in den Reiseführern nicht vor, folglich sind die Preise vernünftig geblieben. Es gibt Leute, die die Bank gewechselt haben, weil sie im Heimatort vor lauter Deutschen nicht mehr an den Schalter kamen. Und exemplarisch ist der Fall des einheimischen Hoteliers, der verzweifelt die Wein-Fachzeitschriften studiert, um mit seinen unermüdlich und fachkundig daherschwätzenden Gästen mithalten zu können. Die Chianti-Kenner und -Liebhaber spielen nämlich mit ihrem Insider-Wissen jeden Einheimischen leicht an die Wand.

Im Chianti bemüht sich die Toskana angestrengt, auf der Höhe der Illustrierten-Fotos zu bleiben; andernfalls wären die Gäste enttäuscht ... Es kann nicht schaden: Die Medien-Toskana ist bekanntlich sehr schön. Nur sollte man sich nicht vormachen, hier dem 'wahren Italien' auf die Spur zu kommen.

Die Resultate des Ganzen sind zwiespältig: Eine hervorragend erhaltene, kaum je von Neubauten entstellte Landschaft; Tausende vorbildlich restaurierter Bauernhäuser; stilvolle Hotels (von der gehobenen Mittelklasse aufwärts); ein nahezu völliger Mangel an Unterkünften für Reisende mit kleinem Geldbeutel; jede Menge Roßtäuscherei im kulinarischen Bereich; Orte, deren Eigenleben während der Saison (d.h. von Ostern bis Oktober) kaum noch erkennbar ist. Höhen und Tiefen also, wie überall. Landschaft, Hotels, Ferienwohnungen sind wirklich oft traumhaft schön. Um ihretwillen bietet sich der Chianti als Standquartier an. Aber wenn man mehr erleben will als ein ästhetisches Bilderbuch-Italien, sollte man um Himmelswillen nicht den ganzen Toskana-Aufenthalt hier verbringen, sondern sich auch anderswo niederlassen.

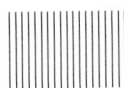 Noch etwas: Überlegen Sie sich's dreimal, bevor Sie an Ostern, im Mai oder September für längere Zeit in den Chianti fahren. Es ist wirklich der Teufel los.

Trotz aller Anstrengungen - ganz durchgestylt ist die Tourismus-Werbung auch im Chianti noch nicht, so daß wir noch solche Perlen finden:

Da können Sie sich aufhalten, um auf dem Land das rasende Rhythmus des Lebens zu vergessen, und für einigen Tage einen shönen Urlaub wie in der Vergangenheit zu verbringen.
Das kleine und gemütliche Hotel, zehn Zimmer mit Bad, das Wohnzimmer, mit dem grossen alten Kamin, das Restaurant 'Die Kneipe von Solimano', wo man expressgekochte Gerichte aus alten Rezepten von der Familie Berardenga probieren kann.
In der neben Weinkellerei wird es der grosse Vorrat an den besten Weinjahren der Meiereiproduktion probiert, der sich mit den feinen und echten Gerichten von der Kneipe perfekt heiraten.
Im Park können die Gäste das lichte Frühstück oder das Mittagessen am Rand des Schwimmbades haben, wo man, aus der tagelang wirkenden Bar, den berühmten Weisswein 'Colombaio', als Aperitiv probieren kann.

Bei Castellina in Chianti

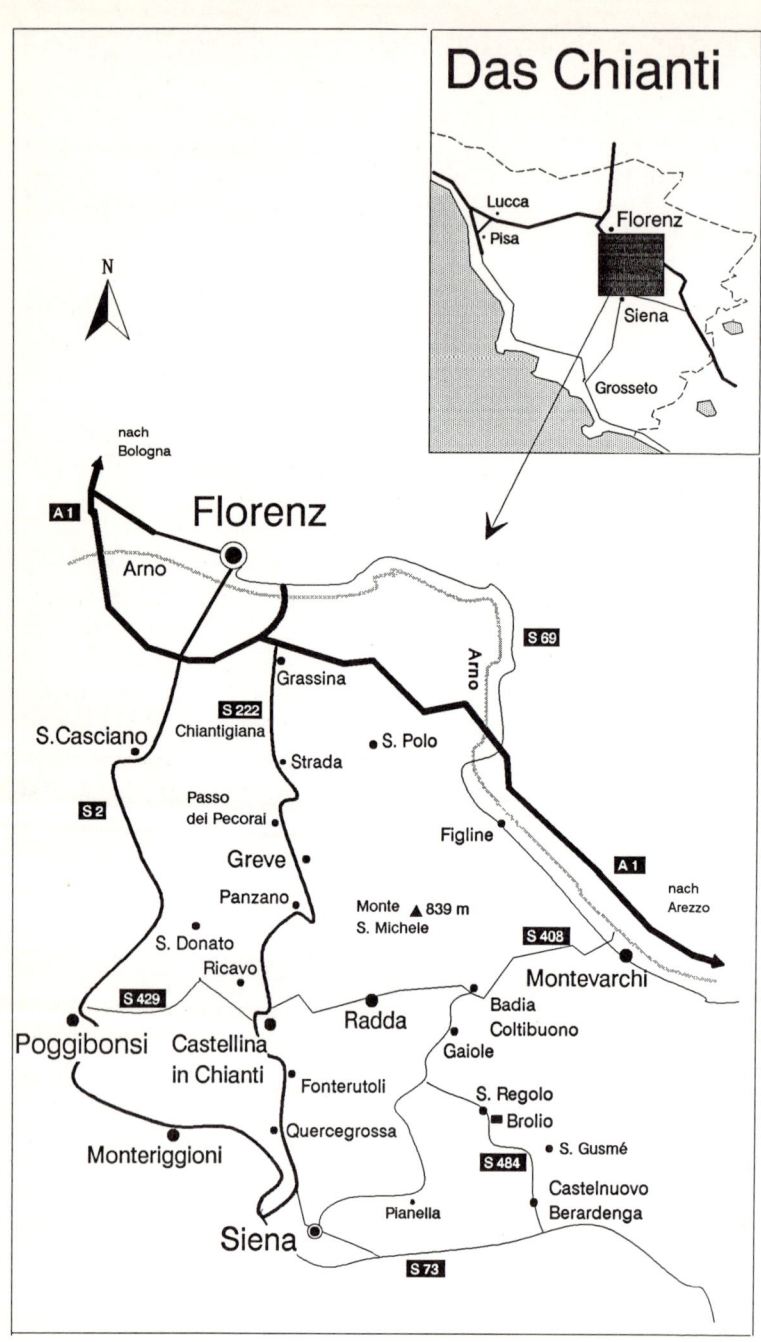

Unterkunft im Chianti

Außer den Hotel-Tips (im Ortstext) vorweg ein paar zusätzliche Hinweise zum Wohnen im Chianti-Gebiet. Aufgrund der starken Nachfrage nach Ferienwohnungen räumen gegenwärtig viele Einheimische während der Saison ihre Häuser, rücken eng zusammen und vermieten an Fremde. Solche meist schwarz vermieteten Privatzimmer und -wohnungen findet man im allgemeinen auch ohne Voranmeldung; zur Not muß man hartnäckig herumfragen, bis man jemanden findet, der jemanden kennt ... usw. Reservierung ist auf jeden Fall beruhigender, vor allem in den Hauptreisezeiten; in vielen Hotels sogar unerläßlich.

Einige Adressen für die Vermittlung von *Ferienwohnungen* siehe unter 'Unterkommen'. Vor Ort die größte Auswahl oft bei Immobilienmaklern.

Campingplätze: Im Chianti-Gebiet nur der Campingplatz Luxor-Quies bei Castellina (s. dort). In der Umgebung: Campingplätze in Florenz, Siena, Figline Valdarno (s. dort); Camping Semifonte, Barberino Val d'Elsa, Tel. 055-8075454; Camping Del Chianti, Tavarnelle Val di Pesa, Via Roma 137, Tel. 055-8077009, ganzjährig geöffnet; Camping del Lago, Via Borbuio 32, Cavriglia-S. Cipriano, Tel. 055-961039, ganzjährig geöffnet. Jugendherbergen in Tavarnelle Val di Pesa und Cavriglia.

Rummel auf der Chiantigiana

Der Hauptstrom der Touristen wälzt sich über die N 222, die Chiantigiana, von Florenz nach Siena. Schöne Landschaften, aber in den Orten an der Straße (vor allem Greve und Castellina) herrscht in der Saison entsprechend viel Betrieb. Schon in Radda und Gaiole wird es etwas ruhiger, erst recht natürlich in den kleinen Orten an den Nebenstraßen.

Kommt man von Florenz, so verläßt man etwa bei Grassina bzw. Impruneta den Einzugsbereich der Großstadt. Die Landschaft entspricht bald allen hochgesteckten Erwartungen; die Orte (wie S. Polo, Strada, Chiócchio) bieten nichts Besonderes. In I m p r u n e t a findet Mitte Oktober (Datum wechselt von Jahr zu Jahr) ein großes Fest statt: mit Pferderennen in der Hauptstraße, Jahrmarkt und Riesentrubel.

P a s s o d e i P e c o r a i ist trotz des hübschen Namens (Paß der Schäfer) eher unschön: ein Straßendorf ohne besondere Reize.

■ Trotzdem lohnt der Halt. Das Ristorante *Da Omere*° (Tel. 055-850716, mittwochs geschl.) bietet eine erstklassige ländliche Küche, wie man sie im Chianti sonst kaum noch findet. Der engagierte Wirt ist zu Recht stolz darauf, daß er konsequent Fleisch von erster Qualität auf den Tisch bringt. Interessant auch sein mit einigen Winzern der Umgebung unternommener Versuch, die traditionelle Chianti-Weinproduktion wiederzubeleben: Reben in Mischkultur, die die Aromen der Nachbarpflanzen annehmen und ein vergleichsweise hoher Anteil weißer Trauben. Das dazugehörige Hotel** ist für Chianti-Verhältnisse preisgünstig.

In G r e v e , wenige Kilometer weiter südlich, brodelt's nur so von Kennern und Liebhabern. Dabei ist der Ort gar nicht so doll; nur der schöne arkadengesäumte Marktplatz hat einigen Pfiff. Aber: jede Menge Weinläden, im September internationale Weinmesse, in der Umgebung zahlreiche Weingüter (z.T. in Burgen: Castello di Verrazzano, Vicchiomaggio, Castelgreve u.a.).

■ Wohnen und essen: Man wohnt recht gut im Hotel *Giovanni da Verrazzano**** (Piazza Matteotti 28, Tel. 055-853189) und bei wenig höheren Preisen noch etwas besser im *Albergo del Chianti**** mit Garten und Schwimmbecken (Piazza Matteotti 86, Tel. 853763).

Zum Essen ist Giovanni da Verrazzano°°° (im gleichnamigen Hotel, Sonntagabend und Montag geschl.) empfehlenswert; Klientel wie in jedem besseren Italo-Restaurant einer deutschen Großstadt.

Uriger geht's gleich um die Ecke bei der Bar-Pizzeria *Gallo Nero*° zu (Via C. Battisti 9, Tel. 853734, montags geschl.); aber die Spaghetti sind gelegentlich zu weichgekocht, was einem italienischen Koch eigentlich nie passieren dürfte.

Ein Uralt-Geheimtip - und immer noch gut: Südlich von Greve, zwei km vor Panzano, die *Trattoria Montagliari*°°° (Tel. 055-852014, montags geschl.) Trotz Massenandrang immer noch hervorragendes Essen und freundliche Bedienung, gute Weine vom eigenen Gut. Hier geht auch Prinz Charles speisen, wenn er in's Chianti kommt. Menu um 60 Mark.

P a n z a n o hat einen hübschen alten Ortskern, in Traumlage hoch über dem Tal. In der Umgebung ließen sich in den fünfziger Jahren die ersten ausländischen Chianti-Siedler nieder: Engländer, z.T. pensionierte Kolonialbeamte, die keine Lust hatten, in den Norden zurückkehren. Inzwischen sind die ortsansässigen Briten gegenüber Deutschen und Schweizern in der Minderheit - aber der Schnack vom 'Chianti-shire' hat sich gehalten.

■ Edel und teuer die Pensione *Villa Le Barone**** (3 km südlich von Panzano, Via S. Leolino 19, Tel. 055-852215; Mindestaufenthalt drei Tage; Halbpension um 200 DM/Person). Eine Traumadresse: Renaissance-Villa in großem Garten, Schwimmbad, wunderschöne Landschaft drumrum.

Gleich neben der Villa Le Barone: die *Pieve* (Taufkirche) *S. Leolino* (Pieve di Panzano), ein stark restaurierter romanischer Bau mit Renaissance-Vorhalle und kleinem Kreuzgang. Mehrere Gemälde sienesischer Maler. Vom Platz vor der Kirche Blick auf klassische Toskana-Landschaft.

Bei **L u c a r e l l i** zweigt die Straße nach Radda und Gaiole ab (Beschreibung s. unten). Die Chiantigiana führt weiter nach **C a - s t e l l i n a** in Chianti, ähnlich wie Greve ein Knotenpunkt des Chianti-Tourismus. Der Ort in schöner Lage, sonst nicht weiter aufregend.

■ Wohnen: In dieser Gegend besonders viele Ferienhäuser (Vermittlung u.a. durch Immobilienbüro Alfa Immobiliare, Via Trento e Trieste 2, Tel. 0577-740244). Preise schwanken je nach Lage und Ausstattung.
   Am Ortsrand das Hotel *Salivolpi**** (Via Fiorentina, Tel. 0577-

740484) in Panorama-Lage, kleines Schwimmbad, sehr schöne Zimmer.

2 km außerhalb des Ortes die noble *Villa Casalecchi***** (Tel. 740240), einsam in der Landschaft, Schwimmbad (Halbpension in den schöneren Zimmern des Haupthauses 270 DM, in der Dépendance 170 DM).

Sympathisch und hübsch auch *La Colombaia**** am nördlichen Ortsrand Castellinas (Via Chiantigiana 24, Tel. 740444). Mit Schwimmbecken - nur die Lage gefällt mir nicht hundertprozentig.

■ Essen: Bei Castellina (7 km Richtung Poggibonsi) liegt die in jedem besseren Toskana-Führer - und folglich auch hier - empfohlene Trattoria *Pestello*∞ (Tel. 0577-740215, mittwochs geschl.). Trotz ständigen starken Touristen-Andrangs ist die Bedienung äußerst freundlich, das Essen vorzüglich (ländliche Küche auf bestem Niveau), die Atmosphäre sympathisch - der Besuch lohnt unbedingt!

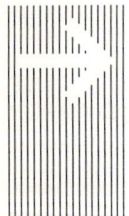 Beim Hotel Colombaia der Zugang zu dem *Etruskergrab* von Castellina: Ein großer Grabhügel mit vier Grabkammern, die nach den Himmelsrichtungen ausgerichtet sind. Alle Grabkammern mit langem Gang (Dromos), von dem Seitenkammern abzweigen; am Ende des Ganges jeweils ein Hauptraum. Das Grab stammt aus der etruskischen Frühzeit (7. Jhdt.).

■ Zwei weitere H o t e l s an der Chiantigiana zwischen Castellina und Siena:

Traumhaus in Bilderbuchlandschaft, sympathisch und mit Stil: *Belvedere di S. Leonino**** (Tel. 0577-740887, Postanschrift: loc. S. Leonino, 53011 Castellina in Chianti; 8 km südlich von Castellina von der Chiantigiana nach rechts - Hinweisschilder). Fantastischer Blick in die Landschaft; angenehm großes Schwimmbecken und dabei ziemlich kleine Preise. Unbedingt langfristig reservieren!

Nicht weit entfernt (von der Chiantigiana nach links) die *Villa Casafrassi***** (Tel. 740621), ein restaurierter Landsitz mit großem Garten (Doppel 200 DM).

■ Zwei empfehlenswerte W e i n g ü t e r : Auf dem kleinsten Gut *Casina di Cornia* produziert der Schweizer Winzer Antoine Luginbühl einen ausgezeichneten Bio-Chianti. (Tel. 0577-743052; Zufahrt: unterhalb von Quercegrossa, gegenüber dem Hotel Molino di Quercegrossa, auf Schotterstraße biegen, nach 5 km nach rechts abbiegen - Hinweisschilder).

Die *Tenuta di Lilliane* (Tel. 0577-743070), an der Straße zwischen Castellina und Castellina Scalo) gehört seit langem zu den renommiertesten Weingütern der Gegend, verkauft dabei - im Gegensatz zu manchen Konkurrenten - zu sehr soliden Preisen. Guter Chianti classico und einige ausgezeichnete Riserve.

R a d d a ist ein hübscher Ort, der noch zahlreiche alte Häuser, Reste der Stadtmauern und den mittelalterlichen Grundriß bewahrt hat. Fernsicht-Lage auf einem Hügel über dem Pesa-Tal.

■ Eine erstrangige, stilvolle Unterkunft: *Relais Fattoria Vignale***** (Via Pianigiani 15, Tel. 0577-738300). Schön eingerichtetes Herrenhaus des 18. Jhdts., Garten mit wunderbarer Aussicht, Schwimmbad. Atmosphäre nobel und zugleich sympathisch-warm. Es hat seinen Preis: Doppelzimmer zur Straßenseite rund 270 DM, zur (sehr viel schöneren) Gartenseite 370 DM, jeweils inklusive Frühstück. Einzel 210 DM.

Einfach und nicht teuer das Hotel *Girarrosto** (Tel. 738010) im Ortszentrum. Das dazugehörige Restaurant° sieht genauso aus, wie man sich die typische, bodenständige Trattoria vorstellt. Der Eindruck täuscht: ein kulinarischer Tiefpunkt des Chianti ...

Privatzimmer mit und ohne Bad, Küchenbenutzung, bei freundlichen Vermietern: Edicola Marina Pistolesi (Zeitschriftenladen), Via Roma 46, Tel. 738556 (Doppel um 60 DM).

2 km von Radda entfernt im Ortsteil Villa das Hotel *Villa Minucci*** (Tel. 738021). Das dazugehörige Lokal *Villa Miranda*°°° hat seine überbordende Medien-Berühmtheit als 'charakteristisches ländliches Restaurant' nicht verkraftet, es ist teuer und (häufig) unfreundlich geworden. Essen wechselhaft.

Vermittlung von Ferienwohnungen und Zimmern in der Umgebung Raddas durch: Coop. Colline Verdi, Via Roma 29, 53017 Radda in Chianti, Tel. 0577-738651, Fax 738652.

Zwischen Radda und Gaiole liegt die **B a d i a   a   C o l t i b u o n o**, ein ehemaliges Benediktinerkloster. Zu besichtigen ist noch die - stark restaurierte - romanische Kirche. Gleich nebendran das gute Restaurant *Badia a Coltibuono*°°° (Tel. 0577-749424, montags geschl.). Das Kloster selbst wird heute, chianti-gemäß, multi-funktional genutzt: als Weingut, für Konzerte und für Edel-Kochkurse, bei denen reiche Damen aus aller Welt die Feinheiten der toskanischen Küche lernen.

G a i o l e bietet als Ort nichts Besonderes. Die Umgebung ist hübsch, und auf der neuen 'Burgenstraße' des Chianti kann man die verschiedensten Castelli ansteuern (in der Nähe Gaioles z.B. Vertine, Meleto, Brolio). Naja. Am interessantesten ist noch das Castello di Meleto; die meisten Burgen sind stark restauriert.

Das **C a s t e l l o   d i   B r o l i o** ist das größte Weingut im Chianti; es gehört der Ricasoli-Familie, deren Vorfahr Bettino Ricasoli die Chianti-Weinformel schuf. Besichtigung (Mauern und Kapelle) trotzdem nicht sehr ergiebig.

Lieber gleich 2 km weiter in die nette *Trattoria S. Regolo*° (Tel. 0577-747136, nur Sa und So geöffnet), die an der Piazza des winzigen Dörfchens S. Regolo leicht zu übersehen ist (einige Meter unterhalb), gute ländliche Küche, Fleisch vom Holzfeuer.

Im südlichen Chianti

Östlich und nordöstlich von Siena herrscht etwas weniger Betrieb; auch die touristische Infrastruktur ist nicht ganz so ausgebaut. Ganz nett das kleine **S a n   G u s m è**. Die Schotterstraße führt am Dorf vorbei, weiter auf den Bergrücken, schön zum Spazierengehen, gute Aussicht, und zum Stolz der Anwohner auch ein Etruskergrab. Unten an der Hauptstraße (Rg. Radda, beim Kieswerk) das Weingut *Colle ai Lecci* mit ausgesprochen schönen Ferienwohnungen (z.T. riesige Balkone; wochenweise zu vermieten) und ausgezeichneten Weinen. Anschrift: Bent W. Myhre, Pod. Colle ai Lecci, 53010 S. Gusmè, Tel. 0577-359084 (Besitzer spricht deutsch).

C a s t e l n u o v o   B e r a r d e n g a gehört zum größten Teil der Adelsfamilie *Chigi*. Ihre Villa und der Park mitten im Dorf sind größer als der Rest des Ortes. Unterkunft etwas außerhalb im ausgebauten Bauernhaus (Küchenbenutzung, Garten): Podere S. Quirico, Via del Paradiso 3, Tel. 0577-355206.

Und der endgültig letzte Chianti-Tip: Bei **P i a n e l l a**, schon in der Nähe Sienas, das gute Restaurant *Il Molino dell Bagnaie*∞ (loc. Le Bagnaie, an der Straße Rg. Gaiole etwas nördlich von Pianella; tel. 0577-747062; Montag und Dienstagmittag geschl.). Eine restaurierte Mühle mit großem Garten, innen schlicht geweißelt und ausnahmsweise nicht antikisiert. Reservierung, vor allem abends, unbedingt empfohlen!

Chianti-Wein

Der *Gallo Nero*, der schwarze Hahn, war als Gütezeichen gemeint: Nur der *Chianti Classico*, der aus der *Chianti*-Region zwischen Siena und Florenz stammt, darf ihn tragen. Daß es daneben sechs weitere Chianti-Marken aus ganz anderen Gebieten gibt *(Colli Aretini, Colli Senesi* usw.), schafft Verwirrung. Aber nicht nur das. Die schöne Gleichung Hahn = Qualität war zu einfach. Der Hahn bedeutet nicht immer Qualität. Und einige der besten Chianti-Weine haben mit dem Hahn nichts zu schaffen.

Chianti-Weine wurden bereits seit dem Mittelalter produziert. Schon früh erreichten sie Export-Erfolge, im 18. Jhdt. gab es beispielsweise in London ein Chianti-Geschäft. Zwischen 1834 und 1837 legte der Gutsbesitzer *Baron Ricasoli* nach langem Experimentieren eine Zusammensetzung fest, die fast hundertfünfzig Jahre lang gültig bleiben sollte: Der Chianti sollte demnach aus rund 70% *Sangiovese*- und etwa 15% *Canaiolo*-Trauben bestehen; zu diesen roten Traubensorten kamen rund 10% weiße Sorten (*Malvasia* und *Trebbiano*) sowie ein kleiner Anteil regional wechselnder Sorten zur Abrundung von Farbe und Geschmack. So entstand ein fruchtiger, frischer, säurereicher Wein, der bereits wenige Monate nach der Ernte getrunken werden konnte. Geschmeidigkeit und Fruchtigkeit wurden noch durch das *Governo*-Verfahren erhöht: Dabei setzten die Winzer vor dem Ende der Gärung reif geerntete, halbgetrocknete Trauben zu, um eine zweite Fermentation auszulösen. Die Weine erreichten vorzügliche Qualität, vor allem wenn das Lesegut sorgfältig ausgewählt und zum richtigen Zeitpunkt geerntet wurde; sie waren allerdings nur begrenzt haltbar und - gerade im Vergleich zu den großen französischen Weinen - sehr viel weniger gehaltvoll.

Der Barrique-Bluff

In den letzten fünfzehn Jahren hat sich die Weinkultur des Chianti grundsätzlich verändert. Der traditionelle Chianti wird nur noch von wenigen Liebhabern produziert. Man versucht heute, alterungsfähige, kräftige und differenzierte Weine herzustellen - und das französische Vorbild ist dabei unverkennbar. Der Weißwein-Anteil - der den Chianti spritzig machte, aber die Haltbarkeit verringerte - wurde auf 2 - 5% reduziert, das Governo-Verfahren vielfach aufgegeben. Der Anteil der *Sangiovese*-Traube, aus der beispielsweise auch der schwere *Brunello di Montalcino* entsteht, wurde auf 75 - 90% gesteigert. Die neuen Chiantis haben mehr Körper und weniger Säure, entwickeln im besten Fall neue, differenzierte Geschmacksnuancen. Durch die neue Zusammensetzung, aber auch durch einen längeren Kontakt mit den Schalen nach der Ernte sind sie gerbstoffhaltiger - d.h. sie schmecken jung getrunken unter Umständen stumpf und pelzig und entfalten ihre Reize erst nach längerer Lagerung, wenn die Tannine zerfallen und die Geschmacksstoffe freisetzen.

Zahlreiche Chianti-Winzer haben sich noch weiter von der Tradition gelöst. Sie verwenden bislang ungebräuchliche Traubensorten, wie die Bordeaux-Traube *Cabernet Sauvignon*, und lagern den Wein in *Barrique*-Fässern, kleinen Eichenfässern, die - ebenfalls nach Bordeaux-Vorbild - dem Wein ein besonderes Aroma geben. Auf den Weißwein-Zusatz verzichten sie völlig. Solche Weine dürfen nach den geltenden Vorschriften nicht das DOC-Gütesiegel *(Denominazione di origine controllata)* tragen; sie werden als 'Vino da tavola' verkauft. Gerade unter ihnen befinden sich aber einige der Toskana-Spitzenweine - so daß man heute 'Tafelweine' zu 80 DM findet . . .

Die neuen Verfahren haben ohne Zweifel Spitzenweine hervorgebracht, wie es sie im Chianti nie gegeben hat. Im besten Fall entstehen gehaltvolle, alterungsfähige, außerordentlich differenzierte Weine mit einer Fülle von Geschmacksnuancen - die Vorzeigestücke des neuen, werbewirksam angeheizten Chianti-Booms. Unterhalb des Spitzenniveaus - bei den Weinen, die man als Normalverbraucher trinkt - hat der neue Stil dagegen große Veränderungen, aber nicht unbedingt Verbesserungen gebracht.

Tischlerweine

"Die früheren Chiantis waren mindestens genauso gut", sagte mir der Kellermeister eines renommierten Weinguts. "Aber der Markt verlangt heute anderes, wir müssen uns anpassen, sonst bleiben wir auf unseren Weinen sitzen." Fast ungläubig habe ich nachgefragt - denn der Mann war als Experte der neuen Chiantis bekannt: "Der neue Trend ist also vorwiegend eine Modeerscheinung?" "Reine Mode", lautete die trockene Bestätigung. Noch härter urteilte der Journalist *Davide Paolini* über den Barrique-Ausbau: "Die Zahl der Weinerzeuger, die mit Barriques umgehen können, ist gering. Ein großer Teil sind Weine, die von Tischlern gemacht werden."

Nach dem traditionellen System produzieren nur noch wenige Winzer - die Nachfrage fehlt. *Giuseppe Alessi* vom florentiner Restaurant *'La Pentola dell'Oro'* (vgl. Ortstext) läßt sich bei einem Chianti-Winzer Weine nach dem alten Verfahren herstellen. "Wir brauche keine ausgefeilte Kellereitechnik", polemisiert der ehemalige Chef eines Luxus-Restaurants, der bewußt in ein einfaches Lokal umgestiegen ist. "Das ganze Wein-Gerede hängt mir zum Hals heraus. Die besten Trauben, zum richtigen Zeitpunkt geerntet, ohne chemische Zusätze sachkundig verarbeitet - das ist alles!" Sein leichter und fruchtiger Chianti, ein herrlicher Tischwein, ist auf dem Markt nicht zu bekommen. ich bin, begeistert nach dem Genuß im Restaurant, zum Winzer gefahren - und konnte ihm mit Mühe 12 Flaschen abschwatzen, da die gesamte, kleine Produktion 'Auftragsarbeit' für zwei Restaurants ist.

Den alten Chianti wiederbeleben will auch *Lando Casprini* vom Restaurant *'Da Omero'* in *Passo dei Pecorai* bei *Greve* (s. dort). Wer seine vorzügliche Landküche versucht hat, versteht besser, aus welchem Geist heraus der Wirt und Weinkenner dem traditionellen Chianti nachtrauert. "Mein Traum wäre", erzählt Casprini, "die alte Mischkultur wiederzubeleben. Als unter dem Wein noch Gemüse,

Bohnen, Blumen standen, nahm er auch deren Aroma an. Aber es ist sehr schwierig - die maschinelle Bearbeitung wird dann unmöglich, und der Wein wird zu teuer." -

Unterdessen wird weiter vom Chianti fabuliert, mehr oder minder sachkundigen Kommentare sind in aller Munde. Damit Sie mitreden können - Tips vom französischen Wein-Fachautor *Pierre-Marie Doutrelant* ('Les bons vins et les autres'): "Viele Leute haben Angst, etwas falsch zu machen, wenn sie einen Wein beschreiben sollen. Keine Angst! Man kann praktisch alles mit normalen Worten sagen. Der einzige Fehler ist, den Jargon der Weinschwätzer zu imitieren.

Ein Wein ist "gut", "mittelmäßig" oder "schlecht" - eine klare Einteilung, auf die Sie immer zurückkommen können. Wenn Sie etwas differenzierter werden wollen, ohne allzu große Risiken zu laufen, finden Sie im folgenden einige hinreichend einfache und vage Ausdrücke, die Ihnen erlauben, jede Situation zu meistern.

Setzt man Ihnen einen groben Rotwein vor, so können Sie ihn - je nach Ihrer Offenherzigkeit bzw. Rücksichtnahme - bezeichnen als: hart - fest - robust - muskulös - reich im Geschmack - kräftig.

Einen farb-, geruchs- und geschmacklosen Wein bezeichnen Sie demgegenüber als banal - mager - leicht - diskret - oder delikat.

Von einem Weißwein, der Ihnen gar nichts sagt, behaupten Sie schlicht und einfach, er sei "süffig" oder er habe einen "Feuerstein-Geschmack". Über einen entsprechenden Rotwein erzählen Sie, er "geht gut runter".

Wenn Sie einen pedantischen Kenner bluffen wollen, sagen Sie nachdem Sie den Wein mit äußerster Ernsthaftigkeit eingeschlürft und gekaut haben, daß Sie einen Geschmack von "Veilchen, Rosmarin, Bohnenkraut, Zimt, Muskat, Ingwer, reifen Quitten, grünem Mango sowie Feige" darin finden. Verzichten Sie auf Gurke und Kürbis und seien Sie ohne Komplexe ...!"

■ Eine gute Auswahl der Chianti-Classico-Weine finden Sie in der *Enoteca del Gallo Nero* am Marktplatz in **Greve**. Biologischer Chianti Classico zu mäßigen Preisen auf der *Tenuta di Lilliano*, ebenfalls bei **Castellina**.

Ausgezeichnete Jahrgänge im Chianti: 1985, 1988, 1990. Gerade für die Spitzenweine aber gilt, was Weinexperte *Jens Priewe* schreibt: "Wer kein Snob ist, dem es nur auf das Etikett und den richtigen Jahrgang ankommt, der kann mit normalen Jahrgängen besser bedient sein. Die Weine sind weniger extrem, früher trinkbar und nicht selten delikater als die Granaten aus den Supersommern, zumal dann, wenn sie am Ende gar nicht explodieren."

Siena

Siena (65.000 Einwohner, 320 m) ist beeindruckend schön: braune Backsteinhäuser, hohe Palazzi, enge Gassen, das ständige Auf und Ab der Hügel, über dem Ganzen der exotisch wirkende, schwarz-weiß gestreifte Dom. Eine Stadt zum Herumschlendern, zum Dasitzen, für die lebendige Muße.

Die Sienesen sind auf die Stadt und ihre Traditionen unendlich stolz. Zu Recht. Die Einwohner gehen mit dem Ort vorbildlich um, das mittelalterliche Ambiente blieb optimal erhalten. Schon 1956 wurde das Zentrum für den privaten Autoverkehr gesperrt - stille Avantgarde, Jahrzehnte vor dem Aufblühen der Blumenkübel-Fußgängerzonen.

Manchmal scheint der Touristenandrang die Stadt zu sprengen. Aber Siena hält stand. Sogar im Gedränge fühlt man sich noch wohl, man taucht ein in den Strom, ist Reisender unter Reisenden; und beim Cappuccino an der Piazza del Campo fühlt man sich zu Hause, aufgenommen, ausgeruht.

Das Besichtigungsprogramm ist begrenzt. Ein Tag reicht schon, um einen Überblick über die großen Kunstwerke zu gewinnen. Der Rest ist Atmosphäre - immer reizvoll, unerschöpflich, gut für einen längeren Aufenthalt. Übrigens gibt es in Siena eine Reihe schöner Hotels, nur mit Billigunterkünften sieht's nicht optimal aus.

O r i e n t i e r u n g : Ich habe mich in Siena auch nach wochenlangem Aufenthalt noch verlaufen - die Gassen wirken meistens gerade, beschreiben aber in dem hügeligen Gelände unmerkliche Kurven. Zum Glück sind überall im Zentrum Hinweisschilder angebracht, die zur Piazza del Campo oder zum Dom zurückführen. Stadtpläne (gegen eine geringe Gebühr) bei den Touristenbüros (s. unten).

P a r k e n : Zahlreiche gebührenfreie Parkplätze am Rand der Altstadt (ausgeschildert), die meisten bei der Medici-Festung (Fortezza Medicea). Siena hat eine niedrige Kriminalitätsrate; Autoeinbrüche sind selten. Wer dennoch ganz sicher gehen will: bewachter Parkplatz (gebührenpflichtig) beim Stadion.

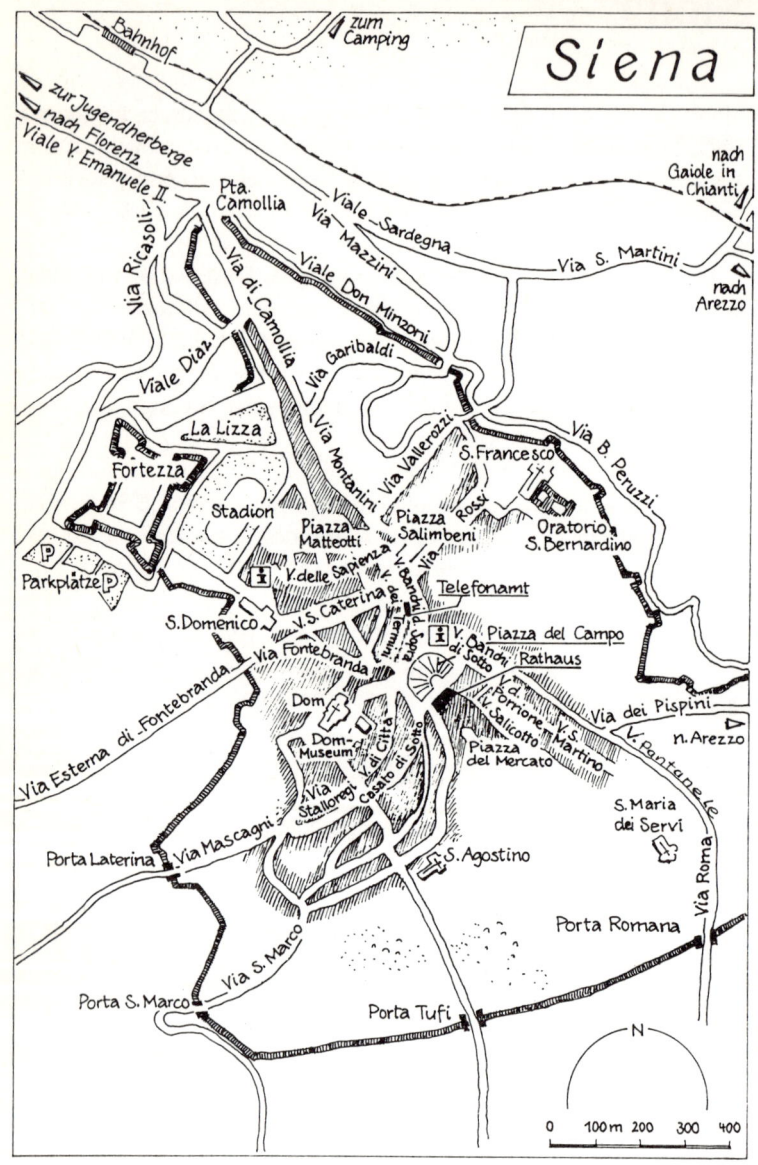

Siena

Bahnhof
zum Camping
zur Jugendherberge
nach Florenz
Viale V. Emanuele II
nach Gaiole in Chianti
Pta. Camollia
Via Sardegna
Via Mazzini
Via S. Martini
nach Arezzo
Via Ricasoli
Viale Don Minzoni
Via di Camollia
Viale Diaz
Via Garibaldi
La Lizza
S. Francesco
Via B. Peruzzi
Fortezza
Via Montanini
Via Vallerozzi
Rossi
Stadion
Piazza Matteotti
Piazza Salimbeni
Oratorio S. Bernardino
V. delle Sapienza
P
Parkplätze
P
V. S. Caterina
Telefonamt
S. Domenico
Piazza del Campo
Via Fontebranda
V. Banchi di Sotto
Rathaus
Via dei Pispini
Dom
Via d. Pórrione
V. S. Martino
V. Pantaneto
n. Arezzo
Dom-Museum
Casato di Sotto
Il Salicotto
Piazza del Mercato
Via Esterna di Fontebranda
Via Stalloreggi
S. Maria dei Servi
Via Mascagni
S. Agostino
Porta Laterina
Via Roma
Porta Romana
Via S. Marco
Porta S. Marco
Porta Tufi

N

0 100m 200 300 400

M ä r k t e : Jeden Vormittag (außer sonntags und montags) Lebensmittelmarkt auf der Piazza del Mercato (hinter dem Rathaus). Mittwoch vormittags großer Markt (u.a. Kleidung) auf der Piazza La Lizza (Achtung: Gedränge und Parkprobleme! Der Ratschlag eines Lesers: "Am Mittwoch läßt man den Wagen am besten irgendwo außerhalb der Stadt stehen und fährt mit dem Bus in die Stadt. Auf keinen Fall den Wagen irgendwo außerhalb der Parkplätze abstellen, denn wer falsch parkt, könnte wenn nicht von der Polizei, auch von der 'Selbstjustiz' der Sienesen erfaßt werden (eine zerkratzte Kühlerhaube wie bei mir z.B. ist leicht möglich). Überhaupt ist am Mittwoch die Atmosphäre etwas gereizt, wer nicht unbedingt auf den Markt will, sollte lieber einen anderen Tag wählen, dann ist alles viel ruhiger, friedlicher und Parkplätze gibts auch genug."

Stadtgeschichte

Der Bluff - Siena erlebte seine große Zeit im Mittelalter - vom 12. bis zum 14. Jhdt. In der Antike war es nur eine unbedeutende Ortschaft. Weil aber in Italien jede mittelalterliche Stadt, die etwas auf sich hielt, eine möglichst glorreiche Vergangenheit vorzeigen wollte, erfanden die Sienesen eine noble Gründungslegende. Danach war Siena von Ascius und Senius, Söhnen des Remus, gegründet worden, die sich mit ihrem Onkel Romulus verkracht hatten und in die Toskana flohen. Auf diese Weise erschien Siena fast ebenso alt wie Rom und würdigsten Ursprungs - während es in Wirklichkeit zur Etrusker- und Römerzeit sich in keiner Weise hervorgetan hatte. Zur Bekräftigung der schönen Story stellten die Einwohner überall im Ort Standbilder der römischen Wölfin mit Romulus und Remus auf. Man kann sie heute noch sehen, z.B. vor dem Dom oder vor dem Palazzo Tolomei.

Die Blütezeit - Im 13. und 14. Jhdt. war Siena eine europäische Metropole ersten Ranges, vor allem ein Handels- und Finanzzentrum. Zwei Dinge bewirkten den Aufschwung der Stadt: Ihre Lage an der Frankenstraße, dem Verbindungsweg von Nord- und Mitteleuropa nach Rom; und die Verfügung über die Bodenschätze der nahegelegenen Colline Metallifere (Metallhügel). Dort fand man Silber - und wer Silber besaß, wurde (in einer Zeit, in der es keine Goldmünzen gab) zum Kreditgeber. Siena war (und ist) Bankenstadt, wurde so verständlicherweise schnell reich.

Die Blütezeit bereitete sich im 12. Jhdt. vor, zunächst unter der Führung des städtischen Adels, der mit geschickter Politik und offener Gewalt große Ländereien (vor allem in der Südtoskana) erwarb. Nach und nach gewannen die bürgerlichen Schichten mehr Einfluß - d.h. insbesondere Großkaufleute und Bankiers, die mit Unterstützung der einfachen Leute gegen die Adelsherrschaft kämpften. Siena wurde so allmählich zur Stadtrepublik mit gewählten Räten und Beamten.

Mit einem Regierungswechsel 1269 begann die goldene Phase der Silber-Stadt: Neue Gruppen kamen an die Macht und sorgten für frischen Wind - insbesondere für eine tiefgreifende architektonische Erneuerung. In der langen Zeit der Verwaltung durch den 'Rat der Neun' (Consiglio dei Nove, 1287-1355) entstand das heutige Stadtbild: Das Rathaus wurde errichtet, die Piazza del Campo gepflastert, der Dom fast fertiggestellt.

Siena hatte in dieser Zeit etwa 20.000 Einwohner, war für damalige Verhältnisse eine Großstadt. Die Macht lag in den Händen der Händler- und Bankiers-Klasse. Handwerker und kleine Kaufleute waren in begrenztem Maß an der Stadtverwaltung beteiligt. Die Stadtregierung wurde - anders als in Florenz - nicht von den Zünften getragen, sondern von den Stadtteilen (contrade). Diese Tradition der 'Städte in der Stadt' wird noch heute beim Reiterkampf des Palio (s.u.) deutlich.

Tanzen und Radschlagen auf der Straße verboten ....

Einer der kuriosesten Aspekte des mittelalterlichen Siena ist die Fülle der Beamten und der Rechtsvorschriften - ganz anders als man sich das spontane Mittelalter vorstellt. Das Leben war in verblüffender Weise juristisch durchorganisiert. Das Stadtstatut von 1309 hatte mehr als 2000 Vorschriften; die neun obersten Ratsherren ließen es sich zweimal monatlich vorlesen, um ja nichts zu vergessen. Das Übermaß an Regelungen diente vermutlich dazu, eine Disziplin des urbanen Zusammenlebens zu erreichen, die der Bevölkerung noch keineswegs selbstverständlich war. Wie anders kann man es sich erklären, daß z.B. das Tanzen und das Radschlagen auf der Straße ausdrücklich verboten wurden? Andere Paragraphen untersagten es den Bürgern, sich als Frauen zu verkleiden, in den Hauptstraßen zu spinnen, sich zu verschleiern, geschlachtetes Vieh aufzuhängen, Schmutz vom Balkon zu schütten, auf der Straße Holz zu sägen, von den Dächern mit Steinen zu werfen.

Zu diesen pedantischen Vorschriften - die sicher oft umgangen wurden - paßt die Unmenge der städtischen Beamten, die allerdings meist nicht hauptberuflich tätig waren und oft nur für begrenzte Aufgaben eingesetzt wurden. Bereits 1257 hatte Siena über hundert Stadtteil-Bürgermeister und Unter-Bürgermeister, 114 Zolleinnehmer, 171 Nachtwächter, sechs Brunnenwächter, sechs Beamte für die Vertreibung unbeaufsichtigter Schweine und Esel aus der Stadt, zwei Glöckner, zwei Henker, vier Trompeter, drei Aufsichtsbeamte für die Mühlen der Stadt, drei Getreideaufkäufer, neun Kerkerwächter und Dutzende von Angestellten für weitere Sonderaufgaben. Insgesamt standen etwa neunhundert Personen auf den Gehaltslisten der Stadtverwaltung!

Provinzleben - Der Niedergang Sienas begann 1348 mit der Großen Pest. Siena erholte sich (im Gegensatz zu Florenz) nicht mehr vollständig von der Katastrophe, weil die Grundlagen seines Reichtums unterhöhlt waren: Die Hauptverkehrsströme hatten sich im ausgehenden Mittelalter von der Frankenstraße auf andere Routen verlagert - und die Bedeutung des Silbers ging zurück, nachdem Florenz und Venedig begonnen hatten, Goldmünzen zu prägen. Für gut hundertfünfzig Jahre erlebte die Stadt unruhige Zeiten; mal waren Handwerker und kleine Kaufleute an der Macht, mal die Großbourgeoisie; zwischendurch regierten kurzfristig auch einzelne Familien - die stabile Verwaltung der Blütezeit war dahin. 1530 eroberte der mit Florenz verbündete Habsburgerkaiser Karl V. die Stadt. Die Sienesen setzten sich zur Wehr; 1552 gelangt es ihnen noch einmal, die fremden Truppen zu vertreiben. Aber nicht für lange: 1555 setzte sich Florenz mit Hilfe der Spanier endgültig durch. Seither stand Siena unter der Herrschaft der verhaßten Medici - überall sieht man noch heute ihr Wappen (mit den Kugeln). Siena hat die alte Feindschaft gegen Florenz nicht vergessen - die große Nachbarstadt ist noch immer unbeliebt.

Piazza del Campo, Siena

Schon seit dem 15. Jhdt., verstärkt aber seit dem 16. Jhdt., war Siena nur noch eine Provinzstadt, Neues entstand nicht mehr. Eben darum hat sich die mittelalterliche Struktur so gut erhalten: Auf eine Blütezeit folgte ein schneller Niedergang, der alle Veränderungs-Impulse erstickte. Siena blieb architektonisch, was es im 13. und 14. Jhdt. gewesen war.

Der Palio - Das große Fest

Der Palio ist wohl das vitalste unter den tausenden italienischer Ortsfeste. Siena lebt das ganze Jahr vom und mit dem Palio. Vor den eigentlichen Festtagen - dem 2. Juli und dem 16. August - steigert sich das ständig vor sich hinköchelnde Palio-Fieber zum hellen Wahnsinn. Die ganze Stadt gerät in Rauschzustände: eine gigantische Psychedelic-Party.

Auf den ersten Blick: ein derbes Pferderennen auf der Piazza del Campo, bei der die siebzehn historischen Stadtteile Sienas (die *Contrade*) gegeneinander kämpfen. Auf den zweiten Blick: ein kompliziertes Geflecht von Regeln, Traditionen, Gewohnheiten, die das Leben Sienas auch im Alltag bestimmen. Die Zugehörigkeit zu einer bestimmten Contrada hat für die meisten Einwohner große Bedeutung. In den tieferen Schichten: ein kollektiver Rausch, in dem Spannungen abreagiert werden und zugleich der soziale Zusammenhang wächst. Daß Siena eine sehr geringe Kriminalitätsrate hat, hängt eng mit dem Palio zusammen: In Siena funktioniert das Gemeinschaftsleben wesentlich besser als in allen vergleichbaren Orten.

Das Hauptereignis, das Pferderennen, dauert gerade anderthalb Minuten. In den letzten Jahren wird das eigentliche Rennen, bei dem es immer wieder zu schlimmen Massenstürzen kam, zunehmend von Tierschützern kritisiert. Dreimal jagen die Reiter um den Platz. Der gepflasterte Umgang wird aus diesem Anlaß mit gestampfter Erde bedeckt - jedes Jahr mit derselben; nach dem Rennen wird sie sorgfältig wieder eingesammelt und aufbewahrt. 17 Pferde hätten auf der improvisierten Rennbahn keinen Platz, daher nehmen an jedem Palio nur 10 Contrade teil: die 7, die beim letzten Mal fehlten und 3 weitere, die ausgelost werden. Aber kein Sienese steht dem Rennen gleichgültig gegenüber - auch dann nicht, wenn der eigene Stadtteil nicht beteiligt ist. Traditionelle Feindschaften und Freundschaften verbinden die Contrade - und man ist genauso verzweifelt über den Sieg des Erzfeindes wie über eine Niederlage des eigenen Pferdes.

Die Pferde werden ausgelost; die Reiter hingegen - Profis, die nicht aus Siena stammen - werden von den Contrade gegen hohe Honorare und Siegprämien verpflichtet. Den Jockeys werden zudem immense Bestechungsgelder zur Verfügung gestellt; denn Korruption gehört zum Palio-Ritual. Die entscheidenden Verhandlungen unter den Jockeys werden, mit fast unmerklichen Gebärden, in den Sekunden vor dem Start geführt.

Konsequenz des Korruptions-Spiels: Wenn ein guter Reiter mit einem starken Pferd das Rennen verliert, rechnet jeder damit, daß er sich hat bezahlen lassen; die auftraggebende Contrada hat damit das moralische Recht, ihn zu verprügeln. Immer wieder werden Reiter nach dem Palio krankenhausreif geschlagen - ein Berufsrisiko, von dem jeder weiß.

Übrigens sind dies die einzigen beim Palio erlaubten Gewaltakte; Schlägereien unter den Bewohnern der verschiedenen Stadtteile sind verpönt und werden mit der härtesten Strafe geahndet, die sich ein Palio-Fan vorstellen kann: Mit dem Ausschluß der Contrada vom nächsten Rennen.

Mehr oder weniger
flippen alle aus

Vorbereitungen und Nachfeiern dauern endlos. Gemeinsame Essen der einzelnen Stadtteile, Umzüge in historischen Kostümen, Versammlungen verteilen sich über das ganze Jahr. Je näher der Renn-Termin rückt, desto mehr häufen sich diese Veranstaltungen. In den Tagen vor dem Palio veranstalten die Contrade riesige Mahlzeiten im Freien. Proberennen locken jeweils schon mehrere zehntausend Zuschauer auf den Campo. Vor dem großen Ereignis wird jedes Pferd in die Stadtteil-Kirche geführt und vom Pfarrer gesegnet. Dann das Rennen selbst: Der Platz ist gesteckt voll mit Menschen; Fenster- und Tribünenplätze werden zu horrenden Preisen gehandelt (während der Zugang zur Platzmitte, mit eingeschränkter Sicht, frei ist). Ein stundenlanger Umzug in historischen Kostümen eröffnet die Feierlichkeit; das eigentliche Rennen, mit äußerster Spannung erwartet, geht in knapp 100 Sekunden vorbei. Danach die Ekstase: Mehr oder weniger flippen alle aus - die einen, weil sie gewonnen haben, die anderen, weil sie verloren haben, wieder andere, weil der Erzfeind gewonnen oder die Freundes-Contrada verloren hat - und so weiter. Ein Meer von Freuden- und Schmerzens-Tränen; man liegt sich in den Armen; Triumphzüge; unterlegene Reiter versuchen dem Volkszorn zu entkommen; Spott über die Besiegten. Der *Palio*, nach dem das Fest seinen Namen hat - eine bemalte Siegesfahne - wird übergeben; die siegreiche Partei eilt in den Dom, wo unter unkirchlichem Getöse die Fahne gesegnet wird. Danach Umzüge, Feiern in der ganzen Nacht, am nächsten Tag, in den nächsten Wochen. Die Sieger veranstalten noch Monate später große Essen im Freien. Ich habe eine solche Mahlzeit erlebt, bei der inmitten der dreihundert Speisenden das Pferd in einem Strohgeviert stand und - ungelogen - aus einer silbernen Schüssel fraß.

Wie gesagt, das Palio-Ritual ist kompliziert und für Außenstehende kaum durchschaubar. Noch ein paar Kuriositäten: Für die Zugehörigkeit zu einem Stadtteil ist einzig ausschlaggebend, wo der betreffende Sienese geboren wurde - nicht etwa sein Wohnsitz. Innerhalb ein und derselben Familie gibt es also gewöhnlich unterschiedliche Zugehörigkeiten - und damit während der heißen Zeit auch Spannungen. Angeblich ziehen viele Ehepaare während der Palio-Tage auseinander - weil's sonst zuviel Krach gäbe. - Wenn ein reiterloses Pferd als erstes ins Ziel gelangt (Stürze sind beim Rennen nicht selten), hat seine Contrada gesiegt; der Reiter spielt in diesem Sinn keine Rolle. - Jeder Stadtteil hat ein eigenes Palio-Museum mit den gewonnenen Siegesfahnen und anderen Erinnerungsstücken.

Trotz des Andrangs ist der Palio im Kern ein rein sienesisches Fest geblieben. Als auswärtiger Besucher bleibt man ein Außenstehender - gut so! Die Spannung ist auf jeden Fall so groß, daß man auch als Tourist noch genug mitbekommt. Ich habe jedenfalls meine Palio-Reise trotz Hitze und Riesen-Gedränge nicht bereut.

■ Lesetip, unbedingt lohnend: Carlo Fruttero/Franco Lucentini, Der Palio der toten Reiter (Piper) - ein hintergründiger Siena-Krimi, der nebenbei gut das Fest-Ritual erklärt.

Kunst

Anders als in Florenz bildet in Siena die Gesamtanlage der Stadt den vorherrschenden Kunsteindruck - nicht so sehr einzelne Sehenswürdigkeiten. Auf ungezielten Spaziergängen über Plätze und Gassen enthüllt sich Siena deutlicher als in den Museen und Kirchen. Übrigens ist die Stadt ein Kunstwerk im wahrsten Sinne des Wortes: eine planmäßig geschaffene Anlage, bei der man von vornherein ästhetische Wirkungen im Auge hatte.

Piazza del Campo und Rathaus

Siena hat zwar mehr als fünfhundert Heilige hervorgebracht, sein eigentliches Zentrum liegt trotzdem nicht an einer der Kirchen, sondern an der weltlichen Piazza del Campo. Die Muschelform des Platzes ist weltberühmt - was soll man dazu noch sagen? Daß es kaum etwas Schöneres gibt als mit dem Fahrrad über den Platz zu sausen (der Schwung!) - natürlich nur zwischen zwei und sechs Uhr morgens, wenn die Polizisten schlafen. Vielleicht besser dies: Die merkwürdige Form hat einen praktischen Grund. Der Platz sollte genau im Zentrum Sienas liegen, von den unterschiedlichen Stadtteilen gleich weit entfernt; hier war aber das Gelände abschüssig und nötigte zum städtebaulichen Experiment - der Muschel.

Die Piazza wurde bewußt gestaltet. Die Stadtverwaltung legte schon im 14. Jhdt. fest, daß die Fenster aller Häuser am Campo denjenigen des Rathauses entsprechen müßten; daher die einheitlichen Fensterformen (mit den zwei Säulchen), die erst an einigen späteren Bauten aufgegeben wurde.

Bauvorschriften

Das Bauwesen war genau geregelt. Siena ist keineswegs spontan gewachsen, seine Schönheit ist das Ergebnis ständiger bewußter Bemühungen und strenger Regelungen. Alles Bauen war seit dem 13. Jhdt. genehmigungspflichtig. Der Stadtrat hielt jährlich Sitzungen ab, auf denen das Bauprogramm für das nächste Jahr bestimmt wurde. Man hatte dabei bewußt die Schönheit der Stadt im Auge. Private Interessen mußten zurückstehen. Besondere Beamte, die *'ufficiali dell'ornato della città'*, wachten über Einheitlichkeit und Ordnung der Stadtanlage. Die Schönheitsbeamten gingen gegen Erker, Außentreppen und Vorbauten vor, die als ästhetisch willkürlich galten und außerdem öffentlichen Raum wegnahmen. Oft kam es zu langwierigen Rechtsstreitigkeiten mit widerspenstigen Hausbesitzern. Im Jahr 1370 wurde beispielsweise vor dem Großen Rat Sienas der Fall eines Mannes verhandelt, dessen Laden an der Piazza del Campo 40 Zentimeter (!) aus der Häuserreihe hervorragte; zwölf Sachverständige hatten zu entscheiden, ob ein Abriß des Geschäfts zumutbar sei oder nicht.

Rechtsvorschriften regelten die Pflasterung der Straßen und bestimmten, daß allen Lehmbauten eine Ziegelsteinmauer vorgeblendet werden müsse. In einer Verordnung wurde festgelegt, daß alle Fenster der Palazzi am Campo den Fensterformen des Rathauses anzugleichen seien. Waren Hausbesitzer aus ökonomischen Gründen nicht imstande, ihr Anwesen ordentlich in Schuß zu halten, so griff die Verwaltung zu unkonventionellen Lösungen: Nicht selten bekam der Betreffende vorübergehend ein öffentliches Amt, mit der Auflage, die Einnahmen zur Verschönerung des Hauses - und damit zum Ruhm der Stadt - zu verwenden.

Die Architektur Sienas ist also aus einer bewußten Bemühung um Schönheit hervorgewachsen. Gewiß, Siena war - wie der Historiker *Werner Goez* schreibt - oft genug durch "Wucher und Zinsknechtschaft, Machtgier und Betrug" geprägt. Aber privaten Interessen wurde niemals zugestanden, das Bild der Stadt zu zerstören. Bis heute ist Siena dieser Tradition treu geblieben

Das Rathaus

Das interessanteste Gebäude an der Piazza del Campo ist das Rathaus, der *Palazzo Pubblico*. Er wurde um 1300, in der Blütezeit der städtischen Selbstverwaltung gebaut. Der hohe Turm (102 m) entstand einige Jahrzehnte später. Man kann ihn besteigen (täglich 10-17.15 geöffnet); allerdings ist m.E. der Blick von der Domfassade (s. Dommuseum) noch schöner.

Im Rathaus zahlreiche Kunstwerke, vor allem Gemälde (Öffnungszeiten: 9.30-18.45 Uhr; November bis März 9.30-12.45 Uhr; geschl. Weihnachten, Ostersonntag, 1. Mai). Nicht nur für Kunst-Fans interessant: Die Fresken von *Ambrogio Lorenzetti* in der S a l a d e l l a P a c e (vgl. Plan) geben ein höchst anschauliches Bild des Lebens im mittelalterlichen Siena - unbedingt sehenswert! Ich beschreibe die Fresken relativ genau, weil man an ihnen einiges von der Zeit verstehen kann, in der Siena seine Blüte erlebte.

Thema: *Die Gute und die Schlechte Regierung*. Das war gemalte Propaganda, ein Lobeshymnus auf die Verwaltung der Stadt. Als die Gemälde entstanden (1337-1339), wurde Siena seit gut fünfzig Jahren von einer Schicht reicher Kaufleute beherrscht, deren oberstes, demokratisch gewähltes Organ der sogenannte 'Rat der Neun' war. Mit dieser Regierungsform erlebte die Stadt den Höhepunkt ihrer Geschichte. Die Ratsherren hatten nicht ganz Unrecht, sich als 'Gute Regierung' feiern zu lassen. (Übrigens ist die Piazza del Campo, die ja in dieser Zeit entstand, durch weiße Streifen in 9 Segmente eingeteilt - wohl ebenfalls eine Erinnerung an den 'Rat der Neun'.)

An der Schmalseite der Sala della Pace die symbolische Darstellung der Guten Regierung: Neben dem König (als Symbol der Herrschaft) die Frauengestalten Friede, Stärke, Vorsicht, Großmut, Mäßigung, Gerechtigkeit. Vor allem die Figur des Friedens ist wunderschön: ein lässiges Weib mit schimmerndem Gewand, durch welches Busen und Nabel durchscheinen - große sinnliche Malerei im Zeitalter der Madonnen. Zu Füßen des Königs säugt eine nette Wölfin Romulus und Remus (zur Bedeutung vgl. Stadtgeschichte, 'Der Bluff'). Unter der Gerechtigkeit sieht man Kriegsgefangene Sienas, die von Soldaten bewacht werden. Ganz links eine weitere Personifizierung der Justiz; sie kümmert sich gleichzeitig um Strafrecht (links) und Zivilrecht (rechts). Darunter die siebente Tugend: die

Rathaus Siena · Obergeschoß

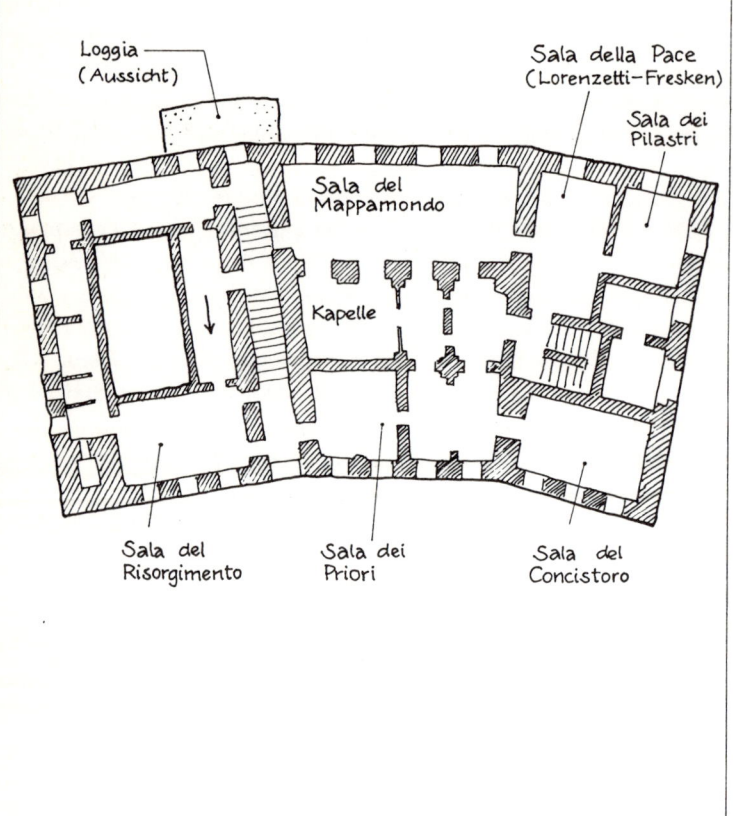

Loggia (Aussicht)

Sala della Pace (Lorenzetti-Fresken)

Sala dei Pilastri

Sala del Mappamondo

Kapelle

Sala del Risorgimento

Sala dei Priori

Sala del Concistoro

Eintracht, und eine Prozession von Ratherren. In der Hand hält die Eintracht einen Hobel: um nötigenfalls den Ehrgeiz der Bürger glattzuhobeln.

Das Bild der Schlechten Regierung ist weitgehend zerstört. Man erkennt rechts noch das schlechte Regiment, eine Karikatur der Guten Regierung: Statt des friedlichen alten Königs ein Teufel als Herrscher, statt der Tugenden die Laster (Stolz, Habsucht usw.) an seinen Seiten. Die Gerechtigkeit liegt gefesselt am Boden. In Stadt und Land geht es drunter und drüber: Die Edlen werden gefangengenommen und ermordet; nur unter Begleitschutz kann man aufs Land hinausreiten.

Der Höhepunkt: Die Wirkungen der Guten Regierung in Stadt und Land, auf der gegenüberliegenden Wand. An der linken Seite eine anschauliche, lebendige Darstellung des gut regierten Siena, eine Fülle interessanter Einzelheiten: Bauern kommen mit beladenen Eseln in die Stadt; andere Bauern treiben Schweine nach Hause; Händler reiten zu Pferde; Frauen tragen Lasten auf dem Kopf; Maurer werken auf einem Dach (ganz oben); ein Lehrer unterrichtet erwachsene Schüler (Mitte, unter offenem Gewölbe); verschiedene Handwerker arbeiten in ihren Werkstätten. Links oben erkennt man den Dom; die Stadt wird von Geschlechtertürmen überragt wie das heutige San Gimignano. - Eindrucksvoll auch die rechte Seite mit der Darstellung des Landes: kahle, nur zum Teil mit Ölbäumen bestandene Hügel - die Landschaft der Crete, die man noch immer südlich von Siena sehen kann; gut gekleidete Städter ziehen aus dem Tor, arme Bauern kommen ihnen entgegen; das Land ist kaum besiedelt.

Außer den Lorenzetti-Fresken - für mich der Glanzpunkt der gesamten sienesischen Malerei - finden sich im Rathaus zahlreiche weitere Gemälde. In der zentralen S a l a   d e l   M a p p a - m o n d o zwei berühmte Fresken: eine *Maestà von Simone Martini* (1315) - mit dem blauen Hintergrund, dem perspektivischen Thron und den individuelleren Gesichtern einer modernere Vision des wenige Jahre zuvor von Duccio di Buoninsegna für den Dom gemalten Themas (vgl. Dommuseum); der *Ritter Guidoriccio da Fogliano* auf dem Weg zur Belagerung von Montemassi (wiederum, wie auf dem Fresko der Guten Regierung, die kahle Landschaft der Crete) - dieses Bild wird ebenfalls Simone Martini zugeschrieben, wäre dem-

nach eines der ersten Bilder Europas ohne religiöses Thema.

In der S a l a   d e i   P i l a s t r i eine dramatisch-brutale Darstellung des bethlehemitischen Kindermords von dem Renaissance-Maler *Matteo di Giovanni* (1482); merkwürdig finde ich die voyeuristisch zuschauenden, über die Ereignisse geradezu glücklichen Kinder im Hintergrund des Bildes.

Außerdem: Schöne K a p e l l e mit geschnitztem Holzgestühl aus dem 15. Jhdt.; am Altar ein Bild der heiligen Familie (von dem sienesischen Maler *Sodoma*); an der linken Wand Fresken von *Taddeo di Bartolo* (Mariengeschichten, 1407 entstanden).

In der S a l a d e l   C o n c i s t o r o große Wandteppiche mit Bildern (z.T. französischen Ursprungs, z.T. aus Florenz).

In der S a l a   d e i   P r i o r i Fresken von *Spinello Aretino* (1407) mit Szenen aus dem Leben des - aus Siena stammenden - Papstes Alexander III. In der Sala del Risorgimento patriotische Fresken des 19. Jhdts., die den italienischen Unabhängigkeitskampf schildern (vgl. 'Straßen-Geschichte' S. 21).

Dom und Gigantendom

Am Dom wurde lange gebaut: rund zweihundert Jahre. Am liebsten hätten die Sienesen die größte Kirche der Welt daraus gemacht: Als der Bau fast fertig war, fiel ihnen ein, ihn zum Teil eines viel größeren Projekts umzufunktionieren. Der neue Super-Dom (für den die heutige Kirche nur als Querschiff dienen sollte!) wurde 1339 begonnen, aber die Arbeiten gediehen nicht weit: Der Architekt kam mit dem komplizierten Statik nicht zurande, 1348 brach eine Pest-Epidemie aus, Siena verarmte und mußte auf das Prestige-Objekte verzichten. Die gewaltigen Überreste des gigantischen Traums sind noch zu sehen: Riesenpfeiler und die Fassadenmauer (im Südosten des Doms).

Immerhin, auch die fertiggestellte Kirche ist nicht gerade winzig. Die verschiedenen Bauphasen kann man von außen noch erkennen: Von der Portalseite zur Apsis ändert sich deutlich der Stil. Merkwürdig (wenn man's zum erstenmal sieht: befremdlich) wirkt die schwarz-weiße Zebra-Musterung. Diese Dekoration war in der mittelalterlichen Toskana große Mode; zuerst war sie (durch arabischen

Einfluß) am Dom von Pisa aufgetaucht, verbreitete sich dann im Binnenland, auch auf Korsika und Sardinien.

Die ziemlich überladene Fassade wurde erst im 19. Jhdt. fertiggestellt. Die Skulpturen stammen noch aus dem Mittelalter (meist Kopien, Originale in der *Crypta della Statue*, Zugang von der Treppe zwischen Dom und Baptisterium), die Mosaiken dagegen aus dem 19. Jhdt.

Das Innere des Doms wirkt ungewöhnlich: der halbdunkle Raum und die fast pflanzenhaft aus dem Boden aufsteigenden Säulen lassen eher an mohammedanische als an europäische Bauten denken. Fast eine mystische Atmosphäre - aber schreiende Fremdenführer und verärgerte Touristen in kurzen Hosen (die nicht in den Altarraum gelassen werden) durchkreuzen die Magie.

172 Päpste und 36 Kaiser (-Büsten natürlich) schauen hoch vom Gesims auf die Besuchermassen und den kostbaren Fußboden, an dem von 1372 bis ins 16. Jhdt. über vierzig Künstler gearbeitet haben. In unterschiedlichen Techniken: zunächst Mosaiken (heute im Dommuseum), dann Sgraffiti (eingeritzte Marmorplatten), schließlich Marmoreinlegearbeiten (Intarsien). Ein Großteil der Fußboden-Bilder wird im allgemeinen durch einen Holzboden abgedeckt.

Links vor dem Altar das berühmteste Kunstwerk des Doms: eine M a r m o r k a n z e l des Bildhauers *Nicola Pisano* (1266-68). Die Kanzel (Beleuchtung durch Münzautomat) stellt auf sieben Relieftafeln Szenen aus dem Neuen Testament dar (Geburt Christi, Flucht nach Ägypten, Kindermord von Bethlehem, Kreuzigung u.a. - z.T. mehrere verschiedene Szenen auf einem Relief). Sehr dramatische Darstellungen und - eine revolutionäre Neuerung zur Entstehungszeit der Kanzel - individuelle, vielfach psychologische Gestaltung der Personen. Die letzten beiden Reliefs zeigen die Erwählten und die Verdammten des Jüngsten Gerichts; interessanter, wie immer, die Sünder, unter denen man auch einen Bischof findet (oben rechts), sowie einen Mönch, der versucht, bei einem Engel die Begnadigung zu erreichen (zweite Reihe von unten, links).

Weitere bemerkenswerte Kunstwerke im Dom: In der Kapelle Johannes des Täufers (im Querschiff links) eine beeindruckende Bronzestatue des *Johannes von Donatello*; am Piccolomini-Altar (links vom Eingang zur Libreria Piccolomini) vier Jugendwerke von *Michelangelo* (die Statuen in den Nischen); in der Libreria Piccolomini (Zugang vom linken Seitenschiff) Chorbücher aus der Renaissance und farbenfreudige Renaissance-Fresken von *Pinturicchio* (1502-09), die das Leben des Papstes Pius II. (Enea Silvio Piccolomini) erzählen (vgl. S.168). Besonders schön sind die Landschaften. Auf dem linken Fresko an der Schmalseite eine interessante Stadtansicht des damaligen Siena mit dem Dom und den - später abgerissenen - Geschlechtertürmen.

Baptisterium

Das Baptisterium - die Taufkirche - wurde in Siena unter den Dom gebaut: eine ungewöhnliche Lösung, denn anderswo (z.B. in Florenz) steht die Taufkirche als freistehender Bau vor dem Dom. Die Sienesen nutzten auf diese Weise das abschüssige Gelände und schufen zugleich einen Unterbau für die Verlängerung des Doms nach Nordosten.

Für Kunstinteressierte reizvoll ist vor allem der T a u f - b r u n n e n , an dem bedeutende Renaissancekünstler gearbeitet haben. Der Entwurf des Ganzen und ein Relief ('Zacharias wird aus dem Tempel vertrieben') stammen von *Jacopo della Quercia*, der auch den Brunnen auf der Piazza del Campo schuf. Am schönsten die Reliefs 'Jesu Taufe' und 'Gefangennahme des Johannes' von *Lorenzo Ghiberti* und 'Bankett des Herodes' von *Donatello,* mit den hintereinandergelagerten Raumfluchten ein Meisterwerk perspektivischer Darstellung.

Dommuseum

Neben dem Dom - im Mauerwerk der nie fertiggestellten Riesen-Kirche - steht das Dommuseum (Museo dell'Opera; 9-19.30 Uhr, November bis Februar 9-13.30 Uhr; 25.12. und 1.1. geschl.).

Die Abkürzung OPA, die man über dem Eingang sieht, bedeutet: *Opera del Duomo,* d.h. Dombauhütte - eine Körperschaft, die im Auftrag der Stadt Bau und Erhaltung des Doms beaufsichtigte.

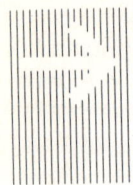 Durch das Museum kann man auf die unvollendete Fassade des Giganten-Doms (vgl. oben 'Dom') hinaufsteigen, hat dort den schönsten Blick auf Siena und seine Umgebung - nach meiner Meinung noch erheblich besser als die Aussicht vom Rathausturm (der zudem oft überfüllt ist).

Prunkstück des Museums ist die große Bildtafel der M a e s t à von *Duccio di Buoninsegna*. Die Maestà ist eine auf Vorder- und Rückseite bemalte Tafel, die zweihundert Jahre lang (von 1311 bis 1505) auf dem Hauptaltar des Doms stand. Auf der Vorderseite das große Bild der 'majestätischen' Madonna, nach der das Werk seinen Namen hat; auf der Rückseite und auf sogenannten Predellen-Bildern (einst unter und neben dem Madonnen-Gemälde) zahlreiche Szenen in kleinerem Format (Marienleben, Leben Jesu). Vorder- und Rückseite sind heute getrennt und stehen an verschiedenen Seiten des Raums.

Für Siena war das Kunstwerk im Mittelalter von symbolischer Bedeutung: 1260 hatte man die ganze Stadt der Jungfrau Maria geweiht; Duccio, der berühmteste sienesische Künstler seiner Zeit, malte im Auftrag der Stadtverwaltung die Schutzherrin in vollem Prunk. In seinem Vertrag mußte der Maler sich verpflichten, "das genannte Bild zu malen und zu machen, so gut er kann und es versteht und wie Gott es ihm gibt; und ununterbrochen an dem genannten Bild zu arbeiten, alle Zeit, wenn er daran zu arbeiten in der Lage ist; und keine andere Arbeit anzunehmen, bis das gesamte Bild vollkommen fertig ist."

Vollkommen fertig war das Bild nach dreijähriger Arbeit (1308-11). Als es aus Duccios Atelier in den Dom gebracht wurde, strömten jubelnde Menschenmassen herbei; "die höchsten Würdenträger der Stadt begleiteten es und Musik spielte auf; die Rechnungen über die Vergütungen an die Trompeten-, Horn- und Flötenbläser sind noch im senesischen Staatsarchiv erhalten" (E. Peterich). Aber zweihundert Jahre später geriet das Werk aus der Mode; es wurde vom Dom-Altar entfernt, irgendwo abgestellt und später sogar zersägt! Einzelne Teile verschwanden; noch heute sind zehn kleine Bilder des Gesamtwerks in ausländischen Museen, sechs blieben verschollen. Eine sorgfältige, jahrelang dauernde Restaurierung hat im 20.

Jahrhundert den alten Glanz wiederhergestellt.

Das große Hauptbild, die Madonna mit Kind und Heiligen, ist stilistisch traditionell: Gold-Hintergrund, strenge Symmetrie, steife Haltung der Figuren. Die Farben sehr fein abgestuft, äußerst differenziert das Gewand der Maria. In den kleinen Bildern löste sich Duccio von der Tradition: Hier wird locker erzählt, Nebendinge gewinnen Bedeutung, manche Szenen sind sehr anschaulich. In der Darstellung der Fußwaschung liegen beispielsweise die ausgezogenen Sandalen der Jünger wie große Käfer auf dem Fußboden; im Einzug in Jerusalem erscheint Jerusalem als toskanische Stadt; in anderen Szenen (z.B. Verleugnung Christi durch Petrus - mit dem dreimal krähenden Hahn) sieht man italienisch-dramatische Gesten.

S. Domenico

Als Kuriosität lohnt die Kirche S. Domenico einen Besuch. Hier ist (in einer Seitenkapelle rechts) die leicht grausliche Kopfreliquie der hl. Katharina ausgestellt, der bedeutendsten Heiligen Sienas und Nationalheiligen Italiens. Katharina wurde 1347 als fünfundzwanzigstes Kind (!) eines Wollfärbers geboren. Gegen den Willen der Eltern trat sie in den Dominikanerorden ein. Mit etwas mehr als zwanzig Jahren begann die ungewöhnliche Frau, öffentlich zu predigen. Sie zog ungeheure Zuhörermassen an und wurde bald in ganz Europa berühmt. Päpstliche Gesandte, Kardinäle, weltliche Fürsten fragten sie um Rat. 1378 gelang es ihr, den Papst Gregor XI. zur Rückkehr aus Avignon nach Rom zu bewegen. Ihre Briefe gehören zu den ersten literarischen Zeugnissen in italienischer Sprache. 1380 starb sie eines friedlichen Todes. An der linken Wand der Reliquienkapelle kann man die hl. Katharina in etwas ansprechenderer Form sehen: Auf einem Bild des Renaissance-Malers *Sodoma* (Ekstase der Heiligen).

Weitere Palazzi, Kirchen, Museen

Eher für Spezialisten interessant sind die weiteren Kirchen Sienas

Piazza del Campo, Siena

(S. Francesco, S. Agostino, S. Maria dei Servi, S. Bernardino, alle mit Fresken und Gemälden sienesischer Künstler).

Reizvoller einige Palazzi: der schöne gotische *Palazzo Chigi-Saracini* (Via di Città 89, mit Innenhof; heute Sitz der Musikakademie); der *Palazzo Tolomei*, das älteste große Wohnhaus der Stadt (Piazza Tolomei); die *Renaissance-Paläste delle Papesse* (Via di Città 126) und *Piccolomini* (Via Banchi di Sotto); die Piazza Salimbeni mit dem Renaissance-*Palazzo Spannocchi* (rechts) und dem gotischen *Palazzo Salimbeni* (heute Sitz der Bank Monte dei Paschi di Siena, innen meisterhaft restauriert, aber nicht zugänglich).

Die *Pinakothek* ist nur für Kunstkenner mit unendlicher Geduld erträglich: Nach den ersten zweihundertfünfzig Marienbildern wird man etwas unruhig - und ahnt nicht, daß man erst einen Bruchteil der gesamten Madonnen-Sammlung hinter sich hat ...

Gute Adressen

i Piazza S. Domenico (Tel. 288084; Hotelbuchung) und Piazza del Campo 56 (Tel. 280551)

■ B a h n h o f etwa anderthalb km unterhalb der Altstadt; Verbindungen nach Empoli - Florenz, Montepulciano - Chiusi, Buonconvento - Grosseto.

Günstiger als die Bahn (auch für die Anreise, z.B. von Florenz) sind die B u s s e (ab Piazza S. Domenico): etwa stündliche Verbindungen nach Florenz, häufige Verbindungen in die meisten Orte der Provinz Siena (Fahrkarten am Schalter, rechts von der Kirche; dort auch die Fahrpläne). Stadtbusse: Fahrkarten in Tabakgeschäften.

■ T e l e f o n i e r e n : Ferngespräche am günstigsten bei der Telefongesellschaft SIP, Via dei Termini 40 (bei Palazzo Tolomei).

Essen und Trinken

Die Gastronomie Sienas hat in Italien einen ziemlich schlechten Ruf - vielleicht, weil es keine ausgesprochenen Spitzenrestaurants in der Stadt gibt. Im Durchschnitt ißt man in Siena nach meiner Erfahrung nicht so schlecht wie man es in einem Touristenzentrum befürchten könnte. Selbst an der Piazza del Campo gibt es erstaunlicherweise sympathische Restaurants mit vernünftigen Preisen.

Richtig fein speisen kann man noch am ehesten im *Al Marsili*°°° (Via del Castoro 3 - zwischen Piazza del Campo und Dom; Tel. 0577-47154; montags geschl.).

Hübsche Einrichtung, überdurchschnittliches Essen: *Osteria Le Logge*°°° (Via del Porrione 33, gleich links hinterm Rathaus, Tel. 48013; so. geschl.

Guter Durchschnitt, aber dafür ein klein wenig zu teuer: *Il Verrochio*°° (Logge del Papa 1/3, hinterm Rathaus; Tel. 284062, mittwochs geschl.; gut die Crespelle del Verrocchio).

Wer an der Piazza del Campo draußen essen will, sitzt am günstigsten in der *Pizzeria Costa*° (Nr. 38/40; freitags geschl.) mit passabler Pizza zu vertretbaren Preisen. (Nicht zu verwechseln mit der sehr viel teureren Pizzeria Speranza nebendran.) Die *Rosticceria La Mossa*°, ebenfalls am Hauptplatz (Nr. 29, dienstags geschl.) ist eine urige, traditionelle Kneipe; die Küche eher durchschnittlich (allerdings gute hausgemachte Teigwaren), manches nur solalà - aber trotz Neonlichts und verbogener Gabeln nette Atmosphäre; preiswert.

Eine Katastrophe dagegen der Self-Service *Barbero*° neben dem Rathaus: modisch hochgepeppt und billig, aber mehr auch nicht. Daß dies gestylte Lokal mit seinen weichgekochten, lauwarmen Teigwaren und den Fleischgerichten in verpantschten Gelatinesaucen nicht nur von ahnungslosen Ausländern, sondern auch von italienischen Touristen aufgesucht wird, läßt Schlimmes für Italien befürchten. Der Trick: Self-service all'italiana - keine Cheeseburger und Big Mac's, sondern Lasagne und Brasato al Chianti auf Schnellimbiß-Niveau.

Wenige Meter weiter ist die Trattoria-Welt noch oder wieder in Ordnung: Gleich links hinter dem Rathaus das *La Torre*° (Via Salicotti 7, Tel. 287548, donnerstags geschl.). Die Auslage ist Stilleben der Vergangenheit: gewässerte Trauben in der Kristallglasschüssel, verblichene Coca-Cola-Aufkleber, die Spaghetti vertrocknet und zerbrochen. Am Herd Mutter und Schwiegertochter, Signore serviert und kassiert. Das Essen

ordentlich, die Atmosphäre auch.

Eine ordentliche traditionelle Küche auch in der einfachen preiswerten *Trattoria Garibaldi*°, wenige Schritte rechts hinter dem Rathaus (via Dupré 18, Tel. 284204, samstags geschl.)

Zwei der sympathischsten Lokale Sienas liegen an der Piazza del Mercato hinter dem Rathaus: *Papei Cucina Casalinga*°° (Nr. 6, Tel. 280894, montags geschl.) und *La Finestra*°° (Nr. 14, Tel. 42093, sonntags geschl.). Beide sind bei Touristen wie Einheimischen gleichermaßen beliebt, oft bis auf den letzten Platz voll (zeitig kommen!); bei beiden kann man draußen auf dem Marktplatz speisen. Freundlicher Service. Im Papei eine gute Hausmacherküche (z.B. schöne Ricotta-Spinat-Ravioli); vom Speisesaal kann man in die Küche schauen, wo die gutgelaunte Chefin die Spaghetti schon mal mit beiden Händen auf den Tellern geraderückt. In La Finestra neben dem Standardprogramm auch ungewöhnliche Gerichte (z.B. überbackenes Bohnensoufflée oder Käse-Gnocchi).

Einfache Genüsse: Eine traditionelle Osteria mit Wein und belegten Broten ist *Il Grattacielo*, Via dei Termini 44 (neben dem Telefonamt). Eine freundliche, preiswerte Pizzeria abseits des touristischen Trubels: Carla e Franca, Via Pantanete 138 (Tel. 220485, ab 16.30 Uhr geöffnet, mittwochs geschl.)

Pizza auf die Hand gibt's auch in der Via delle Terme 10, gleich oberhalb des Campo (aber wenn der Hunger kommt, mittags, ist der Laden meist zu). Und ein preiswertes Menu, allerdings von der bekannten Mensa-Qualität, bekommt man in der Mensa universitaria, unterhalb der Kirche S. Agostino (sonntags geschl.). Studentenausweis nicht erforderlich - den Studentenrabatt erhält ohnehin nur, wer in Siena eingeschrieben ist; für alle anderen kostet's knapp 10 DM.

■ Soweit die Kneipen. Siena bietet aber kulinarisch noch einiges mehr. Vor allem - für mich eine der großen Köstlichkeiten der Toskana - den P a n f o r t e , einen Mandel-Nuß-Orangeat-Gewürz-Kuchen, von dem die verschiedensten Sorten existieren: beinharte, weiche, schokoladenüberzogene ... (Ich ziehe die weiche Schokoladenfassung, oft Torta Etrusca genannt, allen anderen Varianten vor.) Köstlich auch die R i c c i a - r e l l i (Honig-Mandel-Plätzchen). Panforti und Ricciarelli findet man in allen Bars.

Apropos Bars: Diejenigen mit der großen Kuchenauswahl (z.B. Via Banchi di Sopra 24 und 97, Piazza Matteotti 32) gehören *Danilo Nannini*, dem Vater der Rock-Sängerin Gianna Nannini.

Nicht zu vergessen: *Enoteca Italica Permanente* (in der Fortezza Medicea, 15-24 Uhr geöffnet). Im Keller steht eine Riesen-Sammlung ausgesuchter italienischer DOC (di origine controllata)-Weine. Anschauen kostenlos, probieren gegen Lire. Alle Weine auch zum Mitnehmen; vernünftige Preise.

Unterkunft

Siena hat ein großes, qualitativ gutes Hotelangebot; unter den teureren Häusern finden sich ein paar Traumunterkünfte. Zwischen März und Oktober nach Möglichkeit vorbestellen - nicht selten ist alles ausgebucht!

Die Cooperativa Siena Hotels Promotion (Piazza S. Domenico, Tel. 0577-288084) nimmt für alle Hotels Buchungen vor - aber besser wendet man sich direkt an's gewünschte Haus.

Bei den Ein- bis Drei-Stern-Hotels gibt es innerhalb einer Kategorie kaum Preisunterschiede; einige wenige Hotels erhöhen den Grundpreis, indem sie nur inkl. Frühstück vermieten.

R u n d u m   s c h ö n : Villa Scacciapensieri**** (Via di Scacciapensieri 10, Tel. 0577-41441; im Winter geschl.). Traumhotel: Eine Villa in großem Garten, Riesenterrasse zum Draußensitzen, Schwimmbad, Tennisplatz, jeder Komfort, geschmackvoll eingerichtete Zimmer (einige mit fantastischem Blick auf die Stadt). Nur einige Einzelzimmer schienen mir weniger gemütlich. Nachteil: die Altstadt ist rund drei km entfernt (Linienbus-Verbindung). EZ 220 DM, DZ 350 DM.

Palazzo Ravizza*** (Pian dei Mantellini 34, Tel. 280462). Historisches Gemäuer: ein schöner Palazzo am Rand der Altstadt. Hübscher Garten mit Aussicht in die Landschaft. Die Zimmer unterschiedlich, manche sehr schön eingerichtet. Im Sommerhalbjahr wird nur inkl. Halbpension vermietet - kein Schaden: Die Küche ist weit besser als der Siena-Durchschnitt. Unbedingt Zimmer zur Gartenseite reservieren - an der Straßenseite viel Autolärm! Halbpensionspreise (pro Person): Im DZ 120 DM, in den Suites (das Optimale) 140 DM, im EZ (ohne Bad) 110 DM.

Park Hotel***** (Via Marciano 16, Tel. 44803). Super-Luxus im Renaissance-Palast, Park drumrum, Schwimmbad. Rund drei km außerhalb der Altstadt. Atmosphäre den Preisen entsprechend (EZ 350 DM, DZ 450 DM), etwas sehr steif.

M i t   S t i l : Minerva*** (Via Garibaldi 72, Tel. 284474). Neubau am Rand der Altstadt, Einrichtung funktional-korrekt, nicht sonderlich schön; aber durchweg ruhige Zimmer, die meisten mit prachtvollem Blick auf die Stadt (Zimmer mit Aussicht bestellen).

Garden*** (Via Custoza 2, Tel. 47056). In schöner ruhiger Lage 2 km außerhalb der Altstadt, ausgedehnter Garten, große Terrassen, Schwimmbad. Die Zimmer sind komfortabel, z.T. allerdings recht klein und vielfach extrem hellhörig.

Lea** (Viale XXIV Maggio 10, Tel. 283207). Bürgerhaus am Altstadtrand, ruhig, kleiner Garten. Nur inkl. Frühstück: EZ 50 DM (ohne Bad), DZ 110 DM (mit Bad).

Casa del Pellegrino (Via Camporegio 31, Tel. 44177). Trotz des Namens kein Pilgerhaus, sondern ein von Nonnen geführtes Hotel - das angenehmste in den unteren Preisklassen. Sehr ordentliche Zimmer, viele mit Balkon und tollem Blick auf Altstadt und Dom. Blumengeschmückter Vorhof. Zwei wesentliche Nachteile: Unverheiratete Paare kommen nicht in's Doppelzimmer - und um 23 Uhr wird geschlossen. EZ 35/50 DM, DZ 50/70 DM.

In Ordnung: Duomo*** (Via Stalloreggi 38, Tel. 289088) und Toscana*** (Via Cecco Angiolieri 12, Tel. 46097). Vorzüge der beiden Hotels sind die zentrale Lage und der korrekte Drei-Stern-Komfort. Zimmereinrichtung eher 08/15. Einige Zimmer mit Aussicht.

Piccolo Hotel Il Palio** (Piazza del Sale 19, Tel. 281131). Gut geführt, aber einiger Straßenlärm.

Chiusarelli** (Via Curtatone 9, 280562). Unterschiedliche Zimmer, auf der Straßenseite etwas Lärm. Garten.

Cannon d'Oro** (Via Montanini 28, Tel. 44321). Passabel.

Die preiswertesten: Garibaldi* (Via G. Dupré 18, Tel. 284204; gleich hinterm Rathaus). *Nuove Donzelle** (Via delle Donzelle 1/3, Tel. 288088) und *Tre Donzelle** (Via delle Donzelle 5, Tel. 280358), beide 2 Min. vom Campo entfernt. Alle 3 Hotels korrekt-einfach.

Jugendherberge (*Ostello della Gioventù*, Via Fiorentina 17, Tel. 52212). Neubau 3 km außerh. der Altstadt (Bus 3 u.15). Mehrere Zweibett-Zimmer. JH-Ausweis nicht notwendig, keine Altersbeschränkung. Übernachtung/Frühstück 20 DM. Ganzjährig geöffnet.

Camping Colleverde (Strada di Scacciapensieri 37, 280044). 3 km vom Zentrum (Bus 8). Gut ausgestattet, aber oft überfüllt. Geöffnet vom 1.4. - 20.10.

In der Umgebung: Camping Luxor-Quies (Tel. 743047). Einsam und ruhig im Wald, sehr schattig, relativ preiswert. Schwimmbad. Entfernung von Siena 13 km. Bei km 239 der Cassia-Nord (Siena-Monteriggioni) biegt man ab in Richtung Lornano, folgt dann den Hinweisschildern. Leider nur vom 10.6. bis 10.9. geöffnet.

Camping Le Soline, loc. Casafranci, Casciano di Murlo (Tel. 817410). Moderner Campingplatz mit Schwimmbad, 25 km von Siena entfernt (auf N 223 Richtung Grosseto, nach 20 km Richtung Casciano abbiegen). Ganzjährig geöffnet.

In den Crete

Südlich von Siena

Südlich von Siena verändert sich die Landschaft der Toskana: sie wird rauher, karger, nackter. Die Erde ist nicht mehr mit Ölbäumen und Weinstöcken bepflanzt; Getreidefelder und Schafweiden bedecken das Land. Über weite Strecken sieht man kaum einen Baum. Wie Wellen eines erstarrten Meeres ziehen sich die Hügel hin. Eine Landschaft graphischer Akzente: Jedes Haus, jede einzelne Zypresse auf einem Hügelrücken heben sich klar von der Umgebung ab. Da freut sich der Fotograf: Er braucht die Kamera nur hinzuhalten, die Motive springen von selbst in den Kasten. Aber schon die alten Maler Sienas fanden diese Landschaft anregend: Sie erscheint beispielsweise auf den Bildern der Guten Regierung und des Ritters Guidoriccio im Rathaus von Siena - ebenso karg wie heute.

Mondlandschaft mit Bauernhäusern - so wirken die *Crete Senesi* im Winter. Doch das Bild wechselt ständig: im Frühjahr sind die Hänge sattgrün, mit vielen Blumen; im Frühsommer leuchtend gelb; im Herbst kommen faszinierende Erdfarben zum Vorschein: Rot- und Rosttöne, Grau und Braun.

Eine elementare Landschaft, in ihrer herben Großartigkeit sicher nicht jedermanns Sache; für meinen Geschmack eine der schönsten Zonen der Toskana. Eine ganze Reihe interessanter Orte: am bekanntesten sind die Kleinstädte *Pienza, Montepulciano, Montalcino,* die Bäder von *Bagno Vignoni*, die Klöster *Monte Oliveto Maggiore* und *Sant'Antimo*. Bis in die frühen achtziger Jahre gab's hier kaum Reisende, mittlerweile herrscht auch in der Südtoskana einiger Betrieb - aber noch lange kein Vergleich mit der Chianti-Region oder San Gimignano.

Im äußersten Süden: der *Monte Amiata*, ein erloschener Vulkan von 1738 m Höhe mit ausgedehnten Wäldern. An seinen Hängen verschiedene hübsche Ortschaften - einige der wenigen der Toskana, die noch ganz abseits der touristischen Heerstraßen liegen.

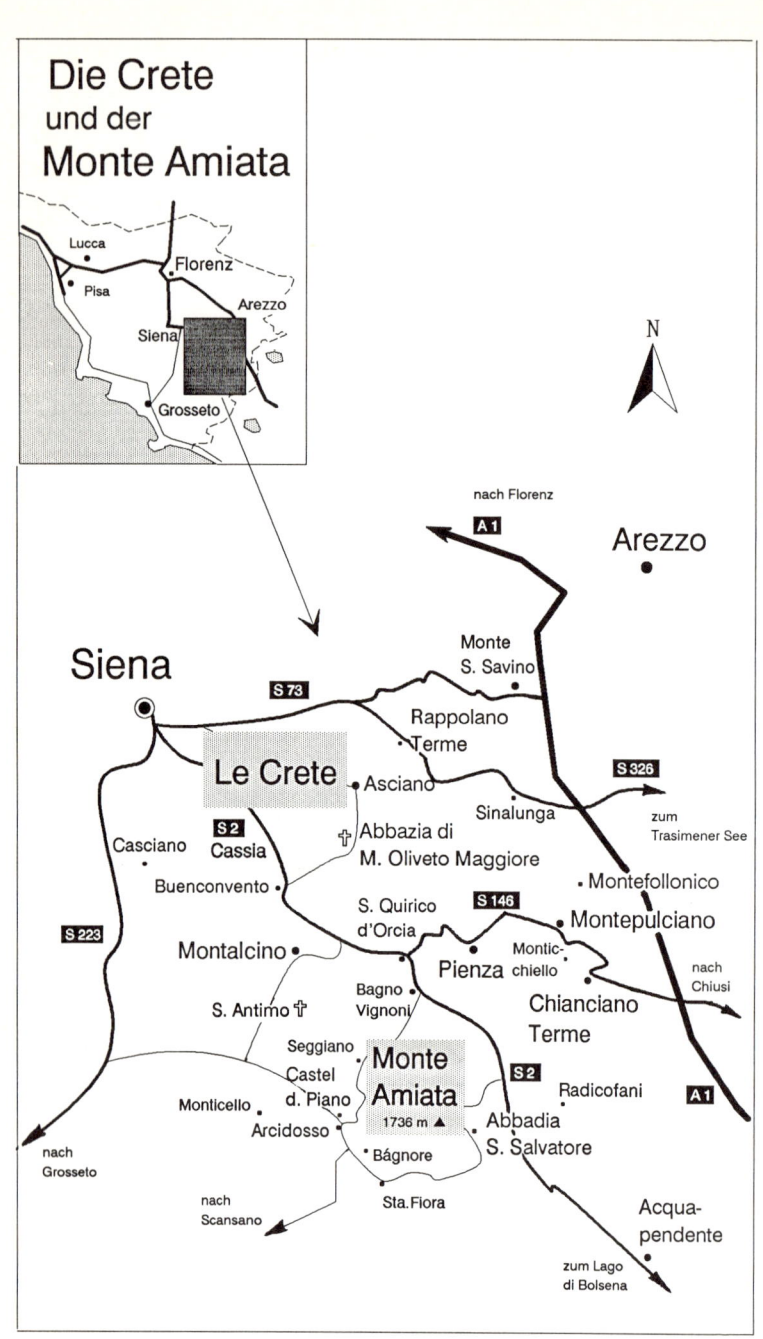

Die Crete
und der
Monte Amiata

N

nach Florenz

A1

Arezzo

Monte
S. Savino

Siena

S 73

Rappolano
Terme

Le Crete

S 326

Asciano

zum
Trasimener See

Sinalunga

S 2
Cassia

Abbazia di
M. Oliveto Maggiore

Casciano

Montefollonico

Buenconvento

S. Quirico
d'Orcia

S 146

Montepulciano

S 223

Montalcino

Pienza

Monti-
chiello

nach
Chiusi

S. Antimo

Bagno
Vignoni

Chianciano
Terme

Seggiano

Monte
Amiata

S 2

Castel
d. Piano

Radicofani

A1

Monticello

1736 m ▲

Abbadia
S. Salvatore

Arcidosso

nach
Grosseto

Bágnore

Acqua-
pendente

nach
Scansano

Sta. Fiora

zum Lago
di Bolsena

Schafzucht

Die Schafzucht in der Toskana ist heute zum größten Teil eine Angelegenheit sardischer Bauern. Als in den fünfziger Jahren die Landflucht begann, rückten in die verlassenen Höfe nicht nur wohlhabende Städter nach, sondern auch ein ganz anderer Typus von Hauskäufern und - häufiger - Pächtern: Hirten aus Sardinien, die sich auf den besseren toskanischen Böden ein ertragreiches Arbeiten erhofften. Die Sarden, traditionell Schafzüchter, wanderten zu Tausenden ein - nicht immer zur Freude der Toskaner: Sardinien wird in Italien zum *'meridione'*, zum Süden gerechnet; und zwischen Nord- und Süditalienern herrschen traditionell starke Spannungen. Provinz- und Ortsverwaltungen bemühten sich allerdings darum, Vorurteile abzubauen; heute gibt es nach meinem Eindruck keine größeren Probleme mehr.

Aus den Crete kommt ein hervorragender Schafkäse, der in ganz Italien als *'Pecorino senese'* verkauft wird. Sein Geschmack variiert mit dem Reifegrad; zwischen der etwas faden Milde des ganz frischen Käses und dem strengen Aroma des uralten (der eher zum Würzen benutzt wird) liegen die eigentlich interessanten mittelalten Sorten (etwa fünf bis sechs Monate Reifezeit)

Die Crete

Ruhige Orte mit kleinen alten Zentren sind Buonconvento und Asciano. In B u o n c o n v e n t o das Albergo Roma** (Tel. 0577-806021). A s c i a n o hat zwei Museen (Museo di Arte Sacra mit ziemlich interessanten Gemälden, Etruskermuseum eher für Spezialisten); nicht schlecht die romanische Kirche S. Agata.

■ Hotels: *Spiedo**, Tel. 0577-718755, *Il Bersagliere*** Tel. 718629.

Auf der Aussichtsstraße geht's von Asciano oder Buonconvento hoch zum Kloster M o n t e   O l i v e t o   M a g g i o r e inmitten wilder Crete-Landschaft (durch Erosion teilweise stark ausgewaschenes Gelände). Die Abtei wurde 1313 von einem reichen Juraprofessor aus Siena gegründet, der sich mit vierzig Jahren aus dem weltlichen Leben hierher zurückzog. Im 15. und 16. Jhdt. war Monte Oliveto eines der wichtigsten Benediktinerklöster Italiens. Im Kreuzgang ein großer, um 1500 gemalter Freskenzyklus von *Luca Signorelli* und *Sodoma* mit Szenen aus dem Leben des hl. Benedikt: seine Schulzeit, das Leben als Einsiedler in einer Höhle, alle möglichen Wundertaten. Besonders schön: 'Benedikt empfängt seine Schüler Maurus und Placidus' (Südseite links); 'Der böse Priester Fiorentius schickt sittenlose Frauen ins Kloster, welche die Mönche verführen sollen' (Südseite rechts; beide Fresken von Sodoma); 'Benedikt und Totila' (Westseite, zweites und drittes Fresko von rechts, von Signorelli).

In die riesige alte Bibliothek (40.000 Bände) kann man von außen einen Blick werfen; die Klosterapotheke war bei meinen Besuchen leider immer geschlossen. (Kloster geöffnet von 9-12.30 und 15-17 Uhr im Winter bzw. 15-18.30 Uhr im Sommer)

■ Am Eingang zum Klosterbezirk das angenehme Restaurant *La Torre*° (Tel. 707022, dienstags geschl.).

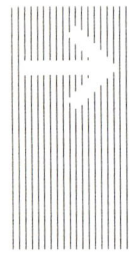

Ein Trüffel für Gorbaciov...
Die kleine, kulturell ungewöhnlich aktive Gemeinde *S. Giovanni d'Asso* stiftet jährlich einen großen weißen Trüffel für eine Persönlichkeit, die sich um den Weltfrieden verdient gemacht hat; 1988 ging das kostbare Stück (500 g schwer) an Gorbatschow. 1989 an den südafrikanischen Bischof Desmond Tutu, 1990 an den UNO-Generalsekretär Perez de Cuellar.

T o r r e n i e r i ist reizlos, hat aber eines der wenigen preiswerten Hotels der Gegend: *Le Fonti** (Tel. 0577-834141). S. Q u i r i c o d ' O r c i a , ganz nettes Städtchen mit romanischer Kirche (Collegiata). Beachtlich die beiden Portale: interessante, z.T. skurrile Skulpturen und merkwürdige Säulen, die Knoten bilden.

■ Am Ortsrand von S. Quirico d'Orcia das neue Hotel *Palazzuolo Tuscany Club*** (Tel. 0577-897080), ordentlich, aber nicht überwältigend. Eher für den Notfall: Hotel *Villa Patrizia** (Tel. 897715) mit Tankstelle und Durchgangsstraße direkt vorm Haus.

Pienza

Die Kleinstadt in schöner Lage über der Crete-Landschaft hat eine ungewöhnliche Geschichte. Papst Pius II., der in dem Ort geboren war, wollte Pienza zu einer Renaissance-Idealstadt ausbauen. Er kam nicht weit mit dem Projekt, nur die zentrale Piazza mit Rathaus, Dom und dem Piccolomini-Palast wurde im Sinn seiner Vorstellungen fertiggestellt. Immerhin: das architektonische Ensemble ist einzigartig - und Pienza ist, auch von diesen kunstgeschichtlichen Besonderheiten abgesehen, ein hübscher Ort.

Auf dem kurzen Weg vom Stadttor zur Piazza werden Sie mit Sicherheit erstmal in den Lebensmittelläden hängenbleiben, die sich hier dicht an dicht drängen. Pienza ist Einkaufsparadies für Schafkäse, Wurst, Kräuter, Wein und Öl. Auslöser für diese Konzentration von Herzhaftigkeiten war, wenn ich nicht irre, der *Club delle Fattorie* (gleich links hinter dem westlichen Stadttor), eine Art Otto-Versand für landwirtschaftliche Spitzenprodukte, gegründet von drei stadtmüden Feinschmeckern aus Mailand. Der Verkauf - per Post und direkt am Ort - lief gut, und viele einheimische Geschäfte zogen nach. So wurde die kleine Hauptstraße zum Königsweg des Käses.

Sehenswert

An der Piazza, die vom Architekten perspektivisch-mathematisch durchgeplant wurde, im Norden das R a t h a u s , gleichsam eine Übersetzung des mittelalterlichen Rathausstils in die regelmäßigeren, symmetrischen Renaissanceformen. An der gegenüberliegenden Seite die K a t h e d r a l e , eine für die Toskana ungewöhnliche Hallenkirche: Hauptschiff und Seitenschiffe sind gleich hoch - eine Bauform, die Pius in Deutschland kennengelernt hatte. Die Kirche senkt sich zum Chor hin, der Erdboden gab langsam nach. Schönes hölzernes Chorgestühl, verschiedene Bilder sienesischer Maler.

An der Westseite der für den Papst erbaute P a l a z z o P i c c o l o m i n i . Eleganter Innenhof. Von den hängenden Gärten im Süden konnte Pius den Blick über seine Heimatlandschaft - das Orcia-Tal, den Monte Amiata - genießen. Beim Bau des Palazzo wurden übrigens zunächst die Küchenräume vergessen - schlagender Beweis dafür, wie hier die Repräsentation wichtiger war als alle praktischen Zwecke.

Im Klosterhof von S . F r a n c e s c o (hinter dem Piccolomini-Palast) eine Bar mit hübscher Aussichtsterrasse. An der Südseite des Ortes führt ein Fußweg oberhalb der Stadtmauern entlang; weite Blicke ins Land.

■ Unterkunft: *Albergo Corsignano**** (Tel. 0578-74850), Neubau außerhalb der Altstadt. Zimmervermietung beim Ristorante *Da Falco* (Piazza Dante Alighieri 7, Tel. 748551).

Der Traum von der idealen Stadt

Pius II (Enea Silvio Piccolomini) war ein aufgeklärter, humanistisch gebildeter Mann, der halb Europa bereiste und sich für alle intellektuellen Strömungen seiner Zeit interessierte. Er verfaßte umfangreiche Tagebücher, in denen sich anschauliche Naturschilderungen finden; sie gehören zu den ersten Landschaftsbeschreibungen der europäischen Neuzeit. Nach einer abwechslungsreichen Jugendzeit ließ sich Enea Silvio Piccolomini zum Priester weihen, machte eine schnelle Karriere in der Kirche und wurde 1458 zum Papst gewählt. Das neue Amt nutzte er, um einen alten Traum der Renaissance-Architekten zu verwirklichen: die 'ideale Stadt' im Sinn der Renaissance-Theorien. Pius ließ sich durch den Künstler Bernardo Rossellino Pläne für den Umbau seines Geburtsorts, der damals noch Corsignano hieß, anfertigen. Kardinäle der römischen Kurie wurden vom Papst gedrängt, sich Palazzi in dem Städtchen bauen zu lassen; Corsignano erhielt zu Pius' größerem Ruhm den Namen Pienza. Aber das Projekt gedieh nicht zu Ende. 1464 starb der experimentierfreudige Bauherr; im gleichen Jahr verschied auch der Architekt Rossellino - die Arbeiten wurden aufgegeben

Montepulciano

ist eine schöne, auf einem Hügelrücken gelegene Kleinstadt; die Stadtanlage ist mittelalterlich, aber die größeren Bauten (Palazzi, Kirchen, Rathaus) stammen meist aus der Renaissance.

In Deutschland ist Montepulciano vor allem durch den *Cantiere Internazionale dell'Arte* bekannt geworden, ein 1976 von dem Komponisten Hans Werner Henz in Zusammenarbeit mit der Stadtverwaltung begründetes Musikfestival (jährlich im Juli/August).

Ebenfalls berühmt: der *Vino Nobile di Montepulciano*, ein Rotwein, der Spitzenqualität erreichen kann. Allerdings hängt die Güte stark von Lage und Jahrgang ab; neben den erstklassigen Nobili gibt's viel Durchschnittsware. Gute, aber teure Marken: *Avignonesi, Boscarelli.*

Die interessantesten Bauten der Stadt:

Der Spätrenaissance-Palazzo Avignonesi, gleich rechts hinter dem Stadttor Porta al Prato (Via Roma 91).

In der Via Roma weiter oben die Kirche S. Agostino mit schöner Fassade.

Palazzo Cervini (Via Cavour 21, Verlängerung der Via Roma).

Geburtshaus des *Poliziano*, eines aus Montepulciano stammenden Renaissance-Gelehrten und -Dichters (Via Poliziano 5).

Geburtshaus des *Roberto Bellarmin*, Großinquisitor und Ankläger von Galilei und Giordano Bruno (Via Fiorenzuola 10).

An der Piazza Grande das Rathaus, Palazzo Communale (unbedingt lohnend die Besteigung des Turms, trotz sehr enger Treppe mit wackeligem Geländer; großartige Aussicht. Geöffnet werktags 8-13.30 Uhr), der Dom (am Altar schönes Bild der Himmelfahrt Marias von Taddeo di Bartolo, um 1400), der Palazzo Tarugi (Nr. 3).

Unterhalb der Piazza Grande das Museo Civico (Via Ricci 11; vor allem Gemälde; geöffnet 9.30-13 Uhr außer montags).

Etwas außerhalb des Zentrums (in Richtung Pienza) die einsam gelegene, bedeutende Renaissance-Kirche S. Biagio (siehe Titelbild).

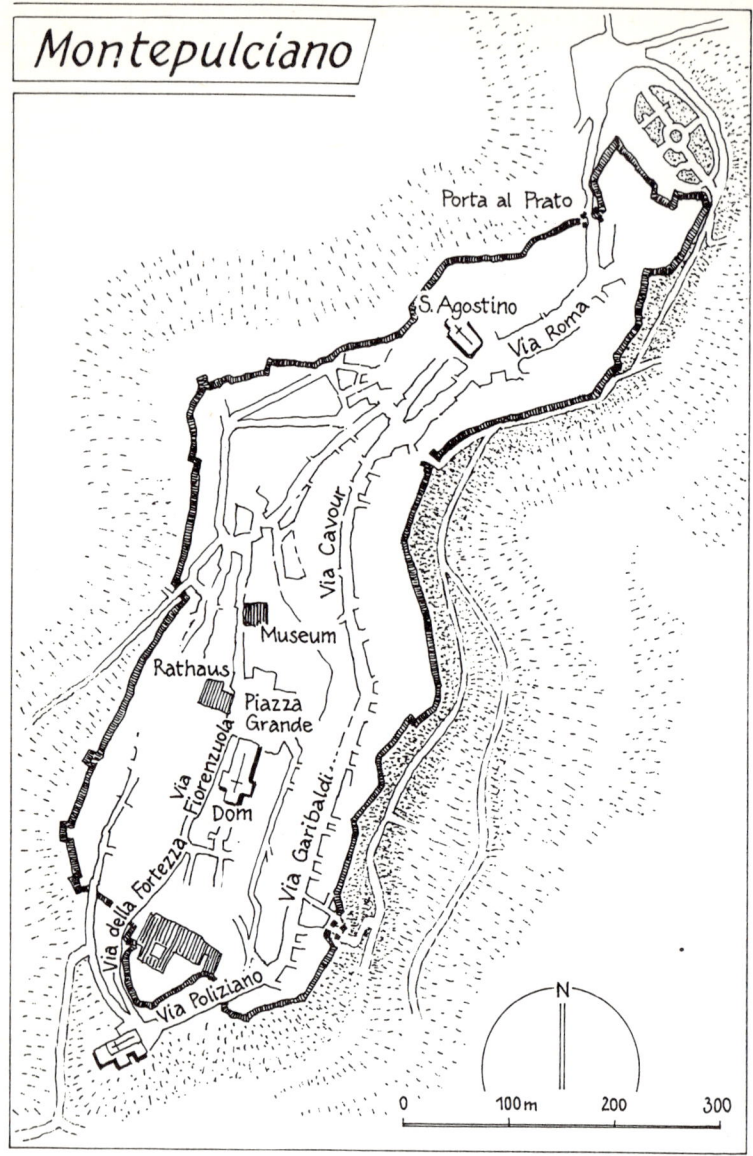

Montepulciano

Porta al Prato

S. Agostino

Via Roma

Via Cavour

Museum

Rathaus

Piazza Grande

Via Fiorenzuola

Dom

Via della Fortezza

Via Garibaldi

Via Poliziano

N

0   100 m   200   300

■ Feste: Kostümfest *Bruscello* am 15. August. - *Bravio delle Botti* am letzten Sonntag im August. Angehörige der verschiedenen Stadtteile rollen um die Wette riesige Weinfässer die Gassen hinauf; historischer Umzug; großes Festessen.

■ Unterkunft: Familiär und freundlich im Zentrum *La Terrazza*** (Via di Voltaia nel Corso 84, Tel. 0578-757440). Kleiner Garten, Terrasse mit Blick über die Dächer von Montepulciano, einige riesengroße Zimmer.

Hotel *Duomo*** (Via S. Donato 14, Tel. 757473) mit seiner etwas nüchternen modernen Möblierung ist nicht ganz so hübsch, aber o.k.

Ordentlich auch *Il Marzocco*** (Piazza Savonarola 18, Tel. 757262). Vorbestellung in der Saison in allen Hotels empfehlenswert.

Vermittlung von Ferienhäusern und -wohnungen: Cooperativa Il Sasso, Via di Voltaia nel Corso 74, Tel. 758311, Fax 757547. Übersichtlicher, ausführlicher Katalog. Die Mitglieder der Kooperative, die z.T. in Deutschland gelebt haben, sprechen ausgezeichnet deutsch.

Von Montepulciano erreicht man schnell Chianciano und Chiusi (vgl. Abschnitt 'Valdichiana'). Lohnende Rundfahrt: Chianciano - Chiusi - Cetona - Radicofani, zurück evtl. über die Amiata-Orte und Montalcino.

Südwestlich von Montepulciano liegt das hübsche Dorf M o n t i c - c h i e l l o , der Ort des *Teatro Povero*: Theateraufführungen, an denen ein Großteil der Bevölkerung - abwechselnd als Schauspieler und Zuschauer - beteiligt ist (jährlich in der zweiten Juli-Hälfte). Die Steinhäuser Monticchiellos sind mustergültig restauriert: oft von deutschen und Schweizer Künstlern, die sich hier in großer Zahl eingekauft haben.

■ Essen: Montefollónico ist durch ein Restaurant berühmt geworden: *La Chiusa*∞ (Via della Madonnina 88, Tel. 0577-669668, dienstags und von Januar bis Ende März geschl.) gilt als eines der besten Häuser in der Toskana. Das Essen ist in der Tat erstklassig: fast alle

Gänge des Degustations-Menus zeugen von einer hochrangigen kreativen Küche. Nur mit dem Ambiente stimmt's nicht ganz: Der polyglotte Wirt schwätzt Nonsense über die Weine daher; die Kellnerinnen ließen Tabletts fallen, reinigten sich öffentlich die Fingernägel, vergaßen das Wechselgeld. Alles schön und gut - aber nicht in einem Haus, das mit Luxus-Allüren geführt wird und wo sich's unter 120 DM (inkl. einem der preiswerteren Weine) nicht speisen läßt. Hatte ich einen schlechten Tag erwischt? Ich glaube nicht - der Zustand der Toiletten, in dieser Umgebung geradezu erheiternd, war Beweis genug, daß Stil-Brüche zum Stil gehören. Ein gutes Eß-Erlebnis - aber keine richtig runde Sache.

Montalcino

Hoch über den Crete: Montalcino, Städtchen für Kenner und Liebhaber. Traumhafte Lage, schöne kleine Altstadt, das stilechte Café an der Piazza, im Hochsommer ein interessantes Theaterfestival und der teuerste Wein Italiens. Inzwischen hat sich's herumgesprochen. Die Reisebusse kurven immer häufiger den Hang hoch; an der Piazza trifft man schon mal einen der fortschrittlichen Bundestagsabgeordneten mit dem Italien-Faible. Und aus der Erde sprießen: Keramikläden, Kupferläden, Honigläden, Ölläden, Brunello-Shops: La Grotta del Brunello, La Vecchia Cantina del Brunello, Il Paradiso del Brunello ... Die San-Gimignanisierung Montalcinos macht schnelle Fortschritte. Aber San Gimignano ist trotz des Trubels reizvoll geblieben - und auch Montalcino, wo sich der Trubel noch in Grenzen hält, ist nach wie vor ein Platz zum Sich-Wohlfühlen.

Nicht viel zu besichtigen: Die Kirchen S. Agostino und S. Egidio sowie die beiden Museen sind eher etwas für Spezialisten. Aber viel zu sehen: Treppengassen, Türme, überraschende Ausblicke ins Land, kleine Gärten im Ort. Das Richtige für ziel- und zeitlose Reisende.

Im Ortszentrum die kleine *Piazza del Popolo*. Das *Rathaus* (Palazzo Comunale) mit seinem hohen Turm läßt den Einfluß Sienas spüren.

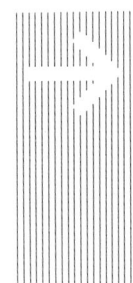

Die *Fiaschetteria, Cantina del Brunello* ist eines der schönsten, wenn nicht das schönste Café der Toskana - mit großen Spiegeln und rotem Plüsch immer noch eingerichtet wie bei der Gründung 1880. (In der Saison finden Sie hier vermutlich mehr Deutsche als Italiener - nicht ärgern, amüsieren!) Ganz gut sitzt man auch ein paar Schritte weiter im Hinterraum der Bar Mariuccia (Via Matteotti 31), mit Blick auf Altstadt und Landschaft.

Vom Platz vor der Kirche *S. Francesco*, zehn Minuten von der Piazza del Popolo entfernt, hat man den schönsten Blick auf die Stadt.

Historische Erinnerung: In der *Festung* oberhalb der Altstadt verteidigten sich von 1555 bis 1559 die letzten Anhänger der freien Republik Siena, nachdem Siena von Florenz unterworfen wurde. Montalcino war so für vier Jahre die letzte Bastion der alten toskanischen Städtefreiheit.

Heute dient die Burg zum Brunello-Probieren: Weinprobe in der *Enoteca Fortezza* (9-13, 14-18 Uhr, montags geschl.).

■ Feste: Theater-Festival *(Festival dell'Attore)* in der zweiten Juli-Hälfte. Workshops und Aufführungen im Ort; viele experimentelle Gruppen und meist auch einige Prominenz. - *Sagra del Tordo* am letzten Oktober-Wochenende: Umzüge in historischen Kostümen, Wettkämpfe zwischen den Stadtteilen, Bogenschießen, Fackelzug.

Gute Adressen

i: Costa del Municipio 8, Tel. 0577-840331/849321

Restaurants

Ordentliches, nicht überteuertes Essen im *Giardino da Alberto*°° (Piazza Cavour 1, Tel. 849076, mittwochs geschl.).

Ein vorzügliches Menu bietet die *Cucina di Edgardo**** (Via Saloni 21, Tel. 0577-848232, mittwochs geschl.). Die Küche ist nicht klassisch-italienisch, sondern experimentierend-kreativ; das Menu besteht aus mehreren kleinen Gängen - eine Überraschung nach der anderen. Der besondere Pfiff: Auf

Wunsch wird zu jedem Gang ein beson-
derer Wein serviert (Bianco und Rosso
di Montalcino, Brunello und am Schluß
der eher mäßige, nur aus Lokalstolz auf-
getragene Moscatello). Degustations-
Menu inkl. vier Weine ca. 75 DM.

Unterkunft

Schöne Zimmer im *Giglio*** (Via Saloni 49, Tel. 0577-848167); am besten die
Räume zur Rückseite, mit Aussicht (Ein-
zei 75 DM, Doppel 110 DM).

Korrekt das *Giardino*** (Piazza Cavour 2, Tel. 848257, nur Doppelzimmer:
ohne Bad 60 DM, mit Bad 75 DM).

1 km außerhalb (Rg. Grosseto): *Al*

*Brunello di Montalcino***, loc. Bellaria
(Tel. 849304), Neubau, komfortabel,
aber mit wenig Atmosphäre.

Feinen Honig bekommen Sie beim Im-
ker *Franci*, der seine Bienenstöcke durch
ganz Italien transportiert, um jeweils zur
Blütezeit am richtigen Ort zu sein: Der
Eukalyptus-Honig wird in Latium gewonnen, der Orangen-Honig in Süditali-
en, der Tannen-Honig im Apennin usw.
Überwältigende Sortenvielfalt, ausgezeichnete Qualität und sehr vernünftige
Preise. (2 km außerhalb von Montalcino
an der Straße Richtung Torrenieri linker
Hand; Hinweisschilder 'Apicoltura Franci') beachten.

Brunello

Brunello di Montalcino galt - wie Montalcino selbst - lange Zeit als
Geheimtip. Die kleine Rebfläche (noch 1967 waren es gerade 63
ha!) machte ihn rar und kostbar. Der Brunello war damals, als in
Italien noch überwiegend einfache Tischweine produziert wurden,
einer der wenigen alterungsfähigen, großen Weine des Landes.
Noch heute zählt er zu den italienischen Spitzenweinen.

Der Brunello wird aus der Rebsorte *Sangiovese grosso* gewonnen.
Er muß mindestens vier Jahre in Eichenfässern reifen, die *Riserva*
fünf Jahre. Jüngere Weine aus Brunello-Trauben werden als *Rosso
di Montalcino* gehandelt.

Clemente Santi hat 1864 erstmals nur Sangiovese-Trauben hoher
Qualität für seinen Wein verwendet - bis dahin wurden in der Region bei der Weinherstellung immer mehrere Sorten gemischt. Santi,
der sich um einen hochwertigen, alterungs- und transportfähigen
Wein bemühte, führte auch andere Neuerungen ein: ein längerer
Kontakt mit den Schalen nach der Ernte, Schwefelung der Holzfäs-
ser, Verzicht auf das traditionelle *Governo*-Verfahren (Einleitung einer zweiten Gärung durch Mostzugabe). Santis Enkel, *Ferruccio
Biondi*, der sich später *Biondi Santi* nannte, setzte den neuartigen

Wein auf dem Markt durch. Einige andere Winzer folgten seinem Beispiel. Jahrzehntelang aber gab es nur drei bis vier Brunello-Erzeuger.

Der Brunello
wird zur Aktie

Seit den siebziger Jahren, als die Nachfrage nach Qualitätsweinen stieg, lockte das hohe Preisniveau des Brunello und die damit verbundenen Profitchancen zahlreiche Investoren. Binnen zwanzig Jahren (von 1967 bis 1986) wuchs die Anbaufläche um das Zwölffache, die Zahl der Brunello-Winzer stieg von 37 auf 127. Aufgrund der hohen Renditen investierten in Montalcino auch Geschäftsleute, die am Brunello allenfalls der Profit reizt. Die Produktionskosten sind hier auch nicht höher als im Chianti, der Verkauf aber bringt erheblich mehr. Die Kommerzialisierung der Produktion hat teilweise zu Qualitätsabfall geführt. Auch die italienische Gesetzgebung leistet dem Vorschub. Mit dem neuen Etikett des DOGG *(Denominazione di origine controllata e garantita)* wurden 1980 die Vorschriften, oberflächlich gesehen, verschärft; in Wirklichkeit kommen nun auch Weine aus wenig geeigneten Lagen leichter in den Genuß des gewinnträchtigen Brunello-Etiketts. Umstritten ist auch, ob die gesetzlich geforderte vierjährige Lagerzeit wirklich allen Brunelli gut tut. Wenn das Lesegut nicht sorgfältigst ausgesucht wurde, schadet der lange Aufenthalt im Holzfaß den Weinen eher; sie verlieren dann schon bald nach der Abfüllung jeden Charakter und schmecken welk. 'Brunello' ist also an sich keine Qualitätsgarantie mehr, trotz der durchgängig hohen Preise - wie so oft: Produzent und Jahrgang sind entscheidend.

Der siebzigjährige *Franco Biondi Santi*, Urenkel des Markengründers *Ferruccio*, braucht sich wegen der Konkurrenz keine Sorgen zu machen: Seine Erzeugnisse, durch Qualität und Tradition gleichermaßen ausgezeichnet, zählen zu den teuersten Rotweinen der Welt. 'Antiquitäten' wie der *Riserva 1888* werden gar zu Preisen um 40.000 Mark pro Flasche gehandelt! In schlechten Weinjahren, wie 1984, verzichten *Biondi Santi* und andere qualitätsbewußte Produzenten ganz aufs *Brunello*-Etikett und produzieren nur den einfacheren

Rosso di Montalcino.

Heute werden in und um Montalciono rund 2,5 Millionen Flaschen *Brunello* im Jahr erzeugt; mehr als die Hälfte davon geht in den Export. Bei 5200 Ew. hat der Ort mittlerweile 142 Winzer. Die Geschäfte laufen gut, aber seit einigen Jahren sind die Einheimischen nervös: Die Provinzverwaltung von Siena plant, im nahegelegenen *San Giovanni d'Asso* eine Mülldeponie und eine Recycling-Anlage zu errichten. Die Winzer bezeichnen das Projekt als hellen Wahnsinn: Es würde das delikate Mikroklima gefähren, dem Ruf und vermutlich auch der Qualität des *Brunello* schaden. Vorsitzender der neugegründeten Umweltschutzgruppe *'Montalcino Ambiente'* ist *Franco Biondi Santi*. Der Hoflieferant der britischen Königin und distinguierte Wahrer der Brunello-Tradition hat bereits angekündigt, bei einer notwendigen Platzbesetzung wäre er dabei, und wenn er im Zelt übernachten müsse. Die Proteste hatten Teilerfolge: Der ursprüngliche Plan, auch Industrie-Abfälle nach *S.Giovanni d'Asso* zu bringen, wurde aufgegeben, der Bau der Deponie vorerst verschoben. Aber noch ist die Müll-Bedrohung an Montalcino nicht vorbeigezogen.

Ausgezeichnete Brunello-Jahrgänge: 1975, 1982, 1985. Auch der 88er, der noch in den Fässern ruht, hat eine große Zukunft. Gute Jahrgänge: 1979, 1980, 1983, 1986. Zu vermeiden: 1984.

Als besonders gute Produzenten gelten außer *Biondi Santi* u.a.: *Barbi, Case Basse, Cerbaiona, Lisini, Poggione, Villa Banfi*

Umgebung von Montalcino

Sant'Antimo

10 km südlich von Montalcino: Die Klosterkirche Sant'Antimo, einer der schönsten romanischen Bauten der Toskana. Einsame Lage zwischen Olivenhainen und Ginsterhängen unterhalb des malerischen Dorfs *Castelnuovo dell'Abate*. Eine große Zypresse flankiert den Glockenturm, Steinlöwen am Portal blicken auf bröckelnde

Mäuerchen. Emsige Restauratoren sind gerade dabei, die verfallenen Nebengebäude wieder herzurichten. Hoffentlich mit Gespür! Die Kirche, im 12. Jhdt. erbaut, ist große Architektur: klare, differenzierte Formen am Außenbau; ein Gleichgewicht von erdhafter Stabilität und heller Leichtigkeit innen. Schöne, vielfältige Kapitelle (geöffnet: 10-12.30, 15-18 Uhr).

 Oberhalb von Sant'Antimo, am Ortsrand von Castelnuovo, die *Trattoria Basso Mondo* ∞ (Tel. 0577-835619, montags geschl.). Optimale Pilzsuppe *(zuppa di funghi)*, in der Bar auch gute belegte Brote (Sardellen, Schafkäse, Schinken).

Bagno Vignoni

Auf der Piazza von Bagno Vignoni liegen keine Pflastersteine: zwischen jahrhundertealten Häusern ein riesiges Steinbassin mit dampfendem Quellwasser, das mit einer Temperatur von 52° C aus der Erde kommt. Der prächtige Lorenzo de'Medici machte hier Rheumakuren; der Filmklassiker *Nostalghia* von Tarkowski spielt mit der merkwürdigen Atmosphäre des kleinen Ortes an den Heilquellen. Im historischen Steinbassin darf man nicht mehr schwimmen; für viel Eintrittsgeld läßt einen das Hotel Posta in sein Schwimmbad. Ohne Eintritt: Vom Parkplatz nach links, wo das warme Wasser in kleinen Bächen zu Tal strömt - eher für Fußbäder geeignet. Allzu langes Baden in dem heißen Wasser tut ohnehin nicht gut.

In der Saison viel Andrang, eine nette Mischung aus Bäuerinnen der Umgebung, Thermalpublikum mit schleichendem Schritt und vielen Geheimtip-Suchern. Aber düstere Perspektiven: Ein Mailänder Unternehmen will die Quellen in den Griff nehmen. Von einer neuen Thermenanlage, einem Luxushotel, Golfplatz und sogar einer Landepiste für Privatflugzeuge ist die Rede. Die zuständige Gemeindeverwaltung (S. Quirico) scheint einverstanden, in Bagno Vignoni selbst und in der italienischen Öffentlichkeit regt sich Widerstand. Hoffen wir das Beste.

■ Essen: Nicht schlecht die *Osteria del Leone* ° (Tel. 887300, montags geschl.), nette Atmosphäre, deftige und z.T. auch einfallsreiche Rezepte; allerdings endlose Wartezeiten, wenn viel los ist. Auch im *Restaurant Terme*∞ (beim Hotel) wird ordentlich gekocht.

■ Unterkunft: Hotel *La Posta***** (Tel. 0577-887112), für die Qualität zu teuer. *Le Terme**** (Tel. 887150) angenehm, mit Garten.
Oberhalb von Bagno Vignoni auf der anderen Talseite die kleineren Orte R o c c a d ' O r c i a (mit Burg) und C a s t i g l i o n e d ' O r c i a (einfaches Hotel Le Roche* mit viel Blick und zehn Zimmern, Tel. 0577-887031).

Radicofani

Hoch über dem Orcia-Tal, schon nahe am Monte Amiata, liegt Radicofani (716 m ü.M.), die alte Grenzfeste zwischen der Toskana und dem Kirchenstaat. Hier platzt das letzte Toskana-Klischee: Kahle, karge, zerrissene Landschaft; dunkle Häuser drängen sich aneinander; ein düsterer, fast bedrückender Ort. Zwiespältige Stimmungen - und fantastische Fernblicke.

Einmal hier übernachten und an die Straßenräuber denken, die in dieser Gegend jahrhundertelang zugange waren. Der berühmteste von ihnen, *Ghino di Tacco*, von Dante und Boccaccio erwähnt, nahm den fetten Abt von Cluny gefangen und verordnete ihm eine Zwangsdiät. Erst als der Klosterherr wieder auf Normalgewicht war, durfte er nach Rom weiterreisen.

■ Wenn Sie oben bleiben wollen: *Hotel La Torre***, Tel. 0578-55943.

Am Monte Amiata

Toskana ganz anders: riesige Eßkastanien- und Buchenwälder, jede Menge Quellen, Dampfwolken aus kleinen Erdwärme-Kraftwerken - und allenfalls italienische Touristen, die hier bevorzugt im Hochsommer (Bergeskühle) und im tiefen Winter (zum Skifahren) Urlaub machen. Der Amiata liegt weitab von allem, seine hübschen Orte haben ungestörtes Eigen-Leben (und Eigen-Schläfrigkeit) behalten. Gute Chancen, mit Einheimischen ins Gespräch zu kommen.

Das Amiata-Gebiet war bis in die siebziger Jahre eine bedeutende Zone der Quecksilber-Förderung. Dann wurden die Gruben stillgelegt - mit katastrophalen Folgen für die Wirtschaftsstruktur der Region. Die Neuorientierung ist schwierig. Man möchte den Tourismus ankurbeln; man nutzt vulkanische Erdwärme für kleine Elektrizitätswerke und eine riesige Blumenzucht (bei Piancastagnaio). Neuerdings wird sogar nach Gold gesucht.

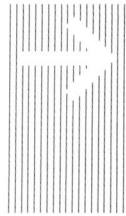 **Beste Wanderzeit:** Die Natur ist am schönsten im Mai/Juni (große Blumenvielfalt, z.B. Orchideen) und Mitte Oktober bis Mitte November, wenn sich das Laub färbt. Dies ist die ideale Zeit für die Wanderungen auf den vielen markierten Wegen (z.B. zweitägige Amiata-Rundwanderung).

Die Orte *(Abbadia S. Salvatore, Piancastagnaio, S. Fiora, Arcidosso, Castel del Piano, Seggiano)* liegen meist in 600-800 m Höhe. Sie haben verwinkelte, reizvolle Zentren; am interessantesten sind Abbadia S. Salvatore (mit dunklen Häusern aus vulkanischem Trachyt) und Santa Fiora.

Leider scheint sich am Amiata die Unsitte zu verbreiten, alte Steinfassaden unter Zementverputz verschwinden zu lassen - eine 'Modernisierung', die vor allem in den nicht-touristischen Gegenden Italiens stattfindet, während man andernorts sorgfältig die Natursteine freilegt ... Manche Orte sind (noch?) architektonisch intakt, aber Arcidosso hat zum Beispiel im neuen Trend einige Reize verloren.Hotels gibt's in fast allen Amiata-Orten; außer im August findet man auch ohne Voranmeldung leicht Unterkunft. Preise unterm Toskana-Durchschnitt.

 Kulinarische Spezialität: *funghi porcini* Steinpilze, die von hier aus nach ganz Italien verkauft werden. Sie sind wirklich exzellent - unbedingt probieren!

In A b b a d i a S . S a l v a t o r e lohnt der Besuch der alten Abtei, nach welcher der Ort seinen Namen hat. Das Kloster - 743 von dem Langobardenkönig Rachis gegründet - war im frühen Mittelalter das reichste der Toskana. Die romanische Kirche stammt aus dem frühen 11. Jhdt.; besonders beeindruckend ist die Krypta, die auf die Entstehungszeit des Klosters zurückgeht, also rund 1200 Jahre alt ist; interessante, merkwürdige Kapitelle.

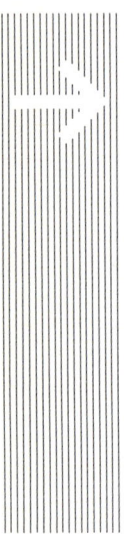 **Mountain Bikes zu leihen**: bei der *Cooperativa Amiata Trekking* (Piazza Fratelli Cervi 21, Tel. 0577-777751) gibt es geländegängige Fahrräder. Konditionen s. 'Toskana-Radtouren'. Die Kooperative ist auch die geeignete Anlaufstelle, wenn Sie in intensiven Kontakt mit Amiata-Natur und -Bevölkerung kommen wollen: zahlreiche Kurse und Veranstaltungen (geführte Wanderungen, Reiten, Kennenlernen der Blumen, Tiere, Pilze, Kräuter, Geologie der Region). Die Kooperative betreibt auch das Restaurant *Fonte Magria°* (2 km von Abbadia S. Salvatore in Rg. Vette Amiata, Tel. 778539, auch Zimmervermietung). Ausgezeichnete regionale Küche, hausgemachte Teigwaren und Desserts, erstklassige Pilzgerichte (probieren Sie 'Gnocchi ai funghi'), frische Forellen aus dem Teich neben dem Haus.

Bei B a g n i S . F i l i p p o finden sich wunderschöne, einsam gelegene Thermalquellen. Das altmodische Hotel im Ort (Terme S.Filippo**, Tel. 0577-872982) hat ein Thermal-Schwimmbad, reizvoller aber sind die versteckten Natur-Badewannen: Am südlichen Ortsende von der Straße in Fahrweg nach links biegen; nach wenigen Minuten erreichen Sie die ersten warmen Quellen. Man geht noch weiter, der Weg biegt nach links, kurz darauf wendet man in einen kleineren Weg (wieder nach links, am Bach entlang). Wenige Minuten bis zu einem herrlichen versteinerten Wasserfall (Kalkablagerungen). Das heiße Wasser, das mit 52 Grad aus der Erde tritt, sammelt sich in mehreren großen Felsbecken.

S a n t a F i o r a hat ein hübsches Ortszentrum: in der *Pieve* (frühere Taufkirche) mehrere bemalte Terrakotta-Skulpturen der Florentiner Künstlerfamilie Della Robbia. Die *Peschiera* ist ein großes, im 18. Jhdt. erbautes Wasserbecken, in dem die Quelle des Flusses Fiora gefaßt wurde.

■ Unterkunft/Essen: Die beiden Hotels im Ort, *Eden*** (Tel. 0564-977033) und *Fiora*** (Tel. 977043) sind vergleichsweise teuer und in der Zwischensaison häufig geschlossen. Ein ordentliches, preiswertes Albergo ist *Il Caminetto*** im einen km entfernten Ortsteil Marroneto (Straße Rg. Piancastagnaio, Tel. 977233).
Hervorragend gekocht wird in der *Trattoria Barilotto*° (Via Carolina 20, Tel. 0564-977089, mittwochs geschl.). Erstklassige traditionelle Küche zu Niedrigpreisen.

Oberhalb von Santa Fiora liegt B á g n o r e mit einem geothermischen Kraftwerk und einem kleinen Thermalbad.

■ Campingplätze: *Monticello Amiata* (10 km von Arcidosso), ruhig im Kastanienwald. Geöffnet 15.6.-15.9., Tel. 0564-992975. - *Amiata* am Ortsrand von Castel del Piano; ganzjährig geöffnet, Tel. 0564-955107.

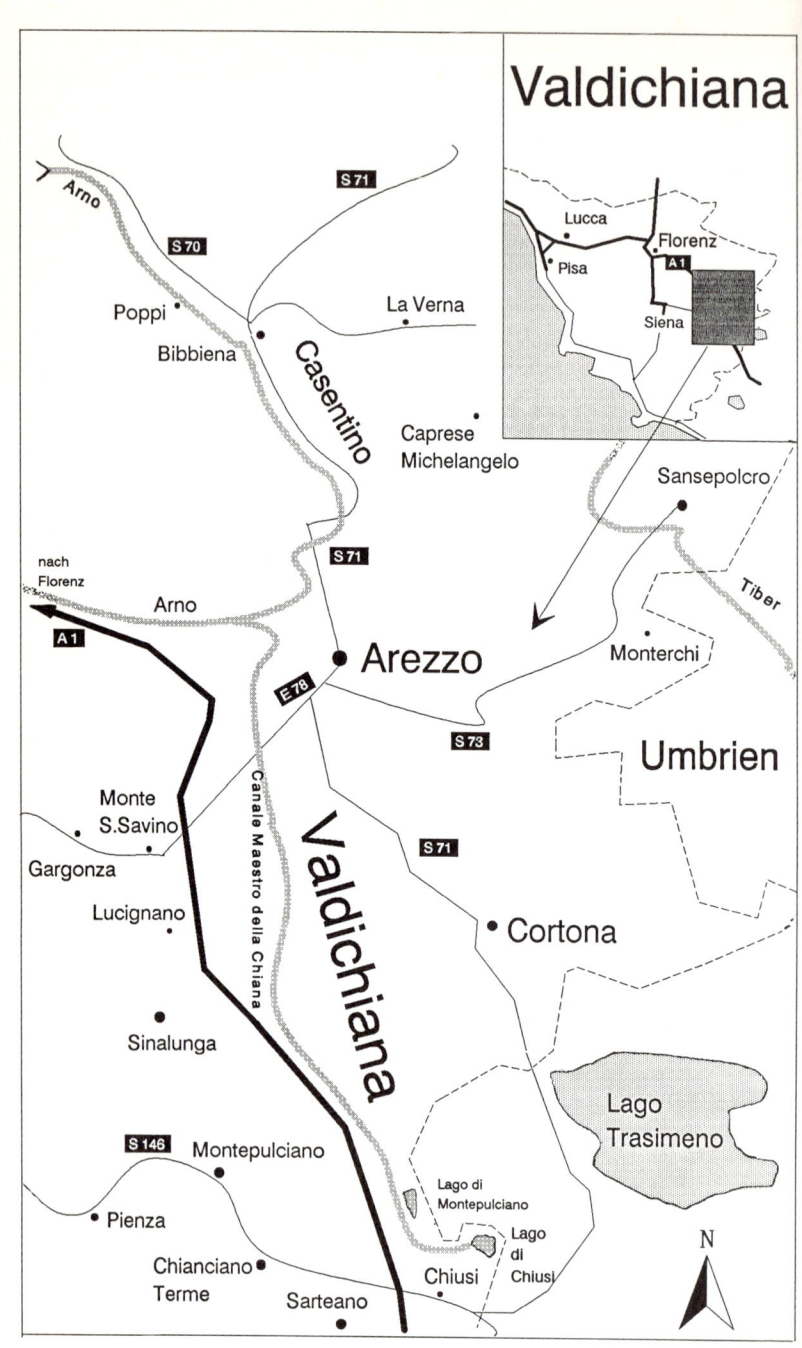

Valdichiana - von Arezzo bis Chiusi

Als Verlängerung des Arno-Tals nach Süden beginnt bei Arezzo die Valdichiana, das fruchtbarste Gebiet der Toskana. Wie die Maremma, so war auch das Chiana-Tal jahrhundertelang versumpft und malariaverseucht; die Trockenlegung wurde erst in diesem Jahrhundert abgeschlossen. Für Toskana-Verhältnisse ist das Tal nicht sonderlich schön, trotz der eindrucksvollen Berg- und Hügelketten an den Seiten: Häuschen, Fabrikchen, ein wucherndes Straßennetz, die Autobahn, zwei Schnellzugtrassen. Die interessanten Städte und Landschaften liegen am Rand oder in den Nebentälern. *Arezzo* und *Cortona* sind die touristischen Zentren; beachtlich auch eine Reihe kleinerer Orte.

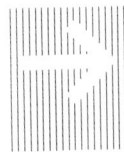 *Bistecca Fiorentina* stammt von den weißen Rindern des Chiana-Tals. Das Fleisch (T-Bone-Steak) ist ausgezeichnet. Man sieht die Tiere selten, da sie meist im Stall gehalten werden.

Arezzo

Arezzo (90.000 Einw., 295 m) ist nicht umwerfend schön, aber doch eine angenehme, lebendige Stadt. Hübsch ist die Altstadt an einem Hügel, die Wohn- und Industrieviertel wachsen ringsum in die Ebene hinein.

Interessant ist Arezzo vor allem für Kunstfreunde: *Piero della Francescas* Freskenzyklus in S. Francesco gehört zu den Höhepunkten der Renaissance-Malerei. Jede Menge großer Söhne: *Caius Maecenas*, reicher Römer und Urbild aller Mäzene, stammte aus Arretium; außerdem *Guido Monaco*, der Erfinder der Notenschrift (11. Jhdt.); *Francesco Petrarca*, Dichter des Liebesschmerzes; *Pietro Aretino*, bissiger Renaissance-Journalist; *Giorgio Vasari*, mäßiger Ar-

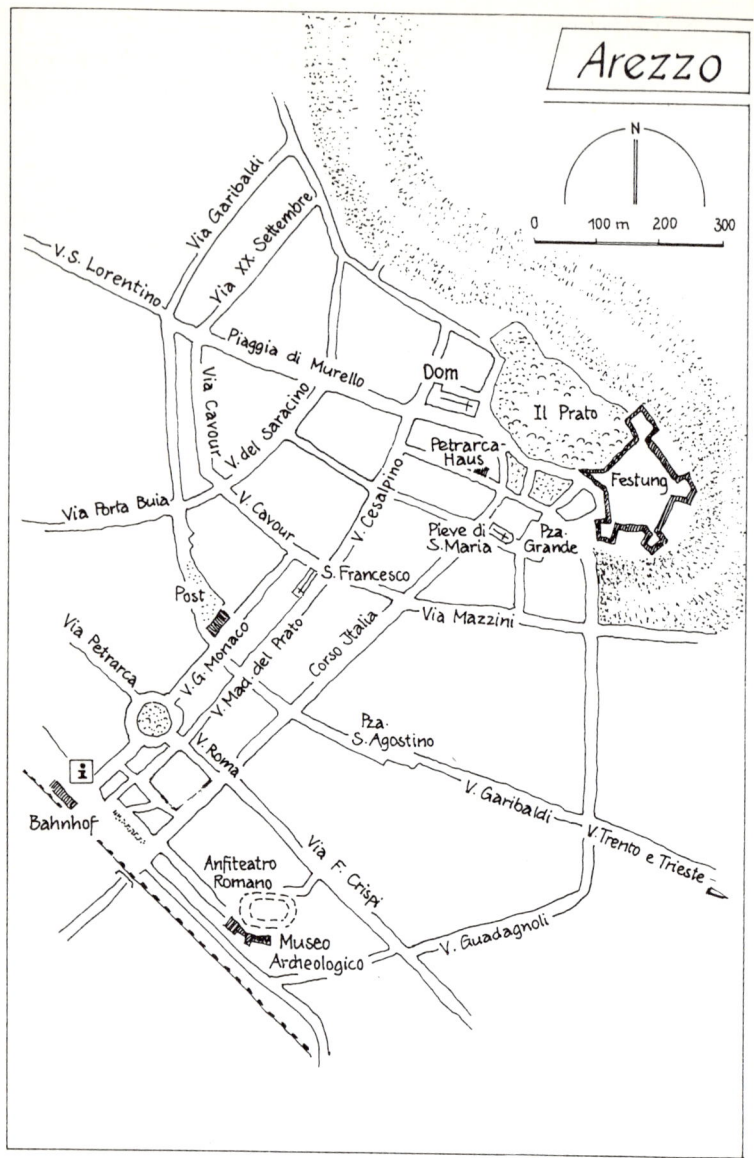

184

chitekt und berühmter Kunsthistoriker des 16. Jhdts.

Arezzo war bedeutende Etrusker- und Römerstadt, im Mittelalter freie Stadtrepublik; Niedergang (im Zusammenhang der Valdichiana-Versumpfung) vom 14. - 18. Jhdt.; neuer Aufschwung insbesondere nach dem Bau der Eisenbahnlinie Florenz - Rom (1866).

Die O r i e n t i e r u n g ist einfach: Vom Bahnhof (in der Nähe Parkplätze) führt die breite *Via Guido Monaco* zur Altstadt; parallel dazu der interessantere *Corso Italia.* Das *Centro storico* wird in etwa von Via XX Settembre, Via Cavour und Via Mazzini begrenzt; es ist so klein, daß man sich nicht nachhaltig verlaufen kann.

Sehenswert

Am Rand der Altstadt die Kirche S a n   F r a n c e s c o . An den Wänden zahlreiche Fresken; hinter dem Hauptaltar der berühmte Freskenzyklus der Kreuzlegende von *Piero della Francesca* (vgl. Beschreibung unten).

Die P i e v e   d i   S .   M a r i a ist ein romanischer Kirchenbau. Merkwürdige Fassade mit drei Reihen von Bogen- und Säulengängen. Eindrucksvoller Innenraum. Beim Eingang schöne romanische Reliefs: an der linken Wand die Geburt Christi und Waschung des Christuskindes, mit einem überdimensionalen Josef als Zuschauer; an der Eingangswand Anbetung der Könige, riesengroß hier die Maria. Auf dem Altar ein großes Tafelbild auf Goldgrund (Madonna, Verkündigung, Mariae Himmelfahrt) von Pietro Lorenzetti (1320).

An der Rückseite der Pieve die P i a z z a   G r a n d e : ein abschüssiger Platz, hübsch mit seinen - deutlich restaurierten - mittelalterlichen Häusern, der Apsis der romanischen Kirche, dem Palazzo delle Logge (von Vasari gebaut) und dem Palazzo della Fraternità dei Laici (an der nördlichen oberen Ecke). Letzterer stellt ein interessantes, harmonisches Stilgemisch dar: das Portal mit den Säulen ist gotisch, der erste Stock stammt aus der Frührenaissance, der Uhrturm aus der Mitte des 16. Jhdts.

Das P e t r a r c a - H a u s (Via dell'Orto 28) ist eine wohlgemeinte Fälschung: Es stammt aus dem 16. Jhdt., hier kann der Poet (geb. 1304) nicht geboren sein! Vielleicht - aber auch das weiß man nicht genau - in einem älteren Haus an gleicher Stelle.

Am höchsten Punkt der Stadt der gotische D o m , mit farbigen Glasfenstern und noch einem Werk von Piero della Francesca: der Magdalena (an der linken Wand, kurz vorm Hauptaltar).

Nebendran ein großer baumbestandener Platz zum Ausruhen; schöner Blick in die Landschaft.

Piero della Francescas Fresken in San Francesco

Im Chor der Franziskanerkirche hat Piero della Francesca den Zyklus der 'Kreuzlegende' gemalt (ca. 1453-1464). Es ist das umfangreichste Werk dieses Künstlers, der als einer der größten Maler der Renaissance gilt. Keine leicht verständlichen Bilder: sowohl die ungewöhnlichen Themen als auch der Stil erfordern ein längeres Betrachten, möglichst ein Sich-Versenken - sonst hat man nichts davon. Nicht die leichte Anmut, die schnell ins Auge fallende Farben- und Lebensfreude vieler Frührenaissance-Kollegen des großen Piero, sondern eine tiefsinnige, geradezu philosophische Malerei mit unendlich vielen Façetten.

Die Bilder sind in ziemlich schlechtem Erhaltungszustand - als Folge ungeschickter früherer Restaurierungen, aber auch durch die nach wie vor in die Wände einsickernde Feuchtigkeit. Die Experten streiten über die notwendigen Rettungsmaßnahmen.

Das Thema - die Legende vom Kreuz Christi - ist anderswo kaum je gemalt worden; die Themenstellung hatte einen historischen Grund. 1453 hatten die Türken Konstantinopel erobert. So wie in der gemalten Kreuzlegende das Kreuz den Ungläubigen entrissen wird, sollte - so hoffte der Auftraggeber - den Türken auch Konstantinopel wieder entrissen werden. Politisch-religiöse Motive gaben also den Ausschlag für die Themenwahl.

Die gesamte Legende ist zu lang, als daß ich sie hier erzählen könnte. Der Sinn einiger Szenen wird Ihnen daher dunkel bleiben - pardon! Trotzdem einige Hinweise: An der rechten Wand oben: Adam spricht zu seinen Söhnen von seinem bevorstehenden Tod (rechts); Bestattung Adams (links). Darunter links: die Königin von Saba betet eine Brücke an (sie hat nämlich erkannt, daß das Holz dieser Brücke heilig ist - aus ihm wird einst das Kreuz Christi gefertigt werden); rechts: Begegnung der Königin mit Salomo. Links davon an der Fensterwand: Entfernung der Brücke. Untere Reihe, an der Fensterwand: Kaiser Konstantin träumt vor der Schlacht an der Milvischen Brücke bei Rom: "In diesem Zeichen wirst du siegen" (nämlich im Zeichen des Kreuzes); an der rechten Wand: Konstantin besiegt seinen Konkurrenten Maxentius in der Schlacht.

Nach dem Sieg wollte Konstantin, der Legende zufolge, das wahre Kreuz Christi aus Jerusalem holen lassen. In seinem Auftrag reiste seine Mutter Helena los. Sie traf einen Juden, der wußte, wo sich das Kreuz befand, es aber nicht verraten wollte. Daraufhin wurde er gefoltert. Die Folterszene (Versenkung in einen Brunnen) sieht man links vom Fenster, in der Mitte. Der Jude verriet daraufhin das Versteck - in dem man aber drei Kreuze fand. Um das richtige herauszufinden, probierte Helena seine Wunderkraft; sie versuchte mit jedem der Kreuze, einen Toten zu erwecken (linke Wand Mitte). Mit dem 'wahren Kreuz' funktionierte der Test.

Darunter wieder eine Schlachtszene: Der Perserkönig Chosroë hat das Kreuz geraubt. Er wird vom christlichen Kaiser Heraklius besiegt. Ganz oben, an der linken Wand: Heraklius bringt das Kreuz nach Jerusalem zurück.

Piero della Francesca beherrscht mit vollendeter Selbstverständlichkeit die stilistischen Errungenschaften der Renaissance: die Perspektivmalerei, die klare Raumaufteilung, die Darstellung der Natur, die individuelle Gestaltung der Personen. Alle diese Merkmale sieht man deutlich beispielsweise in der Szene der Anbetung der Brücke (rechte Wand): die im Profil dargestellten Damen und als Kontrast der lässige Reitknecht; die fein umrissenen Bäume, der perspektivische Landschaftshintergrund - eine souveräne Meisterung realistischer Darstellung. Aber Piero della Francesca geht über den Realismus hinaus - in seinen Bildern liegt zugleich Magie. Man spürt es an den Blicken seiner Gestalten: Sie schauen mit einer Intensität, der man in der wirklichen Welt kaum je (oder nie) begegnet. Oder: die unglaubliche Ruhe der Personen selbst in den bewegtesten Szenen - im äußersten Schlachtgetümmel gibt es keine einzige hektische Bewegung, kein verzerrtes Gesicht, aller Grausamkeit zum Trotz. Obwohl Piero alle Techniken des Renaissance-Realismus verwendet, schafft er eine idealisierte Welt; aber ein Ideal, in dem Grausamkeit, Bosheit (die Folter!), Leiden, Aggressivität nicht geleugnet werden. Dies ist keine Unterhaltungskunst; es sind meditative Bilder, welche die Welt zugleich abbilden und distanziert von ihr Abstand nehmen.

 Ein Lesehinweis zur komplizierten Entstehungsgeschichte der Fresken und ihrem sozialgeschichtlichen Hintergrund: Carlo Ginzburg, Erkundigungen zu Piero (Wagenbach Verlag, Berlin).

■ M u s e e n : *Archäologisches Museum*, Via Margaritone 10 (werktags 9-14, sonn- und feiertags 9-13 Uhr; montags geschl.): vor allem etruskische und griechische Vasen, römische Keramik.

Galleria e Museo Medievale e Moderno, Via S. Lorentino 8 (werktags 9-19, sonn- und feiertags 9-13 Uhr): viel Renaissancemalerei, einige neuere Werke.

■ Feste, Veranstaltungen

Der A n t i q u i t ä t e n m a r k t (erstes Wochenende im Monat) ist einer der bedeutendsten Italiens: Riesenangebot vom Kleinkram bis zum Luxusmöbel, Stände in der ganzen Altstadt. Am Antiquitäten-Wochenende sind die Hotels oft langfristig ausgebucht - reservieren!

Die G i o s t r a d e l S a r a c i n o (erster Septembersonntag) zählt zu den traditionsreichsten Festen der Toskana. Umzüge in historischen Kostümen und dann der Clou auf der Piazza Grande: acht Reiter (zwei für jeden der vier Stadtteile) kämpfen mit Lanzen gegen eine Holzpuppe (den 'Sarazenen'), die mit Bleikugeln zurückschlägt - je schlechter der Reiter zielt, desto brutaler. Kartenvorverkauf am Busbahnhof (Autostazione), Via Garibaldi 118, Tel. 0575-23990.

i Piazza della Repubblica (Bahnhofs-platz), Tel. 307678

Essen

Ein Vergnügen ersten Ranges war für mich der Besuch im *Il Cantuccio*°°° (Via Madonna del Prato 76, Tel. 0575-26830, dienstags geschl.). Traditionelle Gerichte hervorragend zubereitet: Schon die einfache Bruschetta (geröstetes Brot) ein Genuß - mit erstrangigem Olivenöl; die Gnocchi gerade in der richtigen Mischung aus luftig und zäh; der Hase pikant; das Mascarpone-Dessert ein schaumiger, leicht alkoholisierter Traum. Kein anspruchsvolles Ambiente (Kellerlokal) - aber nicht ungemütlich. Und beim Service und Essen stimmte wirklich alles.

Gleich gegenüber die Trattoria *Da Guido*° (Via M. del Prato 10, sonntags geschl.), preiswert und in Ordnung.

Bei *Cecco*° (Corso Italia 215/217, Tel. 20986, montags geschl.) hängen Dankesbriefe von Schauspielern, Pianisten, Saxophonisten, Olympiasiegern, Politikern und vielen anderen im Eingang. (Übrigens: das Papst-Foto täuscht; der Papst war noch nicht hier, sondern nur einer, der ihn persönlich kannte ...). Der allenfalls gut durchschnittlichen Küche können die Schreiben meiner Meinung nach nicht gegolten haben; vielleicht eher der farbigen Persönlichkeit des Chefs. Sehr freundliche Preise und eine unterhaltsame Speisekarte.

Den Sonntagsausflug machen die Aretiner gern zur Osteria *La Capannaccia*°-

°° in Tregazzano (7 km nördlich; Tel. 361759, montags geschl.). Nicht schlecht; aber mir gefiel noch besser *Villa Vasari*° (kurz vor Tregazzano, 5 km ab Arezzo; Tel. 361740, dienstags geschl.). Schönes Ambiente: Kellerräume einer Renaissance-Villa in großem Park, Kamin mit Skulpturen.

An der Piazza S.Francesco steht das 1818 gegründete *Caffé dei Costanti* ein Kaffeehaus, das unlängst geschickt im Stil der Jahrhundertwende restauriert wurde, mit Stuckverzierungen, großen Spiegeln, Fließenboden, falschem Marmor.

Unterkunft

Komfortabel und zentral gelegen das *Continentale**** (Piazza Guido Monaco 7, Tel. 0575-20251); Zimmer nach vorn allerdings trotz Doppelfenstern nicht vollständig ruhig.

Korrekt das *Astoria*** (Via G. Monaco 54, Tel. 24361); auch hier besser Zimmer nach hinten nehmen. Die Möblierung leider von exemplarischer Häßlichkeit. Preise etwas höher, Komfort etwas besser als bei durchschnittlichen Zwei-Stern-Hotels.

Günstig gelegen, ruhig, ordentlich das *Albergo Milano** (Via M. del Prato 83, Tel. 26836).

Schöne Jugendherberge in historischem Gebäude: *Villa Severi*, Via Francesco Rodi 13 (etwa 2 km vom Zentrum entfernt, Bus 6, Tel. 29047).

Casentino und Tiber-Tal

Von Arezzo aus ist sowohl das obere Arno-Tal (Casentino) als auch das obere Tiber-Tal gut zu erreichen; abgelegene, wenig besuchte Berg- und Hügellandschaften mit einigen hübschen Ortschaften. Die interessantesten Orte im Casentino sind B i b b i e n a und P o p p i , ruhige Kleinstädte abseits des Touristenstroms.

■ In Bibbiena ißt man gut und gemütlich im Restaurant *Amorosi Bei*°-°° (Via Dovizi 18, Tel. 0575-593046, mittwochs geschl.) - der Speisesaal wirkt wie eine Wohnstube. Im gleichen Haus auch ein Hotel**.

Von Bibbiena aus führteine Bergstraße zum Kloster L a V e r n a (1130 m ü.M.), eine ausgedehnte Anlage, die zum Teil noch auf das 13. Jhdt. zurückgeht. Hier empfing nach der Überlieferung der heilige Franziskus die Stigmata (Wundmale). Vom Kloster weite Aussicht. Viel Pilger- und Touristenbetrieb.

C a p r e s e M i c h e l a n g e l o , ein Bergdorf in 13 km Entfernung von La Verna, ist der Geburtsort Michelangelos; ein kleines Museum zeigt Kopien und Fotografien von Werken des Künstlers.

■ **Wanderungen**: Das *Casentino*, der im Westen angrenzende *Pratomagno* und das obere *Tiber-Tal* sind gut für Spaziergänge und Wanderungen geeignet. Die Landschaft ist nicht typisch südlich, sondern ähnelt eher den deutschen und französischen Mittelgebirgen mit großen Wäldern und der Vegetation kühlerer Zonen. Weite Gebiete sind kaum besiedelt. Verschiedene Campingplätze, u.a. bei Caprese Michelangelo, Chiusi della Verna, Camaldoli.

Im toskanischen Bereich des Tiber-Tals ist vor allem A n g h i a r i reizvoll, ein Städtchen mit schönem mittelalterlichen Ortskern: steingepflasterte Gassen, Treppenwege, Torbögen, kleine Gärten.
Im *Palazzo Tagliaschi* (Piazza Mameli 16) das 'Museum der Traditionen des oberen Tiber-Tals' (*Museo Statale delle Arti e Tradizioni popolari dell'Alta Valle del Tevere* - uff), viel interessanter als der Name befürchten läßt: neben Kunstwerken eine reiche Sammlung von

Gegenständen des täglichen Lebens und der Volksfrömmigkeit der früheren Bauernkultur (werktags 9-14 Uhr, sonn- und feiertags 9-13 Uhr, montags geschl.).

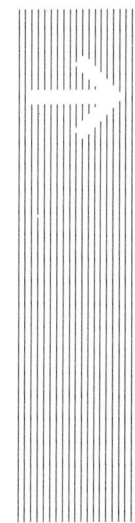

Alte Freßtraditionen ...

Drei km südlich von Anghiari die weitbekannte, unterhaltsame *Locanda al Castello di Sorci°* (Tel. 0575-789066, montags geschl.). Das Restaurant greift bewußt - und geschickt - alte, fast verlorengegangene Freßtraditionen wieder auf: Einfache, aber reichliche und solide Gerichte, Holztische, an denen einander wildfremde Gäste nebeneinandersitzen. Das gewaltige Menu wird ohne langes Gefackele einfach aufgetragen, nur beim Hauptgang gibt's ein bißchen Auswahl. Das Ganze zu niedrigen Preisen. Ergebnis: Das Lokal ist durch Mundpropaganda bis nach Florenz hin bekannt, also Riesenandrang. Jede Menge Prominenz hat Foto und Autogramm hinterlassen. Trotzdem absolut keine Schicki-Atmosphäre. Ein großer Spaß.

In M o n t e r c h i ein berühmtes *Piero della Francesca*-Fresko: die 'Madonna del Parto' (in der Friedhofskapelle am Ortsrand, geöffnet täglich 10-12.30, 14.30-17 Uhr). Merkwürdig: eine hochschwangere Madonna. Das hatte vor Piero niemand gemalt. Daneben faszinierende, mysteriöse Engel mit dem intensiven Piero-Blick.

Auch S a n s e p o l c r o ist hauptsächlich für *Piero della Francesca*-Fans interessant. Der Maler wurde hier geboren, in der Pinacoteca Comunale (tägl. 9.30-13, 14.30-18) hängen einige seiner berühmtesten Bilder: die Auferstehung, die Madonna della Misericordia, zwei Heiligenbilder.

Am zweiten Septembersonntag findet in Sansepolcro der *Palio della Balestra* statt, eines der traditionsreichsten Feste Italiens (Wettkämpfe im Armbrustschießen). Vielleicht der einzige Tag im Jahr, an dem in Sansepolcro wirklich Gedrängel herrscht.

■ Unterkunft (zum Fest natürlich vorbestellen!): Hotel *Fiorentino*** (Via Pacioli 60, Tel. 0575-76033).

Cortona

Cortona (22.500 Einw., 495 m) hat eines der besterhaltenen mittelalterlichen Zentren der Toskana, zudem in Traumlage: Häuser und Gassen ziehen sich hoch über dem Chiana-Tal an einem Hügel aufwärts, die Neubauten wurden außer Sichtweite nach unten verbannt, vom alten Ort Blick über die halbe Südtoskana bis zum Monte Amiata. Steile Straßen, freundlich-ruhige Provinzatmosphäre noch ohne überbordenden Tourismus.

In Cortona sollte man ziellos herumbummeln, die Altstadt aus möglichst vielen Perspektiven sehen. Es geht ständig auf und ab - nur die kurze Hauptstraße *Via Nazionale* ist flach. Im Zentrum die *Piazza della Repubblica* mit dem *Palazzo Comunale*, dessen große Freitreppe als Beobachtungspunkt bei Touristen und Einheimischen beliebt ist. Die *Via Nazionale* führt von hier in wenigen Min. an den Ortsrand zur *Piazza Garibaldi*; fantastischer Blick über das Chiana-Tal (linker Hand ein kleines Stück vom Trasimenischen See).

Sehenswert: Rechts vom Palazzo Comunale geht es zur *Piazza Signorelli* mit dem *Palazzo Pretorio*; innen das E t r u s k e r m u s e u m , in dem außer etruskischen auch römische und ägyptische Funde sowie Gemälde ausgestellt sind (April-September 10-13, 15-17 Uhr, Mo geschl.). Unbedingt sehenswert: der große etruskische Kronleuchter aus Bronze (5. Jhdt. v. Chr.) - ein einzigartiges Werk mit schönen Musikanten-Reliefs. Bemerkenswert auch die ägyptischen Arbeiten, darunter ein Totenschiff mit Holzfiguren.

Rechts am Palazzo Pretorio geht es zum Dom und D i ö z e s a n- m u s e u m (April bis Sept. 9-13, 15-18.30 Uhr; Oktober bis März 9-13, 15-17 Uhr, Mo geschl.). Auch hier einige Meisterwerke: Verkündigung von Fra Angelico; Kreuzigung von *Pietro Lorenzetti*, Madonna mit Kind von *Fra Angelico*. Das Besichtigungsprogramm ist mit diesen wenigen Schritten 'erledigt' - der Rest ist Atmosphäre, aber gute! Am Stadtrand noch 2 weitere Sehenswürdigkeiten: Die Renaissance-Kirche *Madonna del Calcinaio* an der Auffahrt zum Ort, ein - nicht ganz konsequent durchgeführter - Zentralbau; und das E t r u s k e r g r a b *Tanella di Pitagora* (oberh. des Rist. Fonte dei Frati, Hinweisschilder. (Sommer 10 - 13, 16 - 19 Uhr, Winter 9 - 13, 15 - 17 Uhr, Mo geschl.).

i Via Nazionale 70, Tel. 0575-630352

Essen

Das teuerste Restaurant Cortonas, *Tonino*°°°, tut vornehm, ist damit aber überfordert. Das Essen nicht schlecht - aber nicht gut genug, um die steife Atmosphäre und die Stil-Unstimmigkeiten vergessen zu lassen.

Rundum angenehm dagegen der *Cacciatore*°° (Via Roma 11, Tel. 0575-603252, mittwochs geschl.). Gute Küche, einige Gerichte geradezu hervorragend (z.B. der gemischte Nudelteller, Primi Misti).

Wer's urig liebt, ist gut aufgehoben in der *Trattoria dell'Amico*° (Via Dardano 12, Tel. 604192, montags geschl.). Der Koch stammt aus Ligurien; das Dell'Amico ist eins der wenigen toskanischen Lokale, in denen man einen Original-Pesto (genuesische Basilikum-Käse-Sauce) probieren kann.

Gleich nebenan die *Trattoria Dardano*° (Via Dardano 24, Tel. 601944, dienstags geschl.), typische, einfache Italo-Kneipe, Essen passabel, mit Höhen und Tiefen.

Unterkunft

Cortona ist sehr gut als Standquartier geeignet: Unterkünfte in allen Preisklassen und in der heißen Jahreszeit angenehme Luftzüge.

Am schönsten das *Albergo San Michele**** (Via Guelfa 15, Tel. 0575-604348). Ein Renaissance-Palazzo im Zentrum, erst vor kurzem (1986) zum Hotel umgebaut, geschmackvoll eingerichtete Zimmer, freundlicher Service. Die Räume, wie immer in historischen Gemäuern, von unterschiedlicher Größe; Traumblick aus dem Turmzimmer (Suite). Vorbestellung empfohlen.

Die beiden anderen Drei-Stern-Hotels kommen da nicht mit. Im *San Luca**** (Piazza Garibaldi 2, Tel. 603787) hat die Hälfte der Zimmer schöne Aussicht; Einrichtung eher einfach. Teurer als das San Michele, man weiß nicht warum. Das *Sabrina**** (Via Roma 37, Tel. 604188) ist klein, ganz nett, relativ preiswert; aber ohne besonderen Pfiff.

Ein nettes Ein-Stern-Hotel ist das *Athens** (Via S. Antonio, Tel. 603008). Ein ehemaliges Kloster, von außen etwas heruntergekommen, innen in Ordnung, manche Zimmer mit schönem Blick. Großer Innenhof mit Wiese, Bäumen und flatternder Wäsche. Nachteil: Von Ende Juni bis Oktober meist voll belegt durch amerikanische Kunststudenten.

Drei K l ö s t e r bieten preiswerte Unterkunft: Im *Convento S. Margherita* (Via C. Battisti 15, Tel. 630336).

Der *Convento Betania* (Via G. Severini 50, Tel. 62829) hat Drei- bis Sechsbettzimmer, einen kleinen Garten, Terrasse mit Super-Blick.

In der *Foresteria Monastica della Trinità* (Via S. Nicolò 2, Tel. 603345) Schlafsäle, wenige Zweierzimmer.

Nachteile bei den Klöstern: im Frühjahr oft Schulklassen, die gelegentlich Remmidemmi machen; unverheiratete Paare kommen nicht ins Doppelzimmer.

Jugendherberge: *Ostello S. Marco*, Via Maffei 57, Tel. 601392

Ausflug nach Umbrien: **Trasimener See**

Von Cortona sind's nur wenige Kilometer bis zum Trasimenischen
See. Schöne Landschaft. Zum Baden ist der See nicht optimal: sehr
flach, so daß die Shorts nach zwanzig Metern immer noch trocken
sind; beim Schwimmen streicheln dann Algen am Bauch entlang.

Auf jeden Fall lohnend ist der Bootsausflug zur *Isola Maggiore* (ab
Tuoro oder Passignano). Mehr im Umbrien Führer Oase Verlages.

An der anderen Seite des Chiana-Tals

Zwei hübsche Kleinstädte: M o n t e S. S a v i n o mit vielen Re-
naissance-Gebäuden; in der Metzgerei mitten im Ort übrigens aus-
gezeichnetes Bistecca-Fleisch der Chiana-Rinder (auch einge-
schweißt zum Mitnehmen).

L u c i g n a n o ist vorwiegend mittelalterlich, hat einen ungewöhnlichen elliptischen Grundriß. An den letzten beiden Maisonn-
tagen die *Maggiolata*: Umzüge blumengeschmückter Wagen,
historische Kostüme.

■ U n t e r k u n f t - in Lucignano: *Alberto Totò**** (Piazza del Tri-
bunale 6, Tel. 0575-836988), mit kleinem Garten.

Nahe bei Monte S. Savino: das gefühlvoll restaurierte, als Ferien-
anlage ausgebaute Dorf G a r g o n z a . Graf Guicciardini, der Besitzer, kümmert sich persönlich um die Gäste in den 20 Ferienwohnungen - und liefert (im Mietpreis inbegriffen) auch Brennholz für
die Kamine. Ein traumhaft schöner Platz - aber die Touristen sind
hier völlig unter sich, von toskanischem Alltag keine Spur. Als
Standquartier besonders geeignet für kleine Gruppen und Familien
(weil die 4- u. 6-Bett-Wohnungen preislich relativ günstiger sind)
und allgemein im Hochsommer (viel Schatten, 550 m ü.M.).

Wohnungen ab 800 DM/Woche. Informationen: Castello di Gargonza, 52048 Monte S. Savino, Tel. 0575-847021.

■ Essen: Am Dorfeingang von Gargonza das gute Restaurant *Castello di Gargonza*∞ (montags geschl.).

C h i u s i hat ein interessantes Etruskermuseum (werktags 9-13.40, sonn- und feiertags 9-12.40) mit einer Sammlung griechischer und etruskischer Keramik, Sarkophagen, Schmuck. In der Nähe des Ortes einige Etruskergräber, darunter die - allerdings seit Jahren geschlossene - *Tomba della Scimmia* mit Wandmalereien. Informationen im Museum.

Sehr gute Küche im Ristorante *Zaira*°°° (Via Arunte 12, nah beim Museum; Tel. 0578-20260, montags geschl.).

4 km vom Ort entfernt der L a g o   d i   C h i u s i , zum Baden geeignet (von Chiusi auch Linienbusse). Oberhalb des Sees der gut gelegene Campingplatz *La Fattoria* (Tel. 0578-21407, geöffnet 15.6.-15.10.). Nicht ganz so schön, aber ganzjährig geöffnet *Camping Pesce d'Oro* direkt am See (Tel. 21403). Beide Plätze ohne größeren Komfort.

C h i a n c i a n o   T e r m e ist einer der meistfrequentierten Thermalorte Italiens. Riesiges Hotelangebot - hier kann man unterkriechen, wenn sich anderswo wirklich nichts mehr findet. Aber nur dann: Von Toskana-Atmosphäre ist zwischen den Hotelkästen nicht viel zu spüren.

Weiter südlich die hübschen Orte Sarteano und Cetona. C e t o n a , durch Autobahnnähe von Rom aus relativ schnell zu erreichen, ist als Schickeria-Wohnsitz bekannt. Die Reichen bleiben aber unauffällig, das Ambiente ist völlig in Ordnung. Wunderschöne mittelalterliche Gassen. - Bei S a r t e a n o ein weiterer Campingplatz: *Delle Piscine,* Tel. 0578-265531.

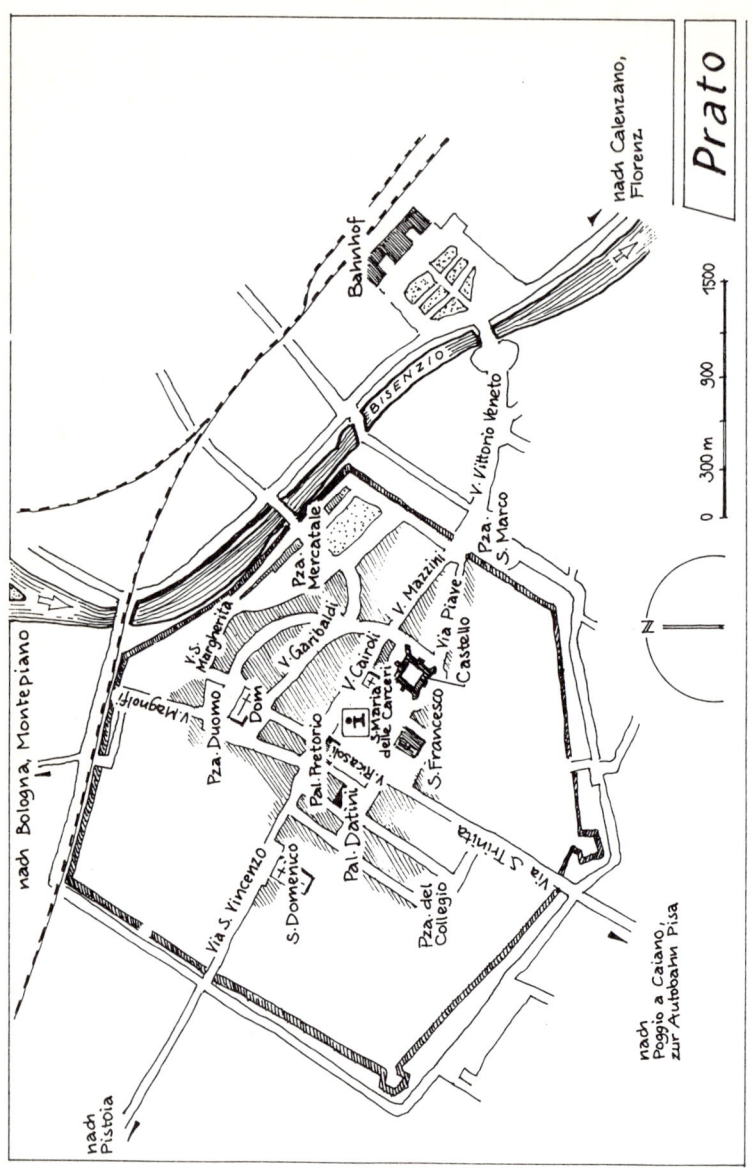

Prato

nach Calenzano, Florenz

nach Bologna, Montepiano

nach Pistoia

nach Poggio a Caiano, zur Autobahn Pisa

Bahnhof

BISENZIO

0   300 m   900   1500

N

V. Magnolfi

Via S. Vincenzo

S. Domenico

V. S. Margherita

Pza. Duomo

Dom

Pal. Datini

Pal. Pretorio

Pza. del Collegio

v. Garibaldi

Pza. Mercatale

V. Ricasoli

S. Maria delle Carceri

V. Cairoli

S. Francesco

v. Mazzini

Via Piave

Castello

Pza. S. Marco

L. v. Vittorio Veneto

Via S. Trinita

Prato

An Prato (160.000 Einw., 61 m) wie auch an Pistoia führen die meisten Reiserouten vorbei. Florenz schöpft das Interesse ab. Dabei sind beide Orte reizvoll, haben belebte alte Zentren mit beachtlichen Kunstdenkmälern. Drumrum sieht's allerdings öde aus: erbarmungslose Vorstadt-Architektur, kilometerweit die Fabrikschächtelchen des italienischen Wirtschaftswunders, Stromleitungen, Schnellstraßen, Supermärkte - ein mit Zypressen garnierter Technik-Brei.

Die schönen Landschaften liegen abseits der Durchgangsstraßen: im Apennin nördlich von Pistoia und am Monte Albano zwischen Pistoia und Empoli.

Die Lumpenstadt: Seit hundert Jahren, vor allem aber seit dem Zweiten Weltkrieg werden in Prato Textilien aus Altkleidern hergestellt. Mit Erfolg: Prato ist eine der wohlhabendsten Städte Italiens. Hunderte von Kleiderfabriken stehen im und um den Ort. Mittendrin die Altstadt, in der man die Textilballung vergessen kann: italienisches Kleinstadtleben in alten Gassen.

Auf Textilien war Prato schon vor tausend Jahren spezialisiert: Die ersten Dokumente über das Wollhandwerk stammen aus dem 8. Jhdt. Um 1300 wurden Stoffe aus Prato in großen Teilen Europas gehandelt; der clevere Kaufmann Francesco Datini (s. u.) gab im 14. Jhdt. der pratesischen Industrie nochmal kräftige Impulse. Das mittelalterliche Prato war - wie das heutige - eine reiche Stadt. Die Altkleiderverarbeitung begann allerdings erst um 1880; der große Boom kam in diesem Geschäft nach dem Zweiten Weltkrieg. Mit dem Lumpen-Recycling produzierten die pratesischen Industriellen zu Billigpreisen - und der Absatz lief auf Hochtouren. Prato saugte Arbeitskräfte an (zu 90% aus Süditalien) - von 1950 bis 1975 stieg die Einwohnerzahl von 50.000 auf 160.000! Dann kam der Einbruch: Mit asiatischen Kampfpreisen konnte Prato nicht mithalten, die Billigmärkte gingen verloren und viele Textilfabriken steuerten in die Pleite. Neue Tendenz: Man verlegte sich wieder auf Qualität - mit Erfolg. Prato ist noch immer eine wohlhabende Stadt, wenn auch nicht mehr die Goldgrube der fünfziger und sechziger Jahre.

Sehenswert

Im Ortszentrum der D o m mit grün-weißer Marmorfassade; berühmt ist die Außenkanzel der Renaissance-Bildhauer *Donatello* und *Michelozzo* (heute eine Kopie, das Original im Dommuseum). Im Innenraum gleich links die 'Kapelle des heiligen Gürtels': Durch mannigfaltige Verwicklungen ist der Gürtel der Jungfrau Maria nach Prato gelangt - eine hochheilige, wenn auch etwas dubiose Reliquie (selbst die Kirche war immer skeptisch - erst recht die Florentiner, die Prato das kostbare Stück neideten). Der Gürtel wird fünfmal im Jahr (Ostern, 1.5., 1.8., 8.9., Weihnachten) unter großem Gepränge öffentlich gezeigt. - Im Chor farbenfrohe Fresken von *Filippo Lippi* (Geschichten Johannes des Täufers). In der schönen tanzenden Salome (unteres Bild rechts) hat der Maler angeblich seine Geliebte Lukrezia proträtiert. Eine heikle Geschichte, denn Filippo war Mönch und Lukrezia Nonne ... Den beiden wurde von den kirchlichen Vorgesetzten erlaubt zu heiraten (nach Entlassung aus den Orden); ihr Sohn, Filippino Lippi, wurde wie der Vater ein berühmter Maler.

Neben dem Dom das D o m m u s e u m (9.30-12.30, 15-18.30 Uhr; sonn- und feiertags 9.30-12.30 Uhr; dienstags geschl.). Innen das Original der Außenkanzel des Doms (s. oben); beeindruckend sind die tanzenden Putten von Donatello, Ausdruck einer fast orgastischen Religiosität. In einem Nebenraum ein Gemälde von Filippo Lippi: Tod des hl. Hieronymus.

Wenige Schritte vom Domplatz entfernt das R a t h a u s *Palazzo Pretorio* mit der ganz interessanten Gemäldesammlung der *Galleria Comunale* (werktags 9-13, 15-19 Uhr). Am nahegelegenen P a l a z z o D a t i n i noch Spuren der spätmittelalterlichen Bemalung. Der Palazzo gehörte einer der bemerkenswertesten Figuren aus der Geschichte Pratos, *Francesco di Marco Datini* (1330-1410), einem schwerreichen Kaufmann und Bankier, angeblich Erfinder der doppelten Buchführung. Im versteckten Archiv des emsigen Geldmannes wurden (bei einer Renovierung des Palazzo 1870) nicht weniger als 15.000 Geschäftsbriefe entdeckt!

S . M a r i a d e l l e C a r c e r i ist ein Renaissance-Zentralbau (von Giuliano da Sangallo, 1484-95). Renaissance-typisch vor allem die systematische Gliederung des Innenraums - vollkommene Übersichtlichkeit. Nebendran das K a s t e l l , das der Stauferkaiser Friedrich II. zwischen 1237 und 1248 errichten ließ - ein für Mittelitalien ungewöhnlicher Bau, der eher an die Stauferburgen Apuliens erinnert.

Zwei außerhalb der Altstadt gelegene Museen: S t o f f m u s e u m (*Museo del tessuto Istituto Buzzi*, Viale della Repubblica 9) mit Brokaten, Stickereien und Damasten des 15. bis 19. Jhdts. (gegenwärtig, 1989, nur unregelmäßig geöffnet; Auskunft unter Tel. 570352).

Centro per l'Arte Contemporanea (Viale della Repubblica; 10-19 Uhr, dienstags geschl.) - ein vor wenigen Jahren errichteter Bau mit wechselnden Ausstellungen moderner Kunst (im Sommer auch Theateraufführungen).

■ Ausflug: 8 km südlich von Prato liegt die Medici-Villa *Poggio a Caiano* (geöffnet 9-17 Uhr, sonn- und feiertags 9-13.30 Uhr, montags geschl.; Busse von Prato halbstündlich ab Domplatz). Großer Garten, Park, mit Fresken ausgemalte Salons - wohl der schönste unter den vielen Medici-Landsitzen im Umkreis von Florenz.

Gute Adressen

i Via Cairoli 48, Tel. 0574-24112

Essen

Trattoria Lapo° (Piazza Mercatale 141, Tel. 0574-23745, sonntags geschl.). Eigentlich ist alles ungemütlich - der Wartesaal-Speiseraum, die Farben der Einrichtung, die Bilder an den Wänden, zu schweigen von den Toiletten. Und trotzdem fühlt man sich wohl - volkstümlicher geht's nicht mehr. Der Tankwart ißt mit Tankwartmütze, die Stammgäste holen sich das Essen selbst aus der Küche, das Stimmengebrodel läuft immer wieder zu kleinen Explosionen auf. Keine Speisekarte, aber Mißtrauen wegen des conto ist nicht angebracht. Essensqualität durchschnittlich, ein unterhaltsames Gespachtel (mit leicht verbogenen Gabeln).

Unterkunft

Hohe Preise (nur um Geringes niedriger als in Florenz) und kein großes Angebot. Eher ungemütlich die unpersönlichen Vier-Stern-Hotels President und Palace, typische Business-Schlafstätten.

Am schönsten die *Villa S. Cristina**** (Via Poggio Secco 58, Tel. 0574-592841): noble Villa auf einem Hügel über der Stadt (2 km östlich vom Zentrum), Garten, Schwimmbad, Fresken, allerdings nur achtzigprozentig ruhig: vom Tal dringt Verkehrsrauschen hoch. Auch hier fast ausschließlich Geschäfts-Publikum, was zur Folge hat, daß man an Wochenenden im allgemeinen ohne Reservation unterkommt. Im August geschlossen.

Außerdem: *Flora**** (Via Cairoli 31, Tel. 20021), im Stadtzentrum, nicht schlecht; *Stella d'Italia*** (Piazza Duomo 8, Tel. 27910), mäßiger Komfort, gute Lage. (Relativ) preisgünstig: Centrale* (Via Magnolfi 15, beim Dom, Tel. 23182).

Pistoia

Pistoia (95.000 Einw., 65 m) ist fast ebenso industrie-umkreist wie Prato, aber nach Norden und Süden läßt sich's schneller ausbrechen. Und das Zentrum mit lebendigen Marktgassen und vielen Kunstwerken ist angenehm. Pistoia und Umgebung kommen auch für einen längeren Aufenthalt infrage: zentrale Lage zwischen Pisa, Lucca und Florenz.

Sehenswert

Der romanische D o m hat in der Vorhalle glasierte Terrakotta-Skulpturen des Florentiner Künstlers Andrea della Robbia - ein Vorgeschmack auf die noch prachtvolleren Keramik-Reliefs am Ospedale del Ceppo (s. unten). In einer Seitenkapelle ein gewaltiges Werk der italienischen Silberschmied-Kunst: der Altar des heiligen Jakob, an dem zwischen 1287 und 1456 zahlreiche Künstler gearbeitet haben - darunter auch der Architekt der Florentiner Domkuppel, Brunelleschi. Insgesamt 628 Figuren wuseln an dem Schrein herum und stellen Bibelszenen sowie Geschichten des hl. Jakob dar.

Gegenüber vom Dom das B a p t i s t e r i u m . Hinter dem Baptisterium belebte Marktgassen. Auf der anderen Seite des Doms der P a l a z z o   d e l   C o m u n e , eines der beiden Rathäuser des

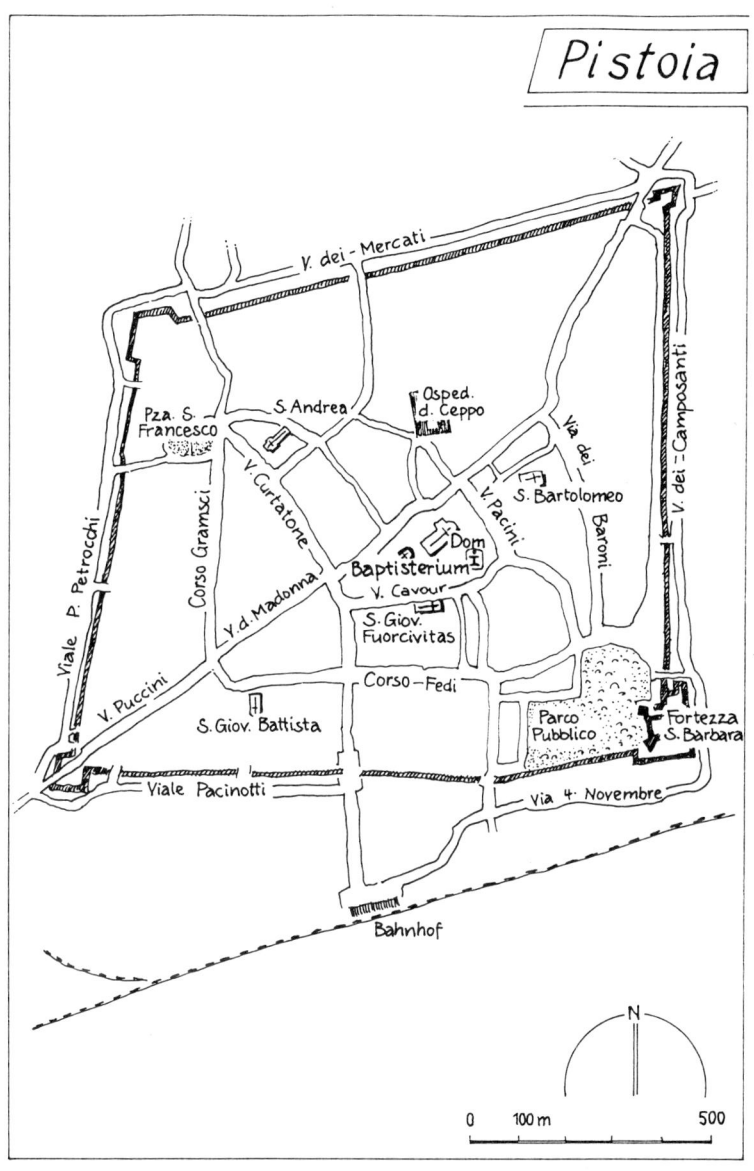

Pistoia

mittelalterlichen Pistoia. (Das zweite Rathaus, der Palazzo Pretorio, steht gegenüber; er wurde Mitte des 19. Jhdts. umgebaut.) Im Palazzo del Comune das Museo Civico mit Gemälden und Skulpturen (9-13, 15-19 Uhr, sonn- und feiertags 9-12.30 Uhr, montags geschl.).

Im P a l a z z o   d e l   T a u (Piazza Garibaldi) befindet sich eine Sammlung von Skulpturen und Zeichnungen *Marino Marinis*. Der aus Pistoia stammende, 1980 gestorbene Künstler hat die Werke kurz vor seinem Tode der Stadt gestiftet. (Öffnungszeiten: wie Museo Civico.)

Die Kirche S .   G i o v a n n i   F u o r c i v i t a s stammt aus dem 12. Jhdt. Bemerkenswert vor allem die der Via Cavour zugewandte, fein verzierte Seitenwand mit grün-weißem Streifenmuster, vorgeblendeten Bogenreihen, Skulpturen; wie an den Kirchen des benachbarten Lucca ist die Wand dekorativ aufgelöst, erinnert eher an ein Gewebe als an massives Mauerwerk. Innen zwei interessante Werke mit mittelalterlichen Skulpturen: ein Weihwasserbecken und eine Kanzel, beide vom Ende des 13. Jhdts.

S .   B a r t o l o m e o   i n   P a n t a n o , fünf Minuten vom Domplatz entfernt, lohnt den Besuch wegen der romanischen Kanzel des *Guido da Como* (1250): eindrückliche, naive Skulpturen. Besonders schön die vier an der Wand befestigten Reliefplatten: Geburt Christi, Präsentation im Tempel, Verkündigung, Anbetung der Weisen.

Eine weitere Skulpturen-Kanzel befindet sich in S .   A n d r e a - eines der bedeutendsten Werke gotischer Bildhauerei in Italien, um 1300 von *Giovanni Pisano* geschaffen. Für die damalige Zeit hochmoderne Kunst (man sieht's im Vergleich mit den Skulpturen von S. Bartolomeo): bewegte, dramatische Szenen - und vielfach ein individueller, emotionaler Ausdruck der dargestellten Personen.

Besonders sehenswert ist auch die Fassade des O s p e d a l e   d e l   C e p p o . Das alte Krankenhaus ist mit Terrakotta-Reliefs in strahlenden Farben verziert (zwischen 1510 und 1525 von Mitgliedern der Florentiner Künstlerfamilie *Della Robbia* entworfen). Ungewöhnlich ist nicht nur die Technik dieser Künstler, sondern auch die Thematik der Szenen: die sieben Werke der Barmherzigkeit. An der linken Seite der Vorhalle die erste gute Tat: die Nackten bekleiden. Dann folgen zum Platz hin: die Pilger beherbergen, die Kranken besuchen, die Gefangenen besuchen, die Toten begraben, die Hungrigen nähren, die Durstigen tränken. Zwischen den Szenen

Darstellungen der Tugenden; in der unteren Reihe köstliche Frucht-
kränze, eine Verkündigungsszene, Medici-Wappen u.a.

■ **Das Fest:** Am 25. Juli auf dem Domplatz: *Giostra dell'Orso*, eine
kleinere Ausgabe des Palio von Siena (vgl. Siena). Weniger dramatisch, aber auch mit weniger Gedränge . . .

■ Antiquitätenmarkt: am zweiten Wochenende im Monat auf dem
ehemaligen Fabrikgelände Stabilimento Breda, Viale Pacinotti.

Gute Adressen

i Piazza Duomo, Tel. 0573-21622

Essen

Gut im *Cucciolo della Montagna*°°° (Via
Panciaticchi 4, Tel. 0573-29733, Sonntagabend u. Montag geschl.) - aber die Einrichtung ist (für meinen Geschmack)
furchtbar, die Stimmung etwas steif.

Ordentliche Küche in der sympathischen Trattoria *Lo Spuntino*° (Piazza
dell'Ortaggio 12, am Fischmarkt, Nähe
Domplatz; sonntags geschl.).

Unterkunft

Im Stadtzentrum die gutbürgerlichen *Leon Bianco**** (Via Panciaticchi 2, Tel.
0573-26675) und *Patria**** (Via F. Crispi
6, Tel. 25187).

In Bahnhofsnähe das *Appenino*** (Via
XX settembre 21, Tel. 32243).

Interessanter wird's außerhalb: *Il
Convento**** (Via S. Quirico 33, Tel.
452651), 6 km östlich des Zentrums
(beim Vorort Pontenuovo), bietet einen
Garten mit Traumblick auf Pistoia, ein
großes Schwimmbad, völlige Ruhe.
Schönes Gebäude (ehemaliges Kloster) -
die Zimmereinrichtung fand ich allerdings unpassend und ungemütlich.

Villa Vannini (Ville di Piteccio, Tel.
42031), Privatzimmer in ausgebautem
Landhaus 12 km nördlich der Stadt.
Wunderbare Lage, Garten, viel Atmosphäre, große, altmodische Zimmer. Zufahrt (auf den letzten zwei km) über eine
kleine kurvige Straße. Einzelzimmer 55
DM, Doppel mit Bad 110 DM (inkl.
Frühstück).

Umgebung Pistoias

Der Museumswärter in V i n c i hat ein schweres Leben. Er muß
die Erfindungen Leonardos überwachen, die im *Museo Vinciano* in
handlichem Format und verlockend funktionsfähig aufgebaut sind.

Früher durfte man sie in Bewegung setzen - aber die Besucher haben wohl zu oft am falschen Ende gezogen, und inzwischen ist der Zugriff verboten. Seither hat der arme Mann keine Ruhe mehr - jedes Knarren, Ächzen und Läuten bedeutet, daß sich wieder mal jemand seiner Kontrolle entzogen hat. (Museum in der Burg von Vinci, 9.30-12, 14.30-17.30, im Sommer 15-19 Uhr; mittwochs geschl.)

Drei Kilometer weiter nördlich steht in A n c h i a n o das angebliche Geburtshaus Leonardos, ein einfacher Bau in schöner Olivenhain-Landschaft. Zu besichtigen sind kleine Erinnerungsstücke und Reproduktionen einiger Werke des Künstlers (Öffnungszeiten: wie Museum). Der Überlieferung nach wurde Leonardos Mutter, die Geliebte eines Florentiner Notars, in diesem Haus versteckt, damit sie ihren unehelichen Sohn im Verborgenen zur Welt bringen könne. Ob's wirklich so war, wissen nicht mal die pingeligsten Leonardo-Experten.

Westlich von Pistoia zwei Thermalkurorte. M o n t e c a t i n i T e r m e gilt als elegant; ich kann's nicht beurteilen, weil mich die massierte Hotelkasten-Architektur immer schon nach kurzem Aufenthalt in die Flucht geschlagen hat.

In M o n s u m m a n o T e r m e werden Höhlen-Kuren durchgeführt: Schwitzbäder gegen Rheuma in feuchtem Naturdampf. In der Grotta Giusti kann man sich während der Kur an Tropfsteingebilden erfreuen, bei der Grotta Parlanti fällt dies Vergnügen weg: Sie wurde künstlich angelegt.

In der Nähe Montecatinis das hübsche Dorf Buggiano Castello mit weitem Panorama; danach erreicht man, vorbei am Blumenzentrum Pescia, Collodi mit der Villa Garzoni und dem Pinocchio-Park (vgl. dort).

*"Eine jener verwunschenen
Städte, wovon mir einst
die Amme so viel erzählte."*
Heinrich Heine, Reisebilder

Lucca

Atmosphärisch und als Kunstort gehört Lucca ebenso wie auch Pisa
zu den interessantesten Städte der Toskana. Gegensätze: Lucca
(90.000 Einw.) eher ruhig-beschaulich, Pisa (105.000 Einw.)
moderner und weniger idyllisch. Viel Tourismus, aber auch viel Eigenleben in beiden Orten. Die Umgebung zu einem guten Teil zersiedelt - wir sind im toskanischen Industriegebiet. Zwischendrin
aber immer wieder landschaftlich schöne Gegenden ohne Neubauten und Reklameschilder - vor allem in der Garfagnana nördlich von
Lucca.

Die Altstadt Luccas ist vollständig von Wällen umgeben - abgeschlossen gegenüber der Außenwelt, auch im übertragenen Sinn.
Lucca hat den Charakter einer altmodischen Provinzstadt bewahrt
wie kein anderer der größeren toskanischen Orte. Man braucht
nicht viel Fantasie, um sich das Leben um 1900 vorzustellen: Der
Rhythmus hat sich nicht so beschleunigt wie anderswo; man findet
noch alte Geschäfte, Cafés, Trattorien. Dazu paßt, daß die Stadt sich
dem Tourismus kaum öffnet. Die Lucchesen sind zwar freundlich zu
den Reisenden; aber die Stadt genügt sich selbst. Sichtbarstes Zeichen: Nirgendwo in der Toskana gibt es so wenig ordentliche Hotels
wie hier. Andrerseits ißt man vorzüglich: weil im Hinblick auf die
einheimische Kundschaft gekocht wird.

Für einen längeren Aufenthalt wäre Lucca gut geeignet - wenn es
bessere Unterkünfte gäbe. So hat man die Wahl: längere Zeit die
Atmosphäre genießen und mäßig schlafen - oder: nur einen Tagesausflug unternehmen. Kompromiß: in Hotels der nähren Umgebung
wohnen (s. u.).

nach
Viareggio

Garfagnana
Jugendherberge

Viale A. Marti

Viale — Carlo — Del — Prete

Via M. Rosi

V. G. Marconi

Mura

S. Frediano

delle

Passeggiata

Via C. Battisti

V. Fillungo

Pl. d.
Anfiteatro

V. d. Quarquonia

V.S.Tom-
maso

V. Tassi

V.L.
Papi

Telefon-
amt

Pinakothek

Turmhaus
Guinigi

V. Fillungo

V. Guinigi

V. Sta.Chiara

Museum
Villa Guinigi

Via San Paolino

Pza.
S. Michele

Via S. Croce

Via Elisa

Busse
Pza.
V. E.

Via Vitt. Emanuele

Post

V. della Rosa

V. d. Fosso

Botan.
Garten

V. G. Pacini

Corso

Pza
Napo
leone

V. d. Battistero

Dom

Pass. delle Mura

Viale G. Gusti

Garibaldi

Via V. Veneto

P. S. Pietro

Viale G. Carducci

Piazzale

V. Ema-
nuele

Via Cavour

Bahnhof

nach Pisa, zur Autostrada

N

0   100 m   300

Lucca

206

Atmosphäre und Küche sind Attraktionen der Stadt - aber ganz besonders auch die Kunst: eine Reihe interessanter Kirchen, eine ungewöhnliche Stadtanlage mit Bauten aus vielen Jahrhunderten, zahlreiche Palazzi. Lucca reicht in dieser Hinsicht zwar nicht an Florenz oder Siena heran, lohnt aber eine ausgiebige Besichtigung.

Mode-Stadt des Mittelalters

Lucca war, zusammen mit Pisa, die erste Stadt der Toskana, die durch Handel reich wurde. Ab dem 9. Jhdt. ging es mit dem Ort aufwärts; bereits 1080 richteten die Kaufleute eine Form städtischer Selbstverwaltung ein - rund hundert Jahre vor ihren Kollegen in Siena und Florenz! Wichtigste Wirtschaftszweige damals: Bankwesen, Edelmetall-Gewerbe, Seidenhandel und -fabrikation.

Lucca war insbesondere auf die Produktion kostbarer Stoffe spezialisiert (Seide und Goldbrokat), dadurch wurde es zu einer der frühen italienischen Mode-Städte. Schon kurz nach dem Jahr 1000 galten, wie der Historiker Werner Goez herausgefunden hat, lucchesische Schenkel-Binden als super-chic - ein "Höhepunkt höfischer Herrenmode".

Die Seide kam aus Rumänien und aus dem Orient. Sie wurde per Schiff nach Genua transportiert (nicht nach Pisa - denn das war der Hauptkonkurrent Luccas!), dann in Lucca weiterverarbeitet. Der Verkauf erfolgte auf Messen und Märkten (z.B. den französischen Champagne-Messen). Später, ab dem 13. Jhdt., kauften auswärtige Kunden - darunter viele Adlige - direkt in Lucca ein. Die lucchesischen Handwerker stellten besonders kunstvolle Gewebe her, die heute in vielen europäischen Museen aufbewahrt werden - u.a. in Hamburg, Nürnberg, Berlin.

Ab dem 14. Jhdt. verlor Lucca ökonomisch an Bedeutung: einerseits wegen der Verlagerung des Hauptverkehrs Nordeuropa - Rom auf neue Straßen (Lucca hatte wie Siena und S. Gimignano von der Lage an der Frankenstraße profitiert); andererseits durch innere Konflikte: zahlreiche verärgerte Handwerker emigrierten 1314 nach Florenz und Venedig und verrieten die bis dahin sorgfältig gehüteten lucchesischen Produktionsgeheimnisse. Aber Lucca behielt, im Gegensatz zu allen anderen toskanischen Städten, seine Selbständigkeit. Für Jahrhunderte wurde es in einer liberal-toleranten Atmosphäre von einer Schicht reicher Adliger regiert. Im 16. Jhdt. war der Ort eines der Zentren der protestantischen Reformation in Italien, bis der Papst und die Nachbarstaaten der Stadtverwaltung Druck machten: Erst dann wurden "ketzerische Bücher" verboten. Dennoch - die Inquisition ließ man nicht in die Stadt hinein!

1805 endete die Unabhängigkeit: Napoleon machte seine Schwester Elisa Baciocchi zur Stadtherrin. Lucca blieb 32 Jahre unter weiblicher Führung. Nach Elisa erhielt 1817 Maria-Luisa von Bourbon-Parma, eine Tochter der Kaiserin von Österreich, die Regierung zugesprochen. Von 1847 bis 1860 gehörte Lucca zum Großherzogtum Toskana, dem es sich dreihundert Jahre erfolgreich entzogen hatte, seit 1860 zum Königreich Italien.

Eine Sonderrolle spielt Lucca in der Toskana noch heute. Man spürt es an der eigentümlichen Atmosphäre. Auch politisch ist Lucca 'anders': die einzige toskanische Stadt, die zu den Christdemokraten hält, während überall anderswo Kommunisten und Sozialisten regieren. Ein Paradox nach der 'fortschrittlichen' Vergangenheit? Wahrscheinlich nicht - in Lucca gab es weniger Unterdrückung und folglich auch weniger revolutionäre Tendenzen als in den anderen Gebieten der Toskana.

O r i e n t i e r u n g : Die Stadtanlage Luccas stammt noch aus der Römerzeit, das Straßennetz ist systematisch-rechtwinklig; unmerkliche Unregelmäßigkeiten, Straßenkrümmungen usw. machen das Ganze aber tückisch: Man verläuft sich leicht in den kleinen Gassen. Hilfe bringt der hervorragende Stadtplan des Touristenbüros.

Parken: am einfachsten außerhalb der Stadtmauern auf einem der verschiedenen ausgeschilderten Parkplätze.

Den besten Überblick gewinnt man von dem mittelalterlichen Turmhaus *Casa Guinigi* (Via S. Andrea, Öffnungszeiten: Sommer 9 - 19.30 Uhr, Winter 10-16 Uhr). Verrückt: auf dem Dach wachsen Steineichen. - Guter Blick auf Lucca auch vom Stadtwall, auf dem man das Zentrum übrigens vollständig umrunden kann (4 km). Früher galt's als einer der schönsten Spaziergänge Italiens - bevor die Neubauviertel auf der Außenseite entstanden ...

Parken: am einfachsten außerhalb der Stadtmauern auf einem der verschiedenen ausgeschilderten Parkplätze.

Mit dem Fahrrad: Eine lobenswerte Initiative des Touristenbüros: Fahrradverleih zu günstigen Preisen, stunden- oder tageweise. (Piazzale Verdi, von April bis Oktober tägl. 10 - 19 Uhr.) Besonders empfehlenswert ist die Rundfahrt auf dem Stadtwall.

Der Wall

Der große Wall wurde 1650 fertiggestellt; es war die dritte Stadtmauer Luccas (nach der antik-römischen und einer mittelalterlichen, die etwa den gleichen Verlauf hatte wie die jetzige Mauer). Lucca, das als einzige toskanische Stadt nicht von den Medici unterworfen war, wollte mit dem Bauwerk seine Unabhängigkeit sichern; zugleich diente das gigantische Projekt als Arbeitsbeschaffungsmaßnahme. 126 Kanonen, elf Bollwerke (jedes mit einer kleinen Kaserne) und ein 35 m breiter Graben an der Außenseite sicherten die Mauern, in denen sich ursprünglich nur drei Tore befanden (heute: sechs). Ausländer durften nachts nicht auf die Mauern steigen und nicht in der Nähe der Tore wohnen. Die Verteidigungsanlage trat nie in Funktion: Lucca erlebte keinen militärischen Angriff. Die Wälle dienten allenfalls als Schutz vor den Serchio-Überschwemmungen. Im 19. Jhdt. wurden die Mauern in eine Parkanlage verwandelt, die bald in ganz Europa berühmt war: Lucca bildete damals ein beliebtes Ziel der Italienreisenden.

Plätze und Gassen

Größte Piazza: die zu Beginn des 19. Jhdts. geschaffene *Piazza Napoleone*.

Mittelpunkt städtischen Lebens: die *Piazza S. Michele* mit der gleichnamigen Kirche und dem Rathaus Palazzo Pretorio. Hier befand sich das Forum des römischen Lucca.

Schönster Platz: die *Piazza del Anfiteatro*. Wie der Name sagt, stand hier einst ein Amphitheater (die Arena lag etwa 3 m tiefer als der heutige Platz). In den antiken Bau, von dem noch einige Arkaden erhalten sind, wurden mittelalterliche Häuser hineinkonstruiert - aber die Grundform der Anlage blieb erhalten. Im 19. Jhdt. hat man den Innenraum der Arena (der damals zugebaut war) freigelegt und so den heutigen Platz geschaffen.

Die *Via Fillungo* ist die schönste Straße Luccas: zahlreiche alte Gebäude, schöne Läden. Ziemlich am Anfang ein mittelalterlicher Uhrturm; in der Mitte, Nr. 58, das historische Café Di Simo (vgl. unten); an der Ecke Via dell'Anfiteatro die traditionsreiche, über hundert Jahre alte Salumeria La Grotta. Außerdem Dutzende weiterer, oft noch schön altmodischer Geschäfte.

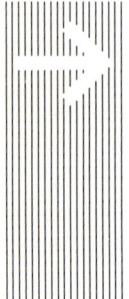

Im historischen Kaffeehaus *Di Simo* (Via Fillungo 58) trafen sich im 19. Jhdt. Künstler und Risorgimento-Revolutionäre (vgl. S.). Bis vor wenigen Jahren war's eines der stilvollsten Cafés Italiens; 1985 zerschlug eine idiotische Restaurierung die Hälfte des alten Glanzes. Trotzdem bekommt man noch eine Ahnung vergangener Kaffehaus-Zeiten.

Kaffeetrinken auf dem Stadtwall: *Antico Caffé delle Mura*, Piazzale Vittorio Emanuele 4 (nicht verwechseln mit Piazza Vittorio Emanuele!).

Sehenswert

■ M u s e e n : Am originellsten das *Museo dei Costumi* im Palazzo Controni-Pfanner (bei S. Frediano): lucchesische Kleidungsstücke der letzten Jahrhunderte (9-13 Uhr, montags geschl.). Der Palazzo, ein Herrenhaus des 17. Jhdts., ist auch unabhängig von der Ausstellung interessant: repräsentativer Treppenaufgang, statuengeschmückter Garten.

Museo Nazionale Villa Guinigi (9-14 Uhr, montags geschl.) und *Pinakothek* (9-19 Uhr, sonntags 9-14 Uhr, montags 14-19 Uhr) sind eher was für besonders gründliche Kunstfreunde; ich habe jedenfalls nichts richtig Begeisterndes gefunden.

■ K i r c h e n : Vor allem drei Kirchen sind in Lucca sehenswert: *S. Michele in Foro, S. Frediano* und der *Dom.* Sie wurden im 12./13. Jhdt. erbaut, in den folgenden Jahrhunderten erweitert. Gemeinsam sind ihnen die Fassaden im lucchesisch-pisanischen Stil, d.h. mit vielen kleinen Bogenreihen und ungewöhnlich hochgezogenem Mittelteil. Lucca-typisch sind auch die feinen Bildhauer-Ornamente; es scheint, als hätten hier die Lucchesen die Schmuckformen ihres wichtigsten Handelsprodukts (kostbarer Gewebe) in den Stein übertragen.

S . M i c h e l e i n F o r o steht an der *Piazza S. Michele*, dem alten römischen Forum (daher der Name). Die Fassade ist besonders aufwendig gestaltet: Der Kirchenbau war von reichen Handelsherren und Exporthandwerkern gestiftet worden, die im Vergleich zur Bischofskirche (dem Dom) bella figura machen wollten. In späterer Zeit sollte die Kirche vergrößert werden, aber den Auftraggebern ging während der Arbeiten das Geld aus; deshalb ist das rechte Seitenschiff unverhältnismäßig hoch geraten.

Der D o m *(S. Martino)* zeigt - wie S. Michele - an der Fassade reichen Intarsien- und Skulpturenschmuck. Die Fassade ist asymmetrisch - vielleicht mußte der Architekt sie an schon bestehende ältere Bauten anpassen. In der Vorhalle drei Portale mit romanischen Reliefs (am Hauptportal: Geschichten des heiligen Martin; die Arbeiten der zwölf Monate).

Im Innenraum gleich am Eingang eine schöne Bildhauerarbeit aus dem 13. Jhdt.: 'Der heilige Martin und der Bettler'. In der Mitte des linken Seitenschiffs ein Renaissance-Tempelchen, in dem sich Luccas bedeutendste Reliquie befindet: der *Volto Santo*, ein hölzernes Kruzifix, das der Legende nach vom hl. Nikodemus mit Hilfe eines Engels geschnitzt wurde und auf wunderbare Weise nach Lucca geriet (vgl. S. Frediano). Im Mittelalter war der Volto Santo europaweit berühmt; wegen des Kreuzes war Lucca damals ein wichtiges Pilgerzentrum.

Links im Querschiff das Grabmal der *Ilaria del Carretto*, der Ehefrau eines Lucca-Herrschers des 15. Jhdts. Die Skulptur mit der liegenden Edelfrau (von Jacopo della Quercia, 1408) ist berühmt als ein bedeutendes Werk des Übergangs von der Gotik zur Renaissance; die porträthafte Darstellung der Ilaria und die antikisierenden Schmuckformen und Putten weisen auf den neuen Stil hin.

S . F r e d i a n o hat - eine Seltenheit an romanischen Kirchen - an der Fassade ein Mosaik (Himmelfahrt, 13. Jhdt.). Schöner Innenraum mit römischen Säulen, die möglicherweise aus dem nahegele-

In S. Frediano, Lucca

genen Amphitheater stammen. Rechts vom Eingang ein romanischer Taufbrunnen, an dem verschiedene Künstler gearbeitet haben; unter den etwas unübersichtlichen Szenen erkennt man noch einigermaßen den Übergang der Ägypter durch das rote Meer und die Übergabe der Gesetzestafeln an Moses.

In der vierten Kapelle links, der *Cappella Trenta*, ein Marmoraltar von *Jacopo della Quercia* (der auch das Ilaria-Grabmal im Dom geschaffen hatte).

Am interessantesten: die lebendigen Fresken des Renaissance-Malers *Amico Aspertini* in der *Cappella di S. Agostino* (zweite Kapelle links). Der Künstler erzählt die Geschichte des heiligen Kreuzes Volto Santo (vgl. Dom): Nachdem die Reliquie auf einem steuerlosen Schiff im Hafen Luni gelandet ist, wird sie auf einen Ochsenkarren geladen; die Rinder, von göttlicher Inspiration geleitet, bringen das Kreuz nach Lucca. Daneben: Taufe des hl. Augustinus; darüber: Grablegung Christi. Auf der gegenüberliegenden Wand eine Geburt Christi und ein ungewöhnliches Bild aus der Arbeitswelt: Unter Anleitung des Bischofs Frediano leiten Bürger von Lucca den Fluß Serchio um, um die Überschwemmungsgefahr zu verringern. Originelle, farbige Darstellungen mit interessanten Details. Es lohnt, länger hinzuschauen (z.B. auf die vielen Charakterköpfe, oder den sich entkleidenden, frierenden Täufling).

■ M ä r k t e und F e s t e : Am dritten Wochenende jeden Monats: großer Antiquitäten- und Flohmarkt auf dem Domplatz und in den angrenzenden Gassen - einer der schönsten der Toskana.

12. Juli und 14. September: Palio di S. Paolino bzw. Palio di s. Croce - Umzüge in historischen Kostümen, Armbrustschießen.

13. September: feierliche Prozession des Volto Santo (vgl. Dom).

Ausflüge

Sehenswert sind einige der Prunkvillen, die sich die lucchesischen Aristokraten auf dem Land errichten ließen. Bei S e g r o m i g n o M o n t e (10 km nordöstlich) die *Villa Mansi* mit großem Park; im Herrenhaus Fresken und Möbel des 17. und 18. Jhdts. (9-12, 15-19 Uhr). In der Nähe die *Villa Torrigiani* aus dem 17. Jhdt., ebenfalls mit Park und alter Möblierung (9.30-12, 14.30-17 bzw. 15-18 Uhr; im Winter nur Samstagnachmittag und Sonntag geöffnet).

Am berühmtesten ist die *Villa Garzoni* in C o l l o d i (17 km nordöstlich; 8 Uhr bis Sonnenuntergang, mit Mittagspause von 13 bis 14.30 Uhr) mit kunstvoller Gartenanlage; leider lassen die Besitzer alte Wegelagerer-Traditionen wiederaufleben: 13.000 Lire Eintrittsgebühr!

In Collodi auch der *Pinocchio-Park* (8.30 Uhr bis Sonnenuntergang): eine Anlage mit Skulpturen aus der Pinocchio-Geschichte, vor allem für Kinder interessant. 'Collodi' war das Pseudonym des florentinischen Schriftstellers *Carlo Lorenzini*, des Pinocchio-Erfinders, der in dem kleinen Dorf seine Kinderjahre verbracht hatte.

Außerdem leicht von Lucca aus zu erreichen: die G a r f a g n a - n a ; (Busse ab Piazza Vittorio Emanuele; interessante Kleinbahnlinie Lucca-Castelnuovo-Aulla); die Monti Pisani; Pisa (Busse viertelstündlich ab Piazza Vittorio Emanuele; sie halten direkt am Schiefen Turm).

Gute Adressen

i Via Veneto 40 (bei Piazza Napoleone), Tel. 0583-493639 und Piazzale Verdi, Tel. 53592.

Essen

Eine Menge guter Lokale mit Atmosphäre. Das (zu Recht) bekannteste Restaurant ist *Giulio in Pelleria*°° (Via S. Tommaso 29, im Nordwesten der Altstadt; Tel. 0583-55948; sonntags und montags geschl.). Gemütliches Ambiente und gute Küche. Alle mögliche Prominenz hat ihre Autogramme hinterlassen, im Eingang hängen lobende Zeitungsartikel von der 'Famiglia Cristiana' bis zur 'Los Angeles Times' - aber trotz Medien-Berühmtheit ist Da Giulio ein sym-phatisches Lokal geblieben, nach wie vor bei den Einheimischen sehr beliebt. Abends stehen die Gäste Schlange - zeitig kommen!

Urige, angenehme Kneipe mit ordentlichen Menus: *Da Guido*° (Via Cesare Battisti 28, bei S. Frediano; Tel. 47219; sonntags geschl.). Empfehlung: Spaghetti al pesto verde (mit Knoblauch-Basilikum-Käse-Sauce). Besonders niedrige Preise.

Draußen essen kann man im Ristorante *Francesco*° (Corte Portici 14, bei Piazza S. Michele, Tel. 588049, montags geschl.).

Gute Pizza (auch andere Speisen) in der sympathischen kleinen Pizzeria *Rusticanella*° (Via S. Paolino 32, Tel. 55383, sonntags geschl.), dazu zur Abwechslung Tuborg-Bier vom Faß.

Etwas außerhalb eine angenehme Trattoria alten Stils, typischer Familienbetrieb mit Bildern von Sonntagsmalern an den Wänden: *La Giorgia°* im Vorort Fagnano (Via Vecchia Pisana 2467, ca. zweieinhalb km ab Stadtzentrum auf Staatsstraße 12 Rg. Montuolo; Tel. 510041; donnerstags geschl.). Hervorragende Nudeln, gutes Gemüse, schöner hausgemachter Nachtisch; nur das Fleischgericht - wie meist in solchen Häusern - etwas schwächer. Zum Schluß der selbstgemachte Kräuterlikör.

Unterkunft

Es wäre so schön, in der Altstadt zu wohnen - aber es gibt dort kaum ein angenehmes Hotel. Für einen längeren Aufenthalt sind daher einige Häuser der Umgebung besser geeignet. Vorbestellung: im Sommerhalbjahr mindestens einen Monat im voraus; auf dem Land kommt man oft auch ohne Reservierung unter.

Im S t a d t z e n t r u m : Angenehm, ruhig, zentral gelegen ist *La Luna**** (Corte Compagni 12, beim Amphitheater; Tel. 0583-493634). Nur: für den gebotenen Komfort ein wenig teuer - als Zwei-Stern-Hotel wär's ein optimales Haus.

Im *Universo**** (Piazza Puccini 1, Tel. 493678) sind die altmodische Eingangshalle und der Frühstücksraum das beste; die Zimmer unterschiedlich; zudem einiger Straßenlärm.

Unter den Zwei-Stern-Hotels einigermaßen in Ordnung das *Diana*** (Via del Molinetto 11, beim Dom; Tel. 490368). Komfortniveau aber eher anderthalb-Stern-mäßig. Die Ein-Stern-Hotels (jedenfalls die, die ich berochen

habe) waren ausnahmslos vermuffelt - ein Typus, der anderswo in der Toskana inzwischen ausgestorben ist. Wer sparen will, wohnt besser in den ordentlichen Ein-Stern-Hotels von Pisa (S.).

Privatzimmer: kleines Angebot. Informationen beim Touristenbüro.

Jugendherberge: Viale Brennero, Tel. 953686, etwa anderthalb km außerhalb der Altstadt Rg. Bagni di Lucca.

■ In der U m g e b u n g : Riesiges Hotelangebot sowie mehrere Campingplätze in den Küstenorten der Versilia (Viareggio, Forte dei Marmi usw.). Atmosphäre in dem großen Freizeitpark eher öde. Ein paar köstliche Hotels dagegen auf dem Land, z.T. etwas abgelegen - aber trotzdem für längeren Aufenthalt gut geeignet:

Recht nah bei Lucca das *Hambros**** in Lunata (6 km Rg. Pistoia, Postanschrift 55012 Capannori, Via Pesciatina 197; Tel. 0583-935355). Die Umgebung eher unangenehm, herbe Vorstadt-Viertel; aber das Hotel, eine renovierte Villa des 19. Jhdts., liegt schön in einem Garten; angenehme Zimmer. Reservierung: meist reicht noch ein Anruf zwei Tage vorher (außer im September). Zimmer nach vorn raus bestellen - die bessere Aussicht.

Wenn's auf Geld nicht ankommt: 4 km südlich von Lucca die *Villa La Principessa**** (Massa Pisana, Tel. 0583-370037), schönes Nobelhotel im Park, jeder Komfort, entsprechende Preise (Einzel um 350 DM, Doppel um 450 DM).

Zu Gast beim Grafen: *Villa di Corliano**** in Rigoli (12 km südwestlich, an N 12 nach Pisa; Postanschrift 56010 Rigoli, Prov. Pisa; Tel. 0505-818193). Traumhaft schönes Herrenhaus im Park, nobler Salon, Fresken an den Wänden - man fühlt sich mitgeadelt. Der Zimmerkomfort ist nicht überwältigend, aber korrekt - und das Ambiente unübertrefflich. Reservieren (vor allem von Juni bis August: einen bis zwei Monate vorher).

Zu Gast im Privathaus: *Casetta delle Selve* (Nicla Menchi, 56010 Pugnano, Tel. 050-850359). Eine schöne Unterkunft in einsamer Panoramalage. Die Zufahrt ist abenteuerlich: in Pugnano (nördl. Rigoli an der N 12) 100 m nördl.der Kirche in Sträßchen Via di Cavina abbiegen (Hinweisschilder), dann geht's 1 km bergauf, z.T. auf Holperweg. Oben wartet die freundliche Signora Nicla, die 6 Zimmer zur Vermietung hergerichtet hat. Die ganze Ausstattung, bis hin zu den Kopfkissenbezügen, hat die Vermieterin mit viel Gefühl selbst entworfen. Traumterrasse, Garten, guter Komfort. Die Doppelzimmer mit Bad kosten um 85 DM.

Noch ein Haus mit Stil: *Villa Casanova*** bei Balbano (15 km westlich von Lucca; Postanschrift 55050 Balbano, Prov. Lucca; Tel. 0583-548429). Umgebauter Herrensitz (mit Villa, Kapelle, Backhaus, Bedienstetenwohnungen), Terrasse und Garten mit Palmen, Schwimmbad (ab Mitte Juni), Tennisplatz, in der Nähe Reitgelegenheit. Die Zimmer ausnahmslos mit Antiquitäten möbliert, zum größten Teil sehr geräumig. Der Bauernhof ist noch bewirtschaftet; sogar Esel laufen herum. Einziger Haken: Das Hotel hat Platz für 100 Leute - bei Hochbetrieb vielleicht etwas unruhig. (Ich hab's nur leer gesehen und war begeistert.)

Die Garfagnana

Nördlich von Lucca erstreckt sich zwischen den Apuanischen Alpen und dem Apennin die Garfagnana. Die einstmals abgelegene Region ist heute im *Serchio-Tal* - an den Hauptstraßen und der Bahnlinie - ziemlich zersiedelt und für den Reisenden nur von begrenztem Interesse. In den Seitentälern findet man dagegen abwechslungsreiche, unzerstörte Natur und schöne Orte. Die Garfagnana ist Hügelland; da sie aber im Osten und Westen vom Hochgebirge begrenzt wird, zeigt das Gebiet eine besondere landschaftliche Vielfalt.

Zwanzig Kilometer nördlich von Lucca gelangt man im Serchio-Tal zunächst nach D i é c i m o (mit der interessanten romanischen Kirche S. Maria). Von hier führt eine Straße nach P e s c a g l i a (sympathisches Hotel La Pace*, Via IV Novembre 6, Tel. 0583-359075) und weiter über F á b b r i c h e d i V a l l i c o zu den abgelegenen Orten Vallico di Sotto und Vallico di Sopra. Schöne,

ruhige Landschaften; kaum ein Neubau, die Dörfer äußerlich gut erhalten. Die Landflucht hat vergleichsweise spät eingesetzt (in den siebziger Jahren), daher sind die Spuren der alten bäuerlichen Ökonomie noch sichtbar: Terrassen für den Weinbau, gepflasterte Maultierpfade, Mäuerchen und Bauernhäuser. Aber die Gegend entvölkert sich - einst gab es in Pescaglia neun Läden, heute nur einen! Die Ferienhaus-Käufer (in der Garfagnana vielfach Engländer) sind noch zaghaft: Das Gebiet ist zu abgelegen.

Wer (anstelle des Abstechers) im Serchio-Tal bleibt, erreicht nach Diécimo B o r g o   a   M o z z a n o mit der schönen Teufelsbrücke aus dem 14. Jhdt. Hier biegt eine Straße ab nach B a g n i   d i   L u c c a , im 19. Jhdt. bei Adligen und Künstlern beliebtes Thermalbad, in dem u.a. Byron, Shelley, Carducci, Heinrich Heine kurten. (Aus Heines Büchlein 'Die Bäder von Lucca' ist allerdings wenig über den Ort zu erfahren - es ist hauptsächlich ein Pamphlet mit Tiefschlägen gegen den Dichter-Kollegen August von Platen.) Neue Abzweigung wenige Kilometer nördlich: nach T e r e g l i o (518 m ü.M.) in traumhafter Aussichtslage am Apenninrand.

B a r g a , die größte Stadt der Garfagnana (10.000 Einw.), hat eine kleine mittelalterliche Altstadt; am höchsten Punkt der romanische Dom. Weiter Ausblick vom Domplatz. In der Kirche eine schöne Marmorkanzel des 12. Jhdts. mit Reliefs (Anbetung der Weisen, Geburt Christi, Verkündigung); in der Apsis große Holzstatue des hl. Christophorus (12. Jhdt.).

■ Unterkunft in Barga: *La Pergola**** (Via S. Antonio, Tel. 0583-711239); *Villa Libano*** (Via del Sasso 6, Tel. 73059).

Abstecher von Barga: Über Gallicano zur eindrucksvoll an eine Felswand gebauten Einsiedelei *Calómini* und weiter zur 1964 entdeckten, großen Höhle *Grotta del Vento* (warme Kleidung und gutes Schuhwerk mitnehmen; geführte Rundgänge).

Nördlich von Barga C a s t e l v e c c h i o   P á s c o l i , wo man das Haus des romantischen Dichters Giovanni Páscoli besichtigen kann: mit der alten Einrichtung aufschlußreich für den Wohnstil eines bürgerlichen Intellektuellen des letzten Jahrhunderts. Páscoli schrieb hier den Gedichtzyklus *Canti di Castelvecchio*.

■ Ganz in der Nähe das luxuriöse Hotel *Il Ciocco***** (Castelvecchio Páscoli, Tel. 0583-710021), von einem in Amerika zu Geld gekommenen Brotfabrikanten errichtet.

C a s t e l n u o v o   G a r f a g n a n a liegt schön, ist aber als Ortschaft nicht sonderlich interessant. Stark restaurierte Festung, in der im 16. Jhdt. der Renaissance-Dichter Ariost eine Zeitlang als Gouverneur residierte.

■ Unterkunft: *Da Carlino*** (Via Garibaldi 15, Tel. 0583-65744); *Vittoria*** (Piazza Umberto 6, Tel. 62165); *La Lanterna** (Via N. Fabrizi 26, Tel. 62133).

Campingplatz: La Piella, loc. La Piella (5 km nordöstlich, Straße Rg. Pieve Fosciana, Tel. 0583-62916, ganzjährig geöffnet).

Von Castelnuovo Garfagnana führen Bergstraßen zur *Foce delle Radici* an der toskanisch-emilianischen Grenze (über Castiglione di Garfagnana bzw. S. Pellegrino in Alpe) sowie in die Apuanischen Alpen, nach Seravezza bzw. Massa (vgl. S. 257).

Pisa

Naja, der schiefe Turm. Man muß ihn wohl gesehen haben. Er ist auch wirklich ganz schön: so schief, wie man ihn sich seit Kindheitstagen vorstellt. Fotografieren nicht vergessen! Und dann? Dann geht's los. Denn Pisa (105.000 Ew.) ist viel mehr als bloß Torre pendente: eines der belebtesten Zentren der Toskana, Universitäts- und Handelsstadt, kleine Märkte und große Geschäfte. Nicht so idyllisch wie Siena, nicht so schläfrig wie Grosseto, nicht so kaputt wie Livorno - sondern eine lebendige, italienische Normal-Stadt. Jede Menge historischer Bauten (ausnahmsweise ohne Mittelalter und Postkarten), aber auch alles mögliche Moderne. Ein angenehmes Stadtzentrum (fast) ohne Touristen - das gibt's in der Toskana eigentlich nur hier. Die Reisegruppen umschwirren Turm und Dom; im Zentrum bleiben die Einheimischen unter sich.

Zuerst zum Turm? - Dann folgen Sie den Hinweisschildern 'Piazza dei Miracoli'; dort (hinter der Stadtmauer) auch bewachte Parkplätze - unbedingt empfohlen, denn in Pisa werden massenweise Touristenautos aufgebrochen! Die *Piazza dei Miracoli* - der Domplatz - liegt am nordwestlichen Rand der Altstadt, das eigentliche Zentrum erreicht man zu Fuß von dort in etwa zehn Minuten.

Die O r i e n t i e r u n g ist einfach: in Nord-Süd-Richtung führen mehrere parallele Straßen zum Arno (z.B. *Via Santa Maria* und *Via Carducci - Via Oberdan - Borgo Stretto*); die interessantesten Viertel liegen zwischen *Piazza Dante, Piazza Cavalieri, Piazza S. Francesco* und dem Fluß; dazu kommen am Südufer die Gassen südlich des *Ponte di Mezzo* (zwischen Via Mazzini, Via S. Bernardo, Via Gori).

Im Stadtzentrum

Ein paar Tips für den Bummel im Zentrum, den Sie in einer Stunde 'erledigen' können, der aber auch einen halben Tag dauern kann: Geschäfte, Marktstände, Cafés, historische Gemäuer ...
Bester Ausgangspunkt ist die P i a z z a G a r i b a l d i am Arno

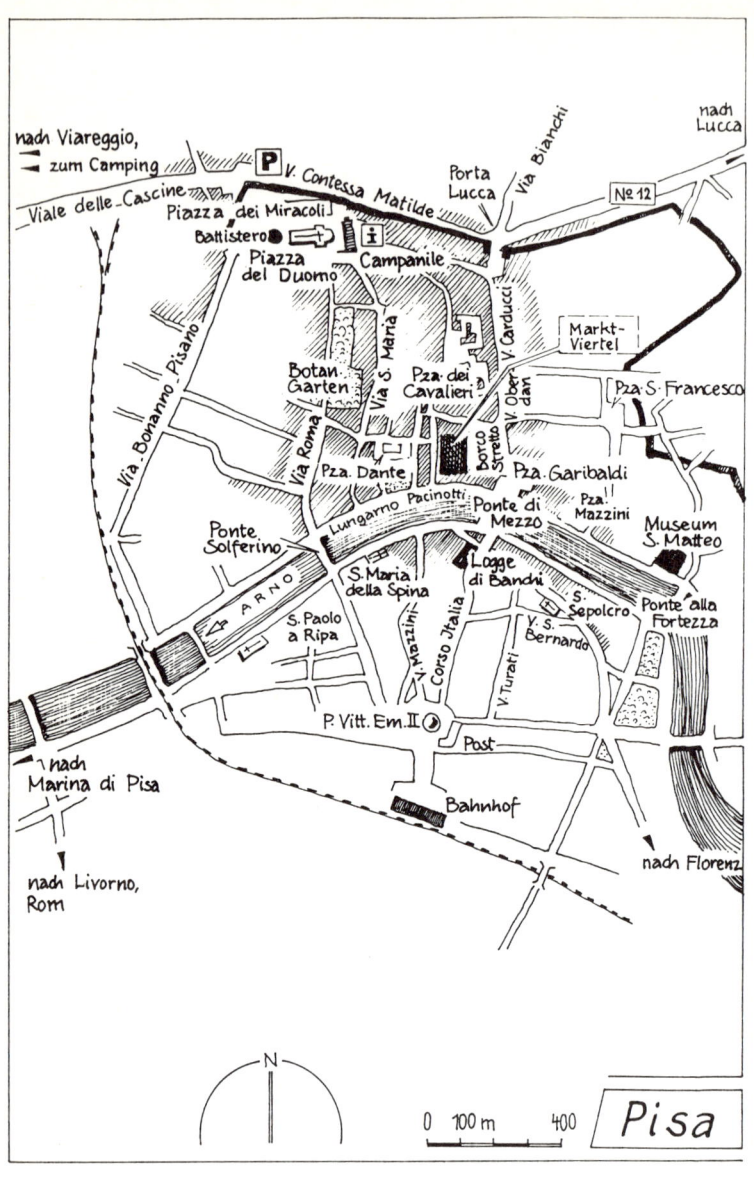

nach Viareggio,
zum Camping

Viale delle Cascine

P V. Contessa Matilde

Porta Lucca

Via Bianchi

nach Lucca

№ 12

Piazza dei Miracoli

Battistero

Piazza del Duomo

Campanile

i

Markt-Viertel

Via Boranno Pisano

Botan. Garten

Via S. Maria

Pza. dei Cavalieri

V. Oberdan

V. Carducci

Pza. S. Francesco

Via Roma

Pza. Dante

Borgo Stretto

Pza. Garibaldi

Pza. Mazzini

Museum S. Matteo

Ponte Solferino

Lungarno Pacinotti

Ponte di Mezzo

ARNO

S. Maria della Spina

Logge di Banchi

S. Sepolcro

Ponte alla Fortezza

S. Paolo a Ripa

V. Mazzini

Corso J'talia

V. S. Bernardo

V. Turati

P. Vitt. Em. II

Post

nach Marina di Pisa

Bahnhof

nach Livorno, Rom

nach Florenz

N

0   100 m   400

Pisa

222

(gutes Eis in der Bottega del Gelato; wenige Schritte entfernt am Lungarno Pacinotti 26 das alte Caffé dell'Ussero, s.u.).

Nach Norden verläuft von der Piazza der *Borgo Stretto* mit hübschen Bogengängen und vielen Läden. Gleich linker Hand ein Durchgang zur *Piazza Vettovaglie* und zur anschließenden *Piazza S. Omobono*: traumhaftes Marktviertel mit orientalischem Einschlag, unbedingt sehenswert!

Etwas weiter nördlich die P i a z z a   d e i   C a v a l i e r i , früher einmal Hauptplatz der Stadt - ein ungewöhnliches Ensemble merkwürdiger Bauten. Interessant der *Palazzo dei Cavalieri* (1562), der vollständig bemalt ist; in der Mitte ein großes Medici-Wappen. Der Palazzo ist heute Sitz der Elite-Hochschule Scuola Normale Superiore (1810 von Napoleon gegründet). Daneben die Kirche *S. Stefano dei Cavalieri*, wie der Palazzo von dem Michelangelo-Schüler Giorgio Vasari entworfen.

Nicht weit entfernt (Via Luca Ghini 2) der Eingang zum Botanischen Garten der Universität. Die Universität selbst, eine der bedeutendsten Italiens, hat ihr Hauptgebäude in der Via XXIX Maggio (in Arno-Nähe).

Die A r n o - U f e r s t r a ß e n *(Lungarni)* haben z.T. noch reizvolle alte Häuser; folgt man ihnen nach Westen, so gelangt man zu den Kirchen *S. Maria della Spina* und *S. Paolo a Ripa d'Arno* (s.u.). Südlich des Ponte di Mezzo, der ältesten Brücke Pisas (nach Zerstörung im Zweiten Weltkrieg wiederaufgebaut) die Halle der *Logge di Banchi* (1603-1605 errichtet), einst Sitz des Woll- und Seidenmarktes. Wenige Meter entfernt im Gassengewirr des Südufers die *Piazza Gambacorti* abseits des Getriebes: einige Marktstände, kleine Läden, Tische und Stühle zum Draußensitzen.In der Nähe die romanische Rundkirche *S. Sepolcro* (s.u.).

Domplatz (Piazza dei Miracoli) und der schiefe Turm

Gewiß: eine bedeutende, monumentale Bauten-Gruppe; aber das unsägliche Gewimmel drumrum macht doch etwas nervös. Eine konzentrierte, dreihundert Meter lange Front von Andenkenständen -

und unendliches Gewusel. Geknipse, Getue auf dem 'Platz der Wunder'. Florenz ist eine Idylle dagegen.

Dabei sind der Dom, das Baptisterium, der Camposanto und dieser Turm der Türme wirklich interessant. Wenn er bloß nicht so verteufelt schief stände - man könnte sich das Ganze in Ruhe anschauen. Pazienza . . .

An den Bauten der Piazza dei Miracoli, die im 11. und 12. Jhdt. entstanden sind, kommt das Selbstbewußtsein einer der (damals) reichsten Städte Italiens zum Ausdruck - und zugleich der Einfluß der islamischen Welt, mit der Pisa durch Handel und Kriege in engem Kontakt stand. Pisa zählte zusammen mit Genua, Amalfi und Venedig zu den bedeutendsten italienischen Städten des frühen Mittelalters. Es lag damals direkt am Meer (die Küstenlinie hat sich später verschoben), war ein wichtiger Hafen - und die Hafenstädte profitierten als erste vom Aufschwung des Handels, der später auch die Orte des Binnenlandes (wie Florenz und Siena) erfaßte. 1063 hatten die Pisaner einen großen Seesieg über die Araber errungen; mit der reichen Kriegsbeute finanzierten sie die Anlage der neuen Großbauten.

Unter diesen Bauten ist der D o m der älteste. Er wurde 1064 begonnen. Es wurde dann mehr als hundert Jahre an der Kirche gearbeitet, während der gesamten 'großen Zeit' Pisas. Der von einem griechischen Architekten, *Buscheto*, entworfene Bau stellte für die damalige Zeit völlig neuartige, originelle Formen vor. Der orientalische Einfluß kommt vielfach zum Ausdruck, vor allem in dem schwarz-weißen Streifenmuster. (Die Streifenornamentik hat sich von hier aus in der ganzen Toskana, aber auch in Sardinien, Korsika und Ligurien verbreitet.) Mit dem andernorts zur gleichen Zeit herrschenden romanischen Stil hat die Kirche kaum etwas gemein.

Am Außenbau sieht man elegante Verzierungen mit Bogenreihen und Pfeilern, Rosetten, Marmorintarsien, orientalisierenden Mosaiken. Etwa hundert Jahre nach Baubeginn wurde der Dom verlängert; der Anbau (fünf Bögen) ist am andersartigen Material leicht zu identifizieren. Über der Apsis befindet sich die arabische Skulptur eines Greifen (heute eine Kopie, Original im Dommuseum).

Man betritt die Kirche von der (dem schiefen Turm zugewandten) Rückseite durch ein Portal mit Bronzetüren des ausgehenden 12. Jhdts., auf denen Szenen aus dem Leben Jesu dargestellt sind. Im fünfschiffigen Innenraum, mit einem dreischiffigen Querschiff, erhebt sich ein Säulenwald; der dynamische und an manchen Stellen unübersichtliche Bau wirkt sehr belebt. Links vom Eingang befindet sich das Grab des deutschen Kaisers Heinrich VII., der auf einem Italienfeldzug 1313 starb. An dem Bronzeleuchter vor dem Hauptaltar machte Galilei angeblich Beobachtungen zu den Pendelbewegungen; die fromme Legende kann nicht stimmen, denn Galilei publizierte seine Entdeckungen schon einige Jahre, bevor dieser Leuchter aufgehängt wurde. Bemerkenswert ist die Kanzel (von Giovanni Pisano, 1302-1311) mit dramatischen und figurenreichen Reliefs (Verkündigung, Geburt Christi, Anbetung der Könige, Flucht nach Ägypten und andere Szenen des Neuen Testaments).

Der S c h i e f e T u r m ist der Glockenturm der Kathedrale. Der Bau wurde etwa hundert Jahre nach der Grundsteinlegung der Kirche begonnen (um 1173). Als man beim dritten Geschoß angelangt war, begann der Turm, sich zu neigen. Vermutlich gab der Untergrund nach: Das Gelände ist Schwemmland und von zahlreichen Wasseradern durchzogen. (In Pisa gibt es aufgrund des unstabilen Bodens übrigens noch zwei weitere schiefe Türme.) Daraufhin wurden die Arbeiten unterbrochen. Erst nach weiteren hundert Jahren wagte ein Architekt, *Giovanni di Simone*, den Weiterbau. Er versuchte, gegen die Schrägneigung anzubauen. (Der Korrekturversuch ist noch heute deutlich zu erkennen.) Nach Fertigstellung des sechsten Geschosses hielt man die Arbeiten wiederum an, vollendete den Turm Ende des 14. Jahrhunderts.

Die Abweichung des Turms von der Vertikalen beträgt 4 m. Die Neigung setzt sich immer noch fort, aber die Experten hielten den Bau lange Zeit für stabil. Ende 1989 kam eine ministerielle Kommission überraschend zu einem neuen Ergebnis: Der Dampanile sei einsturzgefährdet. Der Turm, den man bis dahin besteigen durfte, wurde für Besucher gesperrt; langdauernde Restaurierungsmaßnahmen sind geplant.

Hinter dem Dom (vom Turm aus gesehen) steht das B a p t i s t e - r i u m , die runde Taufkirche. Um 1150 begonnen, gegen Ende des 14. Jhdts. fertiggestellt, zeigt sie eine Mischung aus romanischen und gotischen Formen. Im Innern ungeheure akustische Effekte. (Man frage den Kustoden nach dem "eco", vergesse nach der Demonstration das Trinkgeld nicht!) Die Kanzel ist von *Nicola Pisano* (um 1260), dem Vater des *Giovanni Pisano*, der die Dom-Kanzel schuf. Auf sehr viel klareren, übersichtlicheren Reliefs zeigt sie ähnliche Szenen wie die Kanzel des Sohnes: Geburt Christi (mit Verkündigung an Maria und Verkündigung an die Hirten); Anbetung der Könige; Darbringung im Tempel; Kreuzigung; Jüngstes Gericht.

Das langgestreckte Gebäude, welches den Domplatz begrenzt, ist der C a m p o s a n t o , ein ummauerter Friedhof. 1203 hatten pisanische Schiffe aus Palästina Erde von Golgatha mitgebracht. In dieser heiligen Erde wollte nun jeder begraben werden; angeblich verwesten die Toten darin binnen drei Tagen, der Weg durchs Fegefeuer wurde abgekürzt und das Paradies beschleunigt erreicht. Wie immer in solchen Fällen waren die Reichen und Adligen der Stadt die ersten auf der Warteliste; weniger bemittelte Bürger mußten sich mit Normalerde für ihre Verwesung begnügen. Der Edel-Friedhof wurde mit einer Halle umbaut (Ende des 13. Jhdts.). Heute befindet sich hier ein kleines Museum.

Im 2. Weltkrieg wurde der Camposanto durch Brandbomben schwer beschädigt; die Fresken, die sich an den Wänden der Wandelhalle befanden, wurden zerstört, ihre Überreste sind in der Halle ausgestellt. An der Nordseite betritt man einen Saal mit interessanten Fresken: Der 'Triumph des Todes', um 1360 - also einige Jahre nach der katastrophalen Pest-Epidemie von 1348 - gemalt. Man sieht einige ungewöhnliche, selten dargestellte Szenen. Auf dem linken Bild treffen reitende Ritter und Damen auf drei offene Särge; ein Abt ermahnt die Adligen, daß auch sie sterben müssen. Auf dem gleichen Bild Szenen aus dem Leben von Einsiedlern (als die richtige geistige Vorbereitung auf den Tod). In der Mitte des Bildes bitten arme Leute darum, sterben zu dürfen; der Tod überfällt stattdessen eine Gruppe heiterer junger Menschen (rechts unten); rechts oben wird anschaulich gezeigt, wie Engel und Dämonen um die Seelen der Toten kämpfen. Gegenüber ein großes Fresko, welches nochmals Szenen aus dem Leben von Einsiedlern zeigt. An der Schmalseite dramatische Darstellungen des Jüngsten Gerichts und der Hölle.

Das D o m m u s e u m *(Museo dell'Opera del Duomo)* zeigt Skulpturen, Gemälde, Reliquienbehälter u.a. aus den Gebäuden am Domplatz; darunter befinden sich bedeutende Kunstwerke. Besonders bemerkenswert: in Raum 1 die Bronzestatue eines Greifen, die ursprünglich auf dem Dach der Dom-Apsis stand (arabisch, 11. Jhdt.) Skulptur des zitherspielenden David (12. Jhdt.); Raum 5: verschiedene gotische Skulpturen von Giovanni Pisano; Raum 6: Grabmal des deutschen Kaisers Heinrich VII. (von Tino di Camaino, 1315); Raum 9/10: kostbare Reliquienschreine und andere sakrale Objekte; Skulptur 'Madonna mit Kind' von Giovanni Pisano; Raum 13: Holz-Einlegearbeiten, die sich einst im Dom befanden; Raum 14: mittelalterliche Handschriften.

Öffnungszeiten der Gebäude am Domplatz: Camposanto und Baptisterium durchgehend geöffnet (Sommer bis 19 Uhr, winter bis 17 Uhr), Dom und Dommuseum von 12.45 bis 15 Uhr geschlossen.

Weitere Kunstwerke

Die Kirche S . M a r i a d e l l a S p i n a am südlichen Arno-Ufer wirkt wie ein gotisches Edel-Spielzeug: Statuen, Rosetten, Säulen, Ziergiebel - das ganze Repertoire gotischer Bildhauerkunst im Kleinformat. Fein ausziselierter Schmuck für eine hochheilige Reliquie: einen Dorn *(spina)* aus der Dornenkrone Christi, der ursprünglich in der Kirche verwahrt wurde (heute in S. Chiara). Die Kirche (1323 fertiggestellt) stand früher direkt am Arno. Vor hundertundzwanzig Jahren stellte man fest, daß sie durch einsickerndes Wasser einzustürzen droht, baute daraufhin die ganze Konstruktion Stück für Stück ab und errichtete sie eine Etage höher - an der Uferstraße - neu.

Nicht weit entfernt S . P a o l o a R i p a d ' A r n o , eine Kirche des 12. Jhdts., die nach Zerstörungen 1943 stark restauriert wurde. Der Außenbau ist vom Stil des Doms beeinflußt. Hinter der Kirche die ungewöhnliche Kapelle S . A g a t a , ein achteckiger Ziegelbau, ebenfalls aus dem 12. Jhdt.

S . S e p o l c r o , ebenfalls 8-eckig, aber von größeren Dimensionen, war vielleicht das Vorbild der Kapelle; die Kirche wurde 1153 vom Architekten Diotisalvi, der auch am Dom tätig war, entworfen.

Im M u s e o *Nazionale di S. Matteo* eine reiche Sammlung von Gemälden und Skulpturen, vor allem von toskanischen Künstlern des 12. bis 15. Jhdts. (werktags 8.30 - 19.30 Uhr, sonn- und feiertags 8.30 - 13 Uhr geöffnet, montags geschl.).

■ Märkte

Lebensmittelmarkt täglich außer sonntags an Piazza Vettovaglie und Piazza Omobono. Kleidermarkt Mittwoch- und Samstagvormittag bei S. Francesco. Antiquitäten- und Flohmarkt am zweiten Wochenende im Monat unter den Logge di Banchi und in den angrenzenden Straßen (nicht im August).

■ Feste

Regata di San Ranieri (17. Juni): Bootswettkämpfe auf dem Arno, Umzüge in historischen Kostümen usw.

Gioco del Ponte (letzter Juni-Sonntag): Kampfspiel zwischen dem Stadtteil südlich und demjenigen nördlich des Arno. Zunächst große Umzüge in historischen Kostümen, dann die entscheidende Konfrontation: Auf dem Ponte del Mezzo steht ein Karren auf Schienen; mit ungeheurem Geschiebe versuchen beide Parteien, das Gefährt auf die feindliche Seite zu drücken. Ursprünglich wurde der rituelle Kampf der Stadtteile als blutiges Spiel ausgefochten: als eine Schlacht mit Knüppeln bewaffneter Gegner auf der Piazza dei Cavalieri. Lorenzo de'Medici verbot 1490 die unzivilisierte Schlägerei und ließ sie durch das harmlosere Karren-Schieben ersetzen.

Bootsrennen der vier Seerepubliken: Wettkampf zwischen Mannschaften aus Pisa, Genua, Venedig, Amalfi - nach dem Vorbild der Ranieri-Regatta, d.h. ebenfalls mit Umzügen, Fahnenschwingen usw. Alle vier Jahre in Pisa.

Gute Adressen

i Piazza Duomo, Tel. 050-560464 und im Bahnhof, Tel. 42291

Essen

In der Nähe des Domplatzes jede Menge Schnellimbisse und Pizzerien. Es lohnt sich, ein paar Schritte weiterzugehen: Gute Pizza und weniger Getümmel in der Pizzeria *Al Bagno di Nerone°* (Via Fedeli 26, bei Porta Lucca, 300 m östlich des Domplatzes; montags geschl.). In Ordnung auch die *Pizzeria Okay°* (Via Carducci 53, um die Ecke von Porta Lucca, Tel. 050-553061, mittwochs geschl.).

Weitere preiswerte Trattorien abseits des Trubels: *Stelio°* an der Piazza Dante (10 min vom Domplatz Rg. Arno); *Da Matteo°* (Via L'Arancio 46 - zwischen Piazza Dante und Via S. Maria; Tel. 41057, samstags geschl.). Die allerbeste Pizza (auch auf die Hand) fand ich südlich des Arno in der winzigen Bude *Da Mauro°* (Via Turati 13, sonntags geschl.).

Bessere Häuser: *Da Bruno°°°* (Via L. Bianchi 12, 300 m östl. vom Domplatz; Tel. 560818, Montagabend und Dienstag geschl.) ist ein klassisch-bürgerliches Restaurant mit traditioneller Küche, beliebt bei Einheimischen und Touristen. Menu um 65 Mark.

Enoteca Sergio°°° (Lungarno Pacinotti 1, Tel. 48245, So u. Montagmittag geschl.) gehört zu den Spitzenhäusern der Toskana, hervorragende kreative Küche, erstklassige Weine. Das Eßvergnügen wurde mir etwas getrübt durch die Plätscher-Musik im Hintergrund, zu laut und weit unter dem Küchen-Niveau. Vielleicht sind Sie weniger empfindlich. Menus inkl. Wein ab 70 DM.

Historisches C a f é : *Caffé dell'Ussero* (Lungarno Pacinotti 27, samstags geschl.). Das Kaffeehaus entstand 1794, war im 19. Jhdt. Treffpunkt der Studenten und der Risorgimento-Anhänger. Die Ausstattung leider modernisiert, der alte Charme kommt nur noch andeutungsweise zum Vorschein.

Gutes E i s : Bottega del Gèlato an der Piazza Garibaldi.

Unterkunft

Pisa hat viele ordentliche Unterkünfte der unteren Preisklasse (korrekte Ein-Stern-Hotels). In den höheren Kategorien dagegen meist anonyme Hotelkästen, oftmals zudem laut. Für längeren Aufenthalt sind eher einige Häuser in der Umgebung geeignet. Englisch wird in allen Häusern verstanden.

I n d e r S t a d t - *Arno**** (Piazza della Repubblica 6, Zufahrt über Piazza Mazzini; Tel. 050-542648). Zentral gelegen und mit mehr Atmosphäre als die meisten anderen Drei-Stern-Häuser; Komfort allerdings für die Kategorie eher mittelmäßig.

Leon Bianco** (Piazza del Pozzetto 6, Tel. 45003). Eines der ältesten Hotels der Stadt (seit 1874). Man merkt's - im Guten wie im Schlechten. Angenehm altmodisches Ambiente, sympathisch, optimale Lage (bei Piazza Garibaldi) - aber nichts für Perfektionisten: der Zahn der Zeit hat überall im Hause zugebissen.

Ordentliche Ein-Stern-Hotels (alle in der Nähe des Domplatzes): *Giardino** (Via C. Cammeo 3, Tel. 562101), direkt an der Stadtmauer. *Di Stefano** (Via Sant'Apollonia 35, Tel. 553559) mit polyglottem Wirt. *Gronchi** (Piazza Arcivescovado 1, Tel. 561823). *Helvetia** (Via

Don Boschi 31, Tel. 553084).

A u ß e r h a l b - 12 km entfernt: *Villa di Corliano**** und *Casetta delle Selve;* 25 km entfernt: *Villa Casanova***.

Dies sind alles schöne, auch für den längeren Aufenthalt geeignete Unterkünfte. Vgl. hierzu auch die Angaben bei Unterkunft, Umgebung Lucca, Seite: 216, 217.

C a m p i n g : *Torre Pendente,* Viale delle Cascine 86, Tel. 561704. 1 km vom Domplatz. Außerdem mehrere Campingplätze am Meer (Marina di Pisa und Tirrenia).

Umgebung Pisas

M o n t i   P i s a n i : Höhenzug zwischen Pisa und Lucca mit bis zu 917 m hohen Bergen, landschaftlich an einigen Punkten interessant. Am Rand der Monti Pisani die romanische Kirche von C a l c i (aus dem 11. Jhdt.) und das Kartäuserkloster C e r t o s a   d i   P i s a (14. Jhdt.), beide rund 12 km östlich der Stadt.

Auch L u c c a   ist leicht zu erreichen: häufige Bahn- und Busverbindungen.

S. Pietro a Grado, Tenuta di S. Rossore: vgl. jeweils dort.

Die Toskana am Meer

Die Küste von der Versilia bis Piombino

Die V e r s i l i a , der Küstenstreifen zwischen der Nordgrenze der Toskana und Viareggio, gehörte einst zu den wunderschönen Regionen Italiens: breite Sandstrände, dahinter große Schirmpinienwälder vor der imposanten Kulisse der Apuanischen Alpen. Sie war eine vor allem bei Künstlern und Reichen beliebte Feriengegend. (Th. Manns 'Mario und der Zauberer' spielt in einem Versilia-Ort.)

Vorbei, vorbei! Gnadenlose Sommeranstalten übergangslos von Marina di Carrara und Marina di Massa über Forte dei Marmi bis Viareggio. Die Ufer sind in jahrzehntelangen Anstrengungen für unbeschwerten Meer-Genuß zugerichtet worden. Mit Erfolg: überall das Mittelmeer-Gemisch aus Hochhäusern, Reklametafeln, Imbißstuben, Sonnenschirmen, Autowracks, Panorama-Restaurants und Abwasserkanälen vor dem Hintergrund der unendlich geduldigen Wasserfläche; ans Meer verlagerte Großstadt-Vororte, die irreführenderweise das alte Küsten-Prestige für sich nutzen.

Auf einer Breite von anderthalb bis drei Kilometern drei parallele Durchgangsstraßen: Uferstraße, Autobahn, Nationalstraße 1 (Aurelia). Man kommt schnell hin und schnell wieder weg.

Es gibt nur wenige Lichtblicke. Für einen Badeurlaub ist diese Gegend nicht geeignet - fahren Sie auf die Inseln (Elba, Giglio) oder ins nördlich angrenzende Liguren. Schöner wird es im südlichen Küstenabschnitt, an der Maremmenküste (s.u.). Bleibt die Flucht in die

Die Küste

Von der Versilia bis Piombino

Die Apuanischen Alpen

Schon aus der Ebene sieht man die weißen Flächen am Hang der fast 2000 m hohen Berge: Halden von Marmorschutt, die aus der Entfernung wie Schneefelder wirken. Seit zweitausend Jahren wird in den Apuane Marmor abgebaut. Die Brüche kann man von nahem anschauen - zum Beispiel bei *Carrara* oder an der Strecke *Seravezza - Castelnuovo Garfagnana.*

C a r r a r a ist ein merkwürdiger Ort - das Gegenstück zur Toskana-Idylle. Eine Stadt von 70.000 Einwohnern, die fast ausschließlich vom Marmor lebt, von Marmorabbau, -verarbeitung und -verschiffung. Tradition der Armut und der Aufsässigkeit: Carrara ist seit jeher das Zentrum des italienischen Anarchismus, noch heute gibt's Anarcho-Kneipen, -Cafés und -Denkmäler. Die radikalen Revolutionäre sind meist keine bärtigen Freaks, sondern ältere Herren, viele von ihnen mit Partisanen-Vergangenheit. Nirgendwo anders war der Widerstand gegen die italienischen Faschisten und die deutschen Truppen so erbittert wie in dieser Gegend; und kaum ein anderes Gebiet wurde von so brutalen Repressionsmaßnahmen getroffen: ganze Dörfer dem Erdboden gleichgemacht, Hunderte von Geiseln durch die Nazis ermordet.

Carrara ist eine vorwiegend moderne Stadt; einige alte Straßenzüge finden sich um den romanischen Dom. Sehenswert ist die Piazza Alberica mit alten Palazzi. Vor allem interessant sind aber die Marmorbrüche der Umgebung: am besten zu sehen auf der Fahrt nach *Colonnata* (8 km östlich) oder nach *Piastra* (4 km nordöstlich).

Marmor

Der Marmorabbau ist eine brutale, harte Arbeit. In der Römerzeit wurden Sklaven und Zwangsarbeiter dafür eingesetzt. Damals sprengte man die Marmorblöcke ab, indem man große Holzpfähle in die Felsen einließ, die dann mit Wasser begossen wurden. Das Holz dehnte sich aus und ein Marmorbrocken löste sich vom Berg. Das Verfahren wurde dadurch erleichtert, daß der Marmorfels keine homogene Masse ist; er weist im allgemeinen Risse auf, die den Abbau erleichtern.

In der Renaissance begann die Verwendung von Sprengstoff - ein zwiespältiges System, weil für jeden brauchbaren Marmorblock große Gesteinsmengen in winzige Trümmer verwandelt wurden.

Die toskanischen Renaissance-Künstler arbeiteten mit Carrara-Marmor; Michelangelo erschien sogar selbst vor Ort, um das beste Material zu beschaffen.

Heute werden die Marmorfelsen mit diamantenbesetzten Stahldrähten oder Scheibensägen gespalten - Techniken, die seit dem 19. Jhdt. in Gebrauch sind.

Ebenso kompliziert wie der Abbau ist der Transport der Marmorblöcke: Heute meist auf Lastwagen, die auf den kleinen Bergstraßen unwahrscheinliche Manöver durchführen; früher mit Spezialbahnen und einer - mittlerweile stillgelegten - Drahtseilbahn; vor der Industrialisierung auf eingeschmierten Hölzern - einer Art Trocken-Schlitten.

Es gibt etwa fünfzig verschiedene Marmorarten - vom schneeweißen, seltenen 'Statuario' (der für die großen Kunstwerke diente), über graue, gelbliche, grünliche Typen bis zu solchen mit verschiedenfarbigen Flecken und Einsprengseln.

Geologischer Ursprung des Marmors: Ablagerungen von lebenden Organismen (Muscheln, Schnecken usw.) verwandeln sich im Lauf von Jahrmillionen auf dem Meeresboden zu Kalk; durch Erdbewegungen wird bei hohen Drucken und Temperaturen aus Kalk der härtere Marmor; Auffaltungen pressen dann die Marmorschichten aus den unterirdischen Regionen empor. In den Apuanischen Alpen haben diese Prozesse etwa 200 Millionen Jahre gedauert

Eine beeindruckende Bergstraße führt von Seravezza über Culaccio nach C a s t e l n u o v o   G a r f a g n a n a . Auf der Höhe ist der Abstecher nach Arni (916 m ü.M.) empfehlenswert: abgelegener Bergort, in der Nähe einige Marmorbrüche. Abfahrt nach Castelnuovo auf faszinierender Schlucht-Strecke.

 **Wandern:** In den Apuanischen Alpen gibt es ein markiertes Netz von Wanderwegen und mehrere Berghütten. Auskunft beim Touristenbüro in Carrara (Piazza 2 Giugno 14, Tel. 0585-70894). Wanderkarte: Alpi Apuane 1:25.000, ed. Multigraphic (u.a. in Carrara und Castelnuovo Garfagnana erhältlich).

Zurück ans Meer

Südlich von Viareggio wird die Küste etwas erträglicher. In T o r r e d e l L a g o am kleinen See von *Massaciúccoli* das Puccini-Haus (Museum); der aus Lucca stammende Komponist schrieb hier den Großteil seiner Opern. Der Sumpfwald von Migliarino und die angrenzende Tenuta di San Rossore stehen unter Naturschutz - letzte Reste der einstigen urtümlichen Lagunenlandschaft.

S. Pietro a Grado südwestlich von Pisa ist eine bedeutende Kirche aus dem 11. Jhdt., die noch in den Formen frühchristlicher Basiliken errichtet wurde; der Überlieferug nach betrat an dieser Stelle - an der einst die letzte Arno-Fähre vor der Flußmündung fuhr - der heilige Petrus den italienischen Boden.

Livorno

Die zweitgrößte Stadt der Toskana (175.000 Einw.) ist von erlesener Häßlichkeit - von einer so monströsen, absurden, faszinierenden Häßlichkeit, daß die Sache schon wieder interessant wird. Alle Epochen haben ihr Bestes gegeben, um die Stadt zu verunstalten. Vorweg natürlich die letzten Jahrzehnte: Von den fünfziger bis zu den achtziger Jahren sind sämtliche architektonischen Fehlleistungen kompakt vertreten. Auch die Faschisten ließen sich nicht lumpen. Und die Bauten des 19. Jahrhunderts, selbst die des Barock passen dazu: immer die furchtbarsten Lösungen. Das alles kunterbunt durcheinander, sozialer Wohnungsbau neben verfallenden Settecento-Palazzi, Experimentalkirchen neben faschistischen Hochhäusern. Das Ganze wird aufgelockert durch ein paar malerische, leicht stinkende Kanäle und durch pittoresk verfallende, gelegentlich sogar reizvolle ältere Bauten. Vereinzelte, zur Stadtverschönerung gepflanzte Palmen lassen ihre Wedel hängen und sehnen sich nach einer anständigen Oase - oder jedenfalls einem Park. Aber Livornos Monströsität ist nicht steril, sondern durchaus abwechslungsreich. Ein kleiner Stadtrundgang macht Spaß - wenn man mit den richtigen Erwartungen loszieht.

Livorno, bedeutende Industriestadt (Chemie, Eisen, Werften) mit einem der wichtigsten Häfen des Mittelmeers, wurde ab 1671 von den Medici-Großherzögen systematisch ausgebaut. Ein Edikt von 1593 gab allen Neuansiedlern Sonderrechte: Gewerbe- und Glaubensfreiheit, Steuerfreiheit für fünfundzwanzig Jahre, Erleichterungen beim Hauserwerb. Viele Emigranten aus anderen Ländern ließen sich in Livorno nieder; besonders zahlreich waren die Juden.

Architektonisch folgte die Stadtanlage absolutistischen, militärisch orientierten Vorstellungen: Regelmäßige Straßenführung, gewaltige Mauern und Bastionen, große Festungen. Als reine Militär- und Industriestadt entwickelte Livorno nicht das ästhetische Bild der anderen toskanischen Orte. Im Zweiten Weltkrieg wurde die Stadt zum großen Teil zerstört.

Livorno ist seit jeher ein Zentrum der italienischen Arbeiterbewegung. 1921 wurde hier die Kommunistische Partei Italiens gegründet; traditionell sind auch die Anarchisten vor Ort stark vertreten.

Stadtrundgang

Für den im folgenden vorgeschlagenen Weg benötigt man etwa fünf-undvierzig Minuten. Es geht los an der P i a z z a   G r a n d e - einer Karikatur der vielen traumhaft schönen Plätze Italiens. Der Dom - nach dem Weltkrieg in barocken Formen wiederaufgebaut - ist ein selten groteskes Werk. Gegenüber ein Monument architektonischer Hilflosigkeit, der *Palazzo Grande* aus den frühen siebziger Jahren. Davor zwei Palmen, die sich an den Anblick offenbar gewöhnt haben und einigermaßen normal wachsen.

Unter dem Palazzo Grande hindurch führt ein Gang zum *Largo Municipio*, der neue Höhepunkte absurder Architektur bietet: die Rückseite des Palazzo Grande mit einer Drachen-Skulptur; links die Banca d'Italia; geradeaus ein Gebäude der Stadtverwaltung. Ganz schön dagegen der Loggienbau der Handelskammer (links, von 1648) und der *Palazzo Comunale* rechts (1720).

Nach links in die Via S. Giovanni. Gleich linker Hand ein Meisterwerk des faschistischen Architekturstils, der *Palazzo del Governo*. Nach rechts in die Via Carraia und über eine Brücke ins sogenannte *venezianische Viertel*, altes Wohngebiet der Arbeiter. Ganz hübsch der kleine Kanal; mit Venedig hat das Ganze aber nichts gemein.

In der anschließenden Via Bora eine Reihe von Palazzi des 18. Jhdts. Nicht schlecht Nr. 31. Dann die Kirche *S. Caterina*, ein nie fertiggestelltes Bauwerk des frühen 18. Jhdts. Nach links am Kanal entlang. (Geht man hier stattdessen geradeaus in die Via S. Marco, so erreicht man nach wenigen Metern die Ruinen des Theaters S. Marco; ein Gedenkstein erinnert an die Gründung der KPI am 21. Januar 1921).

Am Kanal romantische Verfallsatmosphäre, bunte Wäsche an den Häusern, blätternder Putz. Rechter Hand das ehemalige Gefängnis (Gedenkstein für eingekerkerte Anti-Faschisten).

Nach rechts in die Via Caprera. Eine Kirchenruine (S. Luigi Pio) inmitten einer Wiese mit wildwuchernden Kräutern und Blumen, davor Bauschutt, kaputte Möbel, parkende Autos. Dann rechts die Kirche *S. Ferdinando*; angeblich mit dem schönsten Kirchenraum in Livorno (Rokoko); bei meinem Besuch war das Gebäude in restauro, daher verschlossen. Nach links in Via della Venezia, über eine

Brücke, nach rechts in Via del Porticciolo, zur Via S. Giovanni, wieder nach rechts bis zur *Vecchia Darsena*, dem F i s c h e r h a f e n. Nach rechts Blick auf die Medici-Festung *(Fortezza Vecchia)*.

Auf der Hauptstraße nach links, am Fischerhafen entlang zum Denkmal der vier Mohren (eigentlich Denkmal für den Großherzog Ferdinand I; 1607). Nach links in die Strada Grande, zurück zur Piazza Grande.

Livorno ist Stützpunkt der US-Marine. Der *Mercato americano* an der Piazza XX Settembre (dienstags bis samstags 9-19.30 Uhr, montags nur nachmittags) war lange Zeit als optimaler Platz für Gelegenheitskäufe berühmt; heute nichts Besonderes mehr - weder von den Preisen noch vom Angebot.

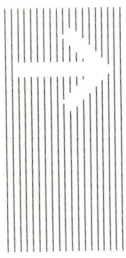 **Auf die Inseln:** Neben der Brücke zum Porto Mediceo links am Hafenkai das Büro der Schiffahrtsgesellschaft Toremar (Via Calafati 4, 8-12 Uhr). Im Sommer (16.6.-30.9.) tägliche Fahrten nach Elba (das zur Toskana gehört und daher eigentlich in diesem Buch beschrieben werden müßte; aber: das ist eine andere Reise, eine andere Welt). Fährverbindungen zu den anderen toskanischen Inseln, Sizilien und Sardinien.

Gute Adressen

i Piazza Cavour 6, Tel. 0586-898111

■ Essen: Ein wunderschönes Lokal ist die *Trattoria Antico Moro*°° (Via Enrico Bartelloni 59, im Zentrum; Tel. 0586-884659; mittwochs geschl.). Ein kleiner Raum, meist knallvoll mit Gästen, die Wände voller Bilder, von der Decke hängen die Schinken - gemütlicher geht's nicht mehr. Hier stimmt das Italien-Bild - wie sonst nirgendwo in Livorno. Alles filmreif, der Wirt, die Einrichtung, die Gäste. So haben wir's uns vorgestellt, il Bel Paese.

Einfacher, in seiner Art auch charakteristisch, *La Lupa*° (Via del Testaio 21, beim Bhf. S. Marco, Tel. 886231, sonntags geschl.). Preiswerte, ordentliche Gerichte; Gelegenheit zum Fischessen, ohne tief in die Tasche zu greifen.

■ Unterkunft: Direkt am Meer das *Albergo Universal**** (Viale Antignano 4, Livorno-Antignano, Tel. 0586-500327), großes altmodisches Haus in schöner Lage in der südlichen Vorstadt (etwa 5 km vom Zentrum; Linienbus Nr. 1 ab Bahnhof oder Piazza Grande).

Zwischen Livorno und Castiglioncello

ein Stück landschaftlich schöner Felsküste. Kleine Badebuchten, aber verschmutztes Wasser. Die Straße führt meist direkt am Meer entlang, so daß es nie völlig ruhig wird. Auch der schön gelegene Campingplatz *Miramare* (hinter Antignano) und das großartig auf einen Felsvorsprung plazierte Hotel Romito*** bei Quercianella (Via del Littorale 274, Tel. 0586-580520) leiden unter Straßenlärm. Ruhiger die einfache Villa Verde* in Quercianella direkt am Meer (gleich hinter dem Ortsschild nach rechts: Via G. Pascoli 32, Tel. 0586-491027).

Hinter Castiglioncello wird die Küste flach. Wie Perlen an der berühmten Schnur reihen sich Orte mit dem urbanistischen Charme verschütteten Griesbreis: Rosignano Solvay (Chemiewerke), Vada, Cécina, Marina di Bibbona, Marina di Castagneto, S. Vincenzo.

Zwischen den unsäglichen Küstenorten zum Teil noch schöne Uferabschnitte mit gut erhaltenem Pinien- und Buschwald, dahinter breiter Sandstrand. Der Strand ist allerdings meist - eben wegen der vorgelagerten Wälder - nur in den Orten gut zugänglich. Ein charakteristisches Küstenstück z.B. bei Marina di Bibbona (am besten südlich der Feriensiedlung).

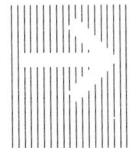 Der **Glanzpunkt** der Strecke von Livorno bis Populonia ist ein Restaurant: Gambero Rosso*** in S a n V i c e n z o (Piazza della Vittoria 13, Tel. 0565-701021, dienstags geschl.):

Unübertreffliches Essen - zusammen mit der Enoteca Pinchiorri in Florenz wohl das beste Restaurant der Toskana und sicher eines der köstlichsten, kreativsten, begeisterndsten Fischrestaurants in ganz Europa. Ein Feuerwerk raffiniert zusammengestellter Aromen; ungetrübtes kulinarisches Glück vor den Resultaten ganz großer Kochkunst. Daß man aus passierten Kichererbsen, Tomaten und Krabben eine Komposition schaffen kann, die den Atem verschlägt - nicht vorstellbar, wenn man's nicht erlebt hat. Zu schweigen von (weißen und schwarzen) Fisch-Ravioli in Meeresfrüchte-Sauce, Seezungen-Salat und dergleichen Köstlichkeiten mehr. Das alles in einem klei-

nen, geschmackvoll eingerichteten Lokal; freundlich-zuvorkommen-
der Service ohne Luxus-Allüren. Die Weine: selbstverständlich erstklassig. Degustations-Menu (fünf Gänge) 100 DM, Weine ab 25
DM.

Wer nicht in San Vincenzo speisen will, blocht am besten mindestens bis zum Golf von Baratti weiter - oder mache den Abstecher
ins Hinterland, der hier ausnahmsweise mal mehr darstellt als bloß
eine Verlegenheitslösung: Zwischen Bólgheri und Campiglia Marittima schöne Landschaften am Rand der Colline Metallifere mit gut
erhaltenen, ruhigen alten Orten. Orte ohne Sehenswürdigkeiten, in
denen man sich Zeit lassen muß, um etwas zu verstehen: warten, dasitzen, sich in den Gassen verlieren. Kleine Dinge, viel Atmosphäre.
Am besten: In einem dieser Dörfer und Kleinstädte einmal übernachten, unbekannte Toskana hautnah erleben.

Am meisten - fast ausschließlicher italienischer - Touristenbetrieb
noch in B ó l g h e r i : weil der romantische Dichter Giosuè Carducci, der hier als Kind gelebt hatte, die Zufahrtsstraße - eine vier
Kilometer lange Zypressenallee - in einem Gedicht national berühmt gemacht hat. Wein- und Schinkenverkauf, Andenken und An-
sichtskarten. Viel lebendiger ist C a s t a g n e t o C a r d u c c i
(auch hier hat der Dichter gewohnt, daher der Name) in Panoramalage am Hügelhang.

■ Im Ristorante Belvedere da Meo (Piazza del Popolo 23, Tel.
0565-763677) kann man einfach übernachten. Komfortabler das
schön und einsam gelegene Albergo La Torre*** (8 km von Castagneto entfernt: in Richtung Meer, nach 3 km nach links; Hinweisschilder. Tel. 0565-775268, Postanschrift: 57024 Donoratico. Einzel
50 DM, Doppel 80 DM). Unterhalb von Castagneto ein guter Campingplatz (Le Pianacce), schattig im Pinienwald (Tel. 0565-763667).
　　Vorzügliche ländliche Gerichte der Region gibt's in der Trattoria
Da Zi' Martino∞ (2 km von der Castagneto Carducci, an der Abzweigung der Straße Rg. Bólgheri, Tel. 763666, montags geschl.). An den
Wänden Stilleben mit toten Fischen, Fasanen und Rustikal-Ge-
schirr, am Kamin die Radrennfahrer-Trophäen der Söhne des Hauses: silberne Adler, Siegesgöttinnen und immer wieder Radler in

höchster Kraftanspannung. Tortellini, Pappardelle in Kaninchen-fleisch-Sauce, Wildschwein und gebratene Taube kommen in ausgezeichneter Qualität auf den Tisch, der Service ist freundlich und nur vom Hauswein ist nach meiner Erfahrung abzuraten!

S a s s e t t a bietet ein malerisches Bild. Der Ort ist an einen Hang gebaut; schöne Steinhäuser mit Ziegeldächern; kleine Weinlauben im Dorf; die steil abfallenden Gassen sind noch steingepflastert.

■ Das Albergo La Selva** (einen km Rg. Castagneto) ist kein Ausbund an Schönheit, aber ordentlich und ruhig (Via delle Fornaci 32, Tel. 0565-794230).

S u v e r e t o ist noch eine Steigerung: eine guterhaltene, von mittelalterlichen Mauern umgebene Kleinstadt mit reizvollen Bauten. Bemerkenswert vor allem das Rathaus (Palazzo Comunale) aus dem frühen 13. Jhdt. mit schöner Außentreppe. Die Einwohner, die zum großen Teil in den Fabriken von Piombino arbeiten, pendeln sozusagen täglich zwischen Ruhrgebiet und Mittelalter; sie wissen genau, was sie an ihrem Städtchen haben.

■ Essen: nett die Trattoria Ruspanti Isetta* (die linke von zwei Trattorien an der Straße Richtung Venturina, 200 m vom Ortskern entfernt; leider nur mittags geöffnet). Rist. da Chino** (am Ortsrand an der Straße Rg. Monterotondo, montags geschl.) ist eher durchschnittlich.

■ Übernachten: in den - meist sehr preiswerten - Privatzimmern. Auskünfte im Sommer bei Informazioni turistiche Il Ghibellino, Tel. 0565-829304, sonst im Lebensmittelgeschäft Via Matteotti 10, rechts hinter dem Stadttor.

■ 1 km von Suvereto entfernt (Straße Rg. Monterotondo) liegt der große Biobauernhof *Bulichella* (Tel. 829892). Verkauf von Wein, Öl, Marmeladen, Obst, Gemüse. Auch Zimmervermietung.

Und zum Schluß der schönste der Hinterland-Orte: C a m p i g l i a M a r i t t i m a , ein hervorragend erhaltenes mittelalterliches

Städtchen, das in jedem anderen Land außer Italien eine Sehens-
würdigkeit ersten Ranges wäre. Keine großen Kunstwerke, daher
abseits der Touristenrouten; mit seinen alten Gassen, steinernen
Häusern, Treppenwegen, Torbögen, dem wappengeschmückten Rathaus (Palazzo Pretorio) aber ebenso interessant wie manch einer
der berühmteren Orte - ein Abstecher lohnt auf jeden Fall.

Südlich von San Vincenzo

Am Meer wird's richtig schön erst am kleinen G o l f v o n
B a r a t t i südlich von San Vincenzo: eine Bucht mit Pinien, Fi-
scherbooten, wenigen Häusern (unter anderem die Pensione Canes-
sa**, Tel. 0565-29530).

In wunderbarer Lage am Meer hier die Nekropole von Populonia.
P o p u l o n i a , auf einem Hügel drei Kilometer oberhalb gelegen,
zählte zu den wichtigsten Etruskerstädten; es war eine Industrie-
und Hafenstadt. Das Gebiet der Nekropole wurde in späteren Jahrhunderten von den Etruskern zur Eisenverhüttung genutzt; man hat
hier die Schlacken aus hunderten von kleinen Hochöfen gefunden -
die wichtigste bekannte Industriezone des alten Etrurien. Die Gräber wurden in mühevoller Arbeit erst in diesem Jahrhundert unter
den Metallrückständen freigelegt. Die Gräberstadt ist täglich von 9
Uhr bis Sonnenuntergang (Sommer: 9-19 Uhr) geöffnet; der Kustode erklärt kenntnisreich und anschaulich, leider nur auf italienisch.
Trinkgeld nicht vergessen!

Populonia ist heute ein winziger Ort in Panoramalage über dem
Golf von Baratti. Im Etruskermuseum (Kustode im Keramikge-
schäft am Ortseingang) die immer gleichen Vasen, Urnen, Gebrauchsgegenstände - eher etwas für Spezialisten. Ausgrabungen
sind beim Dorf im Gang - vielleicht findet sich noch Interessanteres.

Das Vorgebirge zwichen Populonia und Piombino ist hübsch, auch
für Spaziergänge geeignet. P i o m b i n o selbst allerdings eher eine
Art Dortmund-Brakel am Meer: Jede Menge Fabrikschornsteine,
zwischen denen - man versteht nicht wie - immer noch vereinzelte
Palmen und ganze Olivenhaine gedeihen. Das Zentrum nicht mal so
übel. Blick nach Elba. Täglich - je nach Saison - sechs bis zehn Fäh-
ren nach Elba.

Die Maremma - Etruskerland

Der dominierende Eindruck: unendliche Weite. Von der alten Maremmenromantik keine Spur mehr - besser so: Stiere, Cowboys (hier *butteri* genannt), Riesen-Schäferhunde, Malaria - es muß ja nicht sein. Die Maremma war jahrhundertelang versumpftes, verfluchtes, bettelarmes Land. Das ist vorbei. Aber die Einsamkeit ist geblieben: unberührt wirkende Gebiete, kilometerweit ohne ein Haus oder Dorf. Ausblicke zu fernen Horizonten in abwechslungsreicher Hügellandschaft. Ab und zu ein winziges Städtchen, ein Weiler - manche von ihnen unbedingt sehenswert.

Etruskerstraßen im Tuffgestein; Hohlwege im Dunkel, Nekropolen. Hier - und im südlich angrenzenden Latium - war das Kernland der Etrusker. Noch heute finden die Bauern beim Pflügen Keramik und kleine Statuen. Mehr Funde machen die glänzend organisierten Grabräuber. Man glaubt's kaum: eine halbe Million Etruskergräber im nördlichen Latium und der toskanischen Maremma - wer soll das alles bewachen?

Maremma heißt, genau genommen, der gesamte Küstenabschnitt und sein Hinterland von Cécina bis Tarquinia - im nördlichen Teil die *Maremma Pisana* (bis Piombino), dann die *Maremma Grossetana*, schließlich die *Maremma Laziale*. In diesem Abschnitt ist von der Maremma Grossetana - der charakteristischsten Maremmenzone - die Rede.

In der Etruskerzeit war das Gebiet eine blühende, produktive Landschaft; auch unter den Römern behielt es zunächst noch wirtschaftliche Bedeutung (Getreideanbau). In der römischen Spätzeit verfielen die Bewässerungssysteme. Das Land versumpfte, die Malaria breitete sich aus. Die Bevölkerungszahl nahm ab; die Einwohner zogen sich in hochgelegene Dörfer zurück. Für Jahrhunderte war die Landschaft verlassen und arm. Erst im 19. Jhdt. begann man, die Sümpfe trocken zu legen, erst im 20. Jhdt. verschwand die Malaria. Noch heute stellt die Maremma ein vorwiegend agrarisches Gebiet

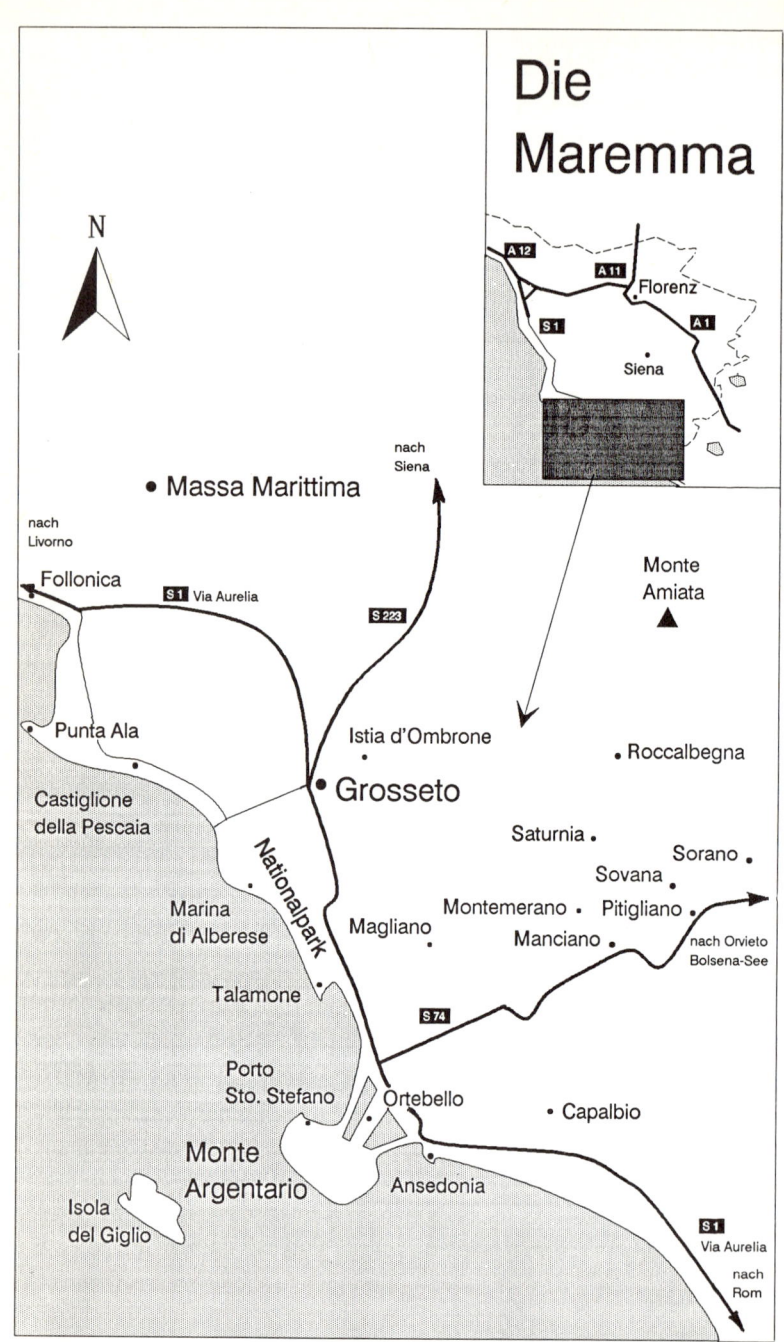

dar. Die Bevölkerungsdichte ist extrem niedrig: im Gesamtdurchschnitt der Provinz Grosseto 50 Einwohner pro qkm (zum Vergleich: Italien 190 Einw./qkm, Bundesrepublik 240 Einw./qkm).

Tourismus: Im Sommer an der Küste, außerdem - mit steigender Tendenz - bei den heißen Quellen von Saturnia und in Massa Marittima, Pitigliano, Sovana. Die anderen Orte werden kaum besucht.

Die Maremmenküste

Zwischen Punta Ala und dem Monte Argentario der interessanteste Küstenabschnitt der Toskana: lange Sandstrände und Küstenorte, die trotz bedrohlicher Umzingelung durch Ferienvillen noch Charakter spüren lassen. Außerdem ein ausgedehntes Naturschutzgebiet in den *Monti dell'Uccellina*.

Trotz schöner Lage uninteressant: P u n t a   A l a , Freizeitstadt im Pinienwald. First-Class-Hotels, Bungalowsiedlungen, Golf- und Tennisplätze, alles ästhetisch noch halbwegs verkraftbar, aber ohne Gefühl gemacht. Die Zielgruppe ist genau umrissen. Alberto Moravia, die graue Eminenz der italienischen Schriftsteller, hat sie aufs Korn genommen: "Um Geld zu verdienen, nützen unternehmerische Fähigkeiten. Aber um's auszugeben, braucht man Kultur ..." Punta Ala, der Reißbrettort luxuriöser Hobby-Ferien, ist ohne Atmosphäre, ohne Geschichte. Überschrift wie ein Moravia-Roman: La Noia, die Langeweile.

Angenehmer C a s t i g l i o n e   d e l l a   P e s c a i a , allerdings auch nicht die Erfüllung aller Meeres-Träume. Ganz hübsche, aber etwas leblose mittelalterliche Oberstadt, drum herum jede Menge Einfamilienhäuser und einige gewagte moderne Großbauten. Breite saubere Sandstrände und schöne Vegetation (Pinienwälder, Eukalyptusbäume, Buschwald) in der Umgebung; bemerkenswert vor allem die 10 km lange *Pineta del Tombolo* im Südosten.

■ Essen: Wie in vielen italienischen Küstenorten meist zu teuer für's Gebotene. Frischer Fisch (vorher nachfragen - es kommt auch Tiefgefrorenes auf den Tisch, z.B. die Scampi) bei *La Portaccia*∞

(Via S. Benedetto Po 13, Tel. 935318, montags geschl.), solide Küche mit Höhen und Tiefen, nicht zu teuer.

Mit schönem Blick auf den Hafen und preisgünstig die Pizzeria *Napoletana*°-°° (Via Roma 5, Tel. 935059); man halte sich an Pizza, Nudeln oder Fleisch - der Fisch ist ausnahmslos tiefgefroren.

■ Dutzende von Hotels und Campingplätzen. Wer sich's leisten kann, wohnt gut im Hotel *David***** (loc. Poggiodoro, Tel. 0564-939030), drei km außerhalb in Traumlage auf einem Hügel; vollkommene Ruhe und weite Blicke.

Unter den einfacheren Häusern ist sehr ordentlich das Iris** im Zentrum (Piazza O. Moni, Tel. 933639); von außen häßlich, innen komfortabel-funktional, recht preisgünstig.

Etwas teurer *Gli Archi*** (Via della Libertà 28, Tel. 933083). Unterste Preisgruppe: *La Portaccia** (Via S. Benedetto Po 13, Tel. 933825).

Der Nationalpark der Maremma

Ein 15 km langer und 4 bis 5 km breiter Küstenabschnitt zwischen *Principina a Mare* und *Talamone*: die *Monti dell'Uccellina,* von Pinien und Buschwald bedeckte Hügel. Wilde, unzerstörte - seit 1975 geschützte - Landschaft mit Mittelmeervegetation und vielen Tieren (Wildschweine, Wildkatzen, Stachelschweine, Füchse, Fischotter, Hirsche, zahlreiche Raub- und Wasservögel). Mittendrin die malerischen Ruinen des romanischen Klosters *S. Rabano* und einige alte Wachttürme. Weite Blicke über Küste und Inseln.

Der Zugang zum Park (Eingang in Alberese) ist reglementiert. Im Sommer (15.6.-30.9.) ausschließlich geführte Rundgänge; die interessanteren - zum Kloster und zu den Türmen - nur am Mittwoch, Samstag, Sonntag (Klöster: 7 Uhr, Türme: 16 Uhr). In den anderen Jahreszeiten: Mittwochs, samstags, sonn- und feiertags kann man sich im Park frei bewegen; an den anderen Tagen geführte Rundgänge. i: Parkverwaltung Alberese, Tel. 0564-407098.

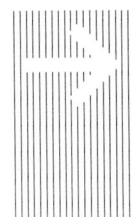 Empfehlung: vom Parkeingang mit Bus nach Pratini, dann die schönen markierten Wanderwege A 1 (S. Rabano) oder A 2 (Torri) einschlagen. Man kann die Touren A 1 - A 2 kombinieren; insgesamt rund 10 km. Auf den Informationsblättern der Parkverwaltung sind unsinnig lange Wanderzeiten angegeben - mit Rücksicht auf den allerlangsamsten Spaziergänger.

Frei zugänglich über eine holprige Stichstraße: M a r i n a   d i   A l b e r e s e im nördlichen Teil des Parks. Wunderbarer, außerhalb der Saison (und der Wochenenden) traumhaft einsamer Strand, endlich einmal kein Gebäude, nur Wasser, Berge, Wald, Wind. (Straße wird eine Stunde vor Sonnenuntergang gesperrt; keine Zufahrt für Wohnwagen/Campingbusse).

Das kleine T a l a m o n e liegt auf einem Felsvorsprung über dem Meer. Fischerhafen, Burg, gute Felsküste im Norden, flaches Ufer zur anderen Seite. Ganz angenehm - allerdings schöner von außen als von innen: viele Neubauten (der Ort wurde im 2. Weltkrieg stark zerstört).

Historische Kuriosität: Siena, das den Ort 1303 erworben hatte, wollte ihn als Konkurrenz zu Pisa und Genua zum Seehafen ausbauen. Dante machte sich in der Göttlichen Komödie über das Projekt lustig. Tatsächlich wurde nichts daraus.

■ Zwei Hotels: *Capo d'Uomo**** (Tel. 0564-887077) und *Telamonio**** (Tel. 887008). Zimmervermietung über Agenzia Navy, Via Garibaldi 10, Tel. 887245. Campingplatz.

Am Monte Argentario, im Hintergrund die Isola del Giglio

Der Monte Argentario

Das schönste Stück Toskana am Meer - für den, der außerhalb der Saison kommt. Im Sommer unerträglicher Neureichentourismus!

Einst eine Insel, heute durch drei Dämme mit dem Festland verbunden. Steilküste, Macchia-Vegetation, recht hübsche Orte.

Der Bauspekulation haben sich schon relativ früh einige Anwohner entgegengesetzt: Susanna Agnelli, die Schwester des Fiat-Chefs, kämpfte als Bürgermeisterin von Porto Ercole jahrelang gegen die Spekulanten. Mit halbem Erfolg: Die Neubauten sind immerhin nicht so brutal wie anderswo, passen sich dem Ambiente einigermaßen an. Spuren der Auseinandersetzungen: abgebrannte Buschwald-Gebiete - die Landschaftsfledderer zündeten die Macchia an, um Bauland zu gewinnen.

Zum Baden ist der Argentario nicht optimal - vorwiegend Steilküste. Der beste Strand liegt am Beginn des südlichen Damms, des Tómbolo di Feniglia (2 km von Porto Ercole). Dort auch ein Campingplatz (La Feniglia, Tel. 0564-831090).

Argentario-Problem in der heißen Jahreszeit: die Mücken-Myriaden, die aus der Lagune von Orbetello aufsteigen.

O r b e t e l l o liegt merkwürdig auf dem mittleren Damm zwischen Argentario und Festland; die Verbindung zum Argentario wurde erst 1842 geschaffen. Der Ort hat keine besonderen Reize. Lieber gleich weiter nach P o r t o   E r c o l e : Ein kleiner historischer Ortskern unter gewaltiger Burg; ausgedehnter, aber einigermaßen gut gebauter neuer Ortsteil, in Farben und Proportionen halbwegs dem alten Stil angepaßt.

■ *Il Pellicano***** (Cala dei Santi, Tel. 0564-883801) zählt zu den Super-Luxus-Herbergen der Toskana - vielleicht das schönste Hotel der toskanischen Küste. Vier km außerhalb des Ortes in großem Park; alle Zimmer mit Balkon oder Terrasse. Einige normalere Hotels im Ortskern.

■ Die Trattoria *Grotta del Pescatore*∞ (Via delle Fonti 9, Tel. 833970, mittwochs geschl.) bietet gute Küche zu zivilen Preisen.

Porto Santo Stefano

das sympathische, quirlige Hafenstädtchen (15.000 Einwohner) hat bei weitem mehr Eigenleben als Porto Ercole. Die Bucht ist mit Neubauten bestückt, aber auch hier wurde einigermaßen erträglich konstruiert.

Von Porto Santo Stefano aus führt eine landschaftlich sehr reizvolle P a n o r a m a s t r a ß e 26 km rund um den Argentario. Im Sommer herrscht hier Verkehrschaos, zumal auch noch südwestlich von Porto Ercole 4 km nicht asphaltiert sind, extrem holprig!

■ Oberhalb vom Hafen der kleine Albergo *Alfiero** mit Meerblick und Morgensonne, allerdings nicht völlig ruhig (Tel. 0564-814067, einige einfache Zimmer mit kleinem Balkon, einfache Küche für Hausgäste). In schöner Panoramalage und komfortabler das *Vittoria**** (Tel. 818500, Tennis, Schwimmbad).

Isola del Giglio

Endlich das 'richtige' Meer - ohne den Rattenschwanz von Neubauten, Straßen, Snack-Bars und Reklameschildern! Im Hochsommer herrscht auf der Insel natürlich einiger Betrieb, aber in der Nebensaison ist es sehr ruhig. Von Porto Santo Stefano fahren mehrmals täglich Schiffe zur Isola del Giglio (eine Stunde Fahrzeit). Das Auto läßt man am besten auf dem Festland - die einzige Straße ist gerade zehn Kilometer lang.

Meer- und Buschwald-Gerüche, Wind, Ruhe, winzige Orte. Die Insel ist bergig, zum größeren Teil nur durch Fußwege erschlossen. Bis vor wenigen Jahrzehnten standen überall Weinreben in Terrassenkulturen; heute ist das Land großenteils mit niedrigem Gesträuch bewachsen, dazwischen Pinien, Eukalyptusbäume, Palmen. Meist karger, felsiger Boden. Die wenigen Sandstrände liegen bei Giglio Porto, Cala dell'Arenella und Campese.

Drei Dörfer: *Giglio Porto*, der Hafenort mit farbigen Häusern an einer Bucht; *Giglio Castello*, auf der Höhe mit verwinkeltem alten Zentrum; *Campese*, in der Nachkriegszeit als Touristenort am schönsten Strand der Insel entstanden, wenig Eigenleben (80 feste Einwohner), aber die neuen Häuser sind im Stil noch erträglich.

■ Unterkunft: 13 Zwei- und Drei-Stern-Hotels, die meisten davon nur zwischen April und September geöffnet.

In Giglio Porto z.B. *Pergola*** (Tel. 0564-809051), direkt am Meer. Auf der Höhe über Giglio Porto (2 km entfernt) *Castello Monticello**** (Tel. 809252) im 19. Jahrhundert-Zuckerbäcker-Stil, Tennisplatz. Zahlreiche Privatzimmer, Auskunft beim Informationsbüro am Hafen (Tel. 809265) - oder einfach rumfragen.

Camping *Baia del Sole* am Meer in Campese, gute Lage, schattig (Tel. 804036).

Porto Santo Stefano

An der Felsküste gegenüber vom Argentario

A n s e d o n i a , eine merkwürdige Ferienlandschaft mit verstreuten Villen im Gesträuch.

Auf einem Hügel über dem Meer die Ruinen der römischen Stadt
Cosa (Hinweisschilder): das Capitolium - einige Mauerreste in zugegebenermaßen schöner Lage. Es muß nicht sein. Etwas interessanter
die *Tagliata Etrusca*, ein Kanal zwischen hohen Felsblöcken, der die
Versandung des Hafens von Cosa verhindern sollte. Der Name
täuscht: Der Kanal stammt nicht aus etruskischer, sondern aus römischer Zeit. Unmittelbar vor dem Kanal der *Spacco della Regina*, ein
beeindruckender Felsspalt, in dem die Römer Gänge angelegt hatten - zu welchem Zweck, ist unklar.

Wenige Kilometer weiter südlich eines der letzten Sumpfgebiete der
Maremma, der L a g o d i B u r a n o , Reservat für Wasservögel,
Enten, Fischotter, Stachelschweine. Führungen donnerstags und
sonntags 10 und 14 Uhr (September bis Mai; Auskunft: Tel. 0564-
898829).

C a p a l b i o ist ein hübscher Ort in Panoramalage. Ein gut erhal-
tener Mauerring umschließt alte Häuser, Gäßchen, Treppenwege,
Bogengänge. Hier haben sich zu Hauf Intellektuelle aus Rom ange-
siedelt; nationale Berühmtheit erlangte Capalbio, als sich KPI-Füh-
rer Achille Occhetto im Sommerhaus von Freunden beim Küssen
der neuen Freundin ablichten ließ - einer der ersten Schritte des dy-
namischen Occhetto bei dem Versuch, der Partei ein neues Image
zu geben. Mittlerweile ist die KPI zum PDS (Partito Democratico
della Sinistra) geworden - Occhettos Reformoffensive ist nicht bei
der Imagepflege stehengeblieben.

Die Städte:
Massa Marittima

Massa Marittima (10.000 Einw., 380 m) ist die heimliche Maremma-Hauptstadt: zwar viel kleiner als das Provinzzentrum Grosseto, aber schöner und historisch bedeutsamer. Die alte Bergbaustadt liegt in einsamer Landschaft am Rand der *Colline Metallifere*; sie hat ein hübsches mittelalterliches Ortszentrum, eine beeindruckende Piazza, einen bedeutenden Dom. In der Umgebung wurden - wohl schon seit der Etruskerzeit - Erze abgebaut; 1985 hat man die letzte Zeche geschlossen. Jetzt setzt Massa, das immer etwas abseits der gängigen Routen lag, verstärkt auf den Tourismus. Vorläufig geht's im Ort aber noch geruhsam zu - ein angenehmer Platz zum Bummeln, Dasitzen, gemächlichen Besichtigen.

Massas Blütezeit lag im Mittelalter. Die Kupfer- und Silberminen der Umgebung, aber auch die relativ geschützte Lage förderten den Aufschwung. Lange bildete Massa eine selbständige Stadtrepublik, 1335 kam es an Siena, behielt aber eine gewisse Unabhängigkeit. Die Ausbreitung der Malaria führte später zu einem gewaltigen Niedergang; 1735 war es "ein ärmliches Dorf mit 327 Einwohnern, die ihre Häuser nicht vor den Wölfen zu schützen vermögen" (Roland Günter). Im 19. Jhdt. aber nahm der Bergbau einen neuen Aufschwung; die Stadt wuchs, das alte Zentrum wurde restauriert.

Das mittelalterliche Massa besteht aus Unter- und Oberstadt. Die Unterstadt (Città Vecchia) ist älter, die Oberstadt wurde um 1300 gebaut. Im Ort heißt sie immer noch *"Città Nuova"* - eine sechshundert Jahre alte "Neustadt"!

Im Zentrum der Unterstadt die *Piazza Garibaldi*, reizvoll durch die unregelmäßige Platzanlage und die angrenzenden mittelalterlichen Gebäude. An der Westseite der *Dom* (s. Beschreibung unten), daran anschließend der *Palazzo del Podestà* (oder *Palazzo Pretorio*), eines der beiden Rathäuser, um 1230 gebaut. Ein Café in optimaler Beobachtungslage und daneben das zweite Rathaus, der *Palazzo Comunale*, der aus mehreren Turmhäusern zusammengesetzt ist (13./14. Jhdt.). Gegenüber die *Logge del Comune*, Ende des 19. Jhdts. fast täuschend echt im Mittelalterstil wiederaufgebaut.

Von hier gehen zwei interessante Straßen aus. Die belebte *Via della Libertà* führt zur kleinen *Piazza Cavour* und zum ehemaligen

Wohngebiet der Handwerker und Arbeiter. Via della Libertà Nr. 13 ist ein schönes Haus mit gotischen Fenstern.

In Nr. 63 wurde nach der Überlieferung der hl. Bernardino von Siena geboren, einer der wirksamsten Prediger seiner Zeit. Zu seinen oft vier- bis fünfstündigen Predigten kamen Tausende von Zuhörern; die Mitgliederzahl seines Ordens (der Franziskaner strenger Observanz) verdreißigfachte sich zu seinen Lebzeiten. In seinem bewegten Leben (1380-1444) kämpfte der Heilige erbittert gegen das Fluchen und das Kartenspielen, wandte sich aber auch größeren Dingen zu: Auf seine Anregung hin wurde eine Bank gegründet, welche durch günstige Kredite dem Zinswucher entgegenwirken sollten - Vorläufer der heute noch bestehenden Bank *Monte dei Paschi di Siena*.

Die *Via Moncini* steigt (ebenfalls von den Logge del Comune aus) an zur Città Nuova. An der Piazza Matteotti die Ruinen der *Fortezza Senese*, welche die Sienesen nach der Unterwerfung Massas 1335 errichteten. Interessant vor allem ein riesiger Bogen und der massive Turm.

Ein aussichtsreicher kurzer Spaziergang an den Stadtmauern entlang beginnt an der Piazza Matteotti (vor der Festung). Man geht abwärts in die Via San Francesco, biegt gleich hinter dem Stadttor nach rechts. Schöne Blicke auf die Dächer der Stadt und die Hügellandschaft der Maremmen.

Der Dom

an der zentralen Piazza Garibaldi ist das bedeutendste Bauwerk der Stadt - reich an interessanten Details, die ein genaues Hinschauen lohnen. Er wurde in Massas großer Zeit, im 13. Jhdt., gebaut.

Die *Fassade* mit ihren zahlreichen Bögen, Säulen und Skulpturen ist ausnehmend fein gearbeitet - fast wie ein Gewebe. Die Härte und Glätte des Steins sind durchbrochen und aufgelöst. (Im Vergleich: die wuchtigen Mauern der Palazzi am gleichen Platz!) Interessante Löwenköpfe über den Säulen des Untergeschosses; in der Mitte oben ein merkwürdiger kniender Mann, der eine Säule trägt. Der Turm wurde in den zwanziger Jahren dieses Jahrhunderts zum größten Teil erneuert, wirkt aber sehr echt. Harmonischer Gesamteindruck der Kirche, die - ungewöhnlich - nicht in der Hauptachse des Platzes steht, sondern leicht verschoben ist.

Innen - links vom Haupteingang - eindrückliche *romanische Reliefs* (um 1100). In der Mitte ein langhaariger Christus in einer von Engeln gehaltenen Glorie, darunter der Kindermord von Bethlehem und steif nebeneinander aufgereiht die 12 Apostel, alle mit großen Augen, in gleicher Haltung frontal zum Betrachter.

Rechts vom Haupteingang weitere Skulpturen am *Taufbrunnen*: Szenen aus dem Leben Johannes des Täufers, fast 200 Jahre später geschaffen und sehr viel bewegter als die Reliefs links vom Eingang. Der obere Teil des Taufbrunnens stammt aus der Renaissance (1447), ist also nochmals erheblich jünger.

Hinter dem Hauptaltar das *Grabmal des hl. Cerbone* (1324), wieder mit Reliefs; einige von ihnen, mit Felsen, Bäumen, Menschen in extremer Stilisierung, wirken nahezu modern.

Am Altar des linken Querschiffs ein Gemälde der *Madonna delle Grazie* (um 1315), vielleicht von Duccio di Buoninsegna (vgl. Siena) oder einem seiner Schüler. Schöne Farben, wunderbar das fein gemusterte Tuch hinter der Madonna.

Museen

In einem 700 m langen ehemaligen Bergwerksschacht das *Museo della Miniera*. Ausgestellt sind Werkzeuge und Maschinen aus den verschiedenen Epochen des Bergbaus und eine Mineraliensammlung mit typischen Gesteinsarten der Gegend. Täglich mehrere geführte Rundgänge.

Im Palazzo del Podestà das *Museo Comunale* mit Gemälden und archäologischen Funden (10-12.30, 15.30-19; Oktober bis März 9-13, 15-17 Uhr; montags geschl.). Interessant vor allem ein Bild der 'Madonna in Maestà' des sienesischen Malers Ambrogio Lorenzetti (desselben, der im Rathaus von Siena die 'Gute Regierung' malte). Kräftige, fein abgestufte Farben. Unterhaltsame Details: Paulus (links vom Thron) mit Buch und Schreibfeder, Engel mit Blumensträußen. Besonders schön der mittlere Engel (unter Marias Thron), durch dessen zartes Gewand erstaunlich deutlich die weiche Brust schimmert - religiöse Erotik von höchster Qualität. Auch die nackte

Schulter würde im Dom nebenan jederzeit zum Kirchenverweis führen. Sehr züchtig dagegen der Nonnen-Engel darunter, der ein Bild
zweier Bärtiger betrachtet.

Feste, Veranstaltungen

Das große Fest Massas ist der *Balestro del Girifalco*: Umzüge in mittelalterlichen Kostümen, Fahnenschwingen, Wettkämpfe zwischen
den Stadtteilen (Armbrustschießen). Zweimal im Jahr: am 20. Mai,
sofern er auf einen Sonn- oder Feiertag fällt (sonst am Sonntag danach) sowie am zweiten Sonntag im August.

Im Juli/August Kunsthandwerk-Markt und Mineralien-Markt.
Auskunft beim Touristenbüro.

Gute Adressen

i Piazza Garibaldi (Palazzo del Podestà),
Tel. 0566-902289

Essen

In der Altstadt das Ristorante *Cris°* (Via
S. Bernardino Albizzeschi 8, Tel. 0566-
903830, samstags geschl.), freundliches
Ambiente, Hausmacherküche von guter
Qualität.

Unterkunft

Im Zentrum: Hotel *Cris** (s. oben);
einfache, ordentliche Zimmer ohne
eigenes Bad.

Hotel *Sole**** (Via della Libertà 43,
Tel. 901971), guter Komfort, Atmosphäre eher anonym.

Etwas außerhalb der Altstadt: *Duca
del Mare*** (Via Massetana Sud 25, Tel.
0566-902284) und *Il Girifalco*** (Via
Massetana Nord 25, Tel. 902177). Beide

korrekt, aber nicht mehr. Im Girifalco
Zimmer nach hinten raus nehmen: Aussicht ins Land.

Ferienhäuser u. -wohnungen im historischen Zentrum von Massa Marittima u.
in der Umgebung : Terrapart, Krummgasse 3, 8990 Lindau, Tel. 08382-5025.

■ *Podere Massa Vecchia* (Massa Vecchia
1, Tel. 903885) ist ein ausgebauter großer Bauernhof in 2 km Entfernung vom
Ortszentrum (Zufahrt von Umgehungsstraße Follónica-Siena, Hinweisschilder).
Der Schweizer Ernst Hutmacher hat eine gemütliche Pension mit familiärer Atmosphäre geschaffen. Volleyballplatz,
kleines Schwimmbecken.

Besonders schön: F a h r r a d v e r -
l e i h (gute Räder; Konditionen vgl.
'Toskana-Radtouren'). In der Saison oft
langfristig ausgebucht. Mindestaufenthalt eine Woche, Preise ab 500
DM/Doppel (je nach Jahreszeit).

8 km südlich von Massa der kleine *Lago dell'Accesa* (Bademöglichkeit). Noch weiter südlich bei S c a r l i n o zwei gute Campingplätze, beide in Olivenhainen, Schwimmbad. Schöner - aber relativ teuer - Camping Vallicella (Tel. 0566-37140); 1 km weiter westlich Il Fontino (Tel. 37029). Auch recht gut Camping La Finoria (Tel. 0566-82381) bei Gavorrano.

V e t u l o n i a war eine der zwölf großen Etruskerstädte; heute ist vom alten Glanz wenig geblieben. Das Beste an Vetulonia ist das Panorama; die Blicke über die Hügel und zum Meer sind fantastisch. Eher enttäuschend die Überreste aus der Etruskerzeit: winzige Reste einer etruskischen Mauer *(Mura dell'Arce)*; ein kleines Ausgrabungsgelände; ein Museum, das seit Jahren geschlossen und auch sonst eher uninteressant ist. Unterhalb des Ortes einige größere Gräber (Hinweisschilder) - kein Vergleich mit den imposanten Nekropolen bei Sovana oder in Latium. Der mittelalterliche Ort mit seinen ehemals goldbraunen Steinhäusern verschwindet langsam, aber sicher unter grauem Zementverputz.

Grosseto

Grosseto (65.000 Einw., 10 m) ist für mich der Inbegriff einer italienischen Provinzstadt. Mir war lange nicht klar, warum - dabei ist es ganz einfach: Hier sind die Italiener unter sich. Keine Spur vom sommerlichen Kosmopolitismus Sienas, Luccas oder Arezzos. Ein hübsches Zentrum, ausufernde neue Vororte. Nichts Aufregendes, keine großen Kunstwerke. Wer an Grosseto vorbeifährt, hat keinen Eindruck fürs Leben verpaßt. Trotzdem: man fühlt sich wohl; am frühen Abend pulsiert bei der Passeggiata das Kleinstadtleben. Nach dem Abendessen ist dann alles ausgestorben, nur noch vereinzelte Fußgänger huschen durch die Gassen.

Im Zentrum der Stadt die hübsche *Piazza Dante* mit Laubengängen. Von unfreiwilliger Komik das Denkmal für den Großherzog Leopold II. in der Platzmitte. Dabei hat sich der gute Mann um Grosseto verdient gemacht: Seinen Initiativen zur Trockenlegung der Maremma (ab 1828) verdankte die Stadt ihren Aufschwung im

19. Jhdt. nach einer langen Zeit der Armut. Im neuen Boom hat man gleich noch einige Mittelalter-Imitationen geschaffen; so den *Palazzo della Provincia* an der Ostseite der Piazza Dante, eine Art toskanisches Neuschwanstein im Kleinformat. Auch am *Dom* ist nicht mehr viel Echt-Mittelalterliches. Die Fassade wurde allerdings sehr geschickt neugebaut (1845), die 'Fälschung' ist kaum zu bemerken. Wirklich alt sind nur die Evangelistensymbole an der Fassade und Teile des Portals an der rechten Seite.

Das Stadtzentrum ist von einem *Mauerring* umgeben (ausnahmsweise völlig original: Ende des 16. Jhdts.). Auf den Wällen kann man spazierengehen. Und wer unbedingt Kunstwerke sehen will, gehe ins *Museo Archeologico e d'Arte della Maremma* (Piazza Baccarini; 9-12.30, 16.30-18.30 Uhr, mittwochs geschl.; sonn- und feiertags nur vormittags): steinzeitliche, etruskische, langobardische Funde, Gemälde, Keramik des 15.-18. Jhdts., gut präsentiert, aber ohne herausragende Einzelstücke.

Gute Adressen

i weit außerhalb des Zentrums, Viale Monterosa 206, Tel. 0564-22534

Essen

Erstklassig die Enoteca *Ombrone*°°° (Viale G. Matteotti 63, etwas außerhalb der Altstadt; Tel. 0564-22585; Samstagabend und Sonntag geschl.), feines Essen mit dem Clou eines guten Dutzends Ölsorten zur Auswahl beim Salat-Würzen. Menu um 60 Mark.

Das klassische bürgerliche Lokal Grossetos: *Canapone*°° an der Piazza Dante (Tel. 24546, sonntags geschl.). Korrekte traditionelle Küche.

Die junge Generation drängelt sich in der Pizzeria *Pappagone*° (Piazza De Maria; nur abends, ab 18 Uhr; Mo geschl.), einem in die Stadtwälle hineingebauten Lokal direkt vor der Porta Vecchia (5 min vom Domplatz). Die Pizza fand ich nicht mal besonders gut, aber die Atmosphäre ist o.k.

Hervorragendes Essen wenige km außerhalb der Stadt in Istia d'Ombrone: *Il Terzo Cerchio*°°° (Piazza del Castello, Tel. 409235, montags geschl. Der Name des Lokals ist nirgendwo angeschrieben, aber es ist leicht zu finden: Das einzige im Ort, gleich hinterm Stadttor links.) Am besten folgen Sie den Empfehlungen des Chefs und wählen die 'assaggi', eine reichhaltige, spannende Folge kleiner Gerichte. Einiges davon gehört zum Besten, was ich in der Toskana gegessen habe, vor allem die originellen Antipasti und Primi. Kreative, feine Küche, entspannte Atmosphäre in stimmig und ohne Schnickschnack restaurierten Räumen. Gegen Ende des Menus müssen Sie vermutlich bremsen: trotz der leichten Gerichte ist man nach 7 oder 8 Gängen völlig satt, aber die Kellner tellern erbarmungslos weiter auf, solange kein entschiedener Widerspruch laut wird. Zehngängiges Menu inklusive Wein um 60 Mark.

Unterkunft

Das vornehmste: *Bastiani Grand Hotel****, im Zentrum in einem Barock-Palazzo, mit allem Komfort und den entsprechenden Preisen (Piazza Gioberti 64, Tel. 0564-20047).

Für Normalverbraucher: Zentral und ordentlich das *Leon d'Oro*** (Via S. Martino 46, Tel. 22128).

Preiswert: Albergo *Milano** (Corso Carducci 70, Tel. 815134). Durch einen Innenhof voller Pflanzen kommt man in das ruhige, zentral gelegene Haus. Einfache Zimmer ohne Bad, die Betten hängen ein wenig durch (aber das kommt auch in besseren Häusern vor . . .).

Das Hinterland

Weite Hügellandschaft. Die interessantesten Ortschaften im Osten bei Saturnia und Pitigliano. S c a n s a n o ist in der einsamen Gegend ein vergleichsweise lebendiges Städtchen von 5000 Einwohnern. Zwei Hotels: *Magini** (Tel. 0564-507181) und *La Posta** (Tel. 507189). Nach Nordosten führt von hier eine (bei klarer Sicht) wunderbare Straße über Murci nach Roccalbegna.

■ Ausgezeichneter **Bio-Schafkäse** in R i p a c c i (ca. 3 km von Scansano, Antonio und Gemma Della Pietra, Podere Nuovo 153, Tel. 507889).

■ Südwestlich in dem Dorf M o n t i a n o ein kleines, überraschend feines Restaurant mit zehn Tischen und kreativer Küche: *Da Ghigo*∞ (Piazza Cappellini 4, Tel. 0564-589800, dienstags geschl.).

M a g l i a n o i n T o s c a n a sieht von außen sehr malerisch aus, zeigt seinen vollständig erhaltenen Renaissance-Mauerring. Innen eher enttäuschend; ungeschickte Renovierungen, Metalltüren am falschen Platz, der in dieser Gegend augenblicklich moderne Zementverputz läßt keine Mittelalter-Stimmung mehr aufkommen.

Noch trauriger: M a n c i a n o . Wunderbare mittelalterliche Stadtanlage, verschachtelte Häuser, Treppengassen - aber die letzten Naturstein-Fassaden verschwinden gerade unter tristem Zement. In diesen Orten lernt man den Segen des Tourismus schätzen - vielleicht lägen ohne Fremdenverkehr auch San Gimignano und Pienza inzwischen unter grauem Einheitsputz?

■ 4 km von Manciano entfernt (Rg. Pitigliano) produziert das **Weingut** *Stellata* den wohl besten Bianco di Pitigliano (Hinweisschild an der Straße 'Manlio e Clara, Viticolteri', Tel. 0564-620190). Kleine, auf Höchstqualität zielende Produktion. Der vorzügliche *Lunaía* ist immer schnell ausverkauft, gut auch der einfachere, preiswerte Doccio.

Noch nicht zugespachtelt: das hübsche Dorf M o n t e m e r a n o , winklig-malerisch, mit vielen Blumen in den Gassen. Einige km entfernt das *Ristorante Da Laudomia*°°° (Rg. Saturnia, loc. Poderi, Tel. 0564-629224, mittwochs geschl.). Rustikal-elegante Einrichtung und verfeinerte ländliche Küche von guter Qualität. Zum Restaurant gehört eine kleine Herberge mit angenehmen preiswerten Zimmern, z.T. mit Aussicht.

■ Sehr angenehm ist das Hotel *Villa Acquaviva**** (von Montemerano einen km Rg. Scansano, Tel. 0564-602890): Die ehemalige gräfliche Landvilla wurde vom jetzigen Besitzer mit viel Geschmack eingerichtet, familiäre Atmosphäre (nur 7 Zimmer), schöne Lage auf dem Land, Garten.

Die Quellen von Saturnia

gehören zu jenen verschwiegenen Tips, die alle kennen. Ein Geheimtip in Körpertemperatur: Mit 37,5 Grad kommt das Wasser aus dem Boden, wird ins sündhaft teure Schwimmbad des Hotels *Terme di Saturnia* geleitet und bildet 1 km unterhalb, immer noch schön warm, den allseits beliebten Wasserfall *Cascate del Molino*. (Zugang: 600 m unterhalb des Hotels Richtung Montemerano, dann in der Kurve auf Fahrweg nach Westen.)

Ein Riesenspaß, sich da ins Wasser zu legen - und obendrein gratis. Mittlerweile ist's aber oft schon unangenehm completo in den

Naturbadewannen. Gesundheitliche Wirkungen: zwiespältig. Das Wasser soll helfen bei Rheuma, Atem-, Magen-, Stoffwechselbeschwerden. Am Wasserfall ist es jedoch so mikrobendurchsetzt, daß die Positiveffekte balanciert werden. Ich habe mit Vergnügen drin gebadet und bin jedenfalls nicht kränker geworden. Im Thermalschwimmbad ist's - nach den offiziellen Befunden - sauber. (Zugang: Hotel Terme im Süden von Saturnia, weithin sichtbar und ausgeschildert; Eintritt ins Schwimmbad rund 18 DM.)

Saturnia ist - insbesondere bei Italienern, aber auch bei ausländischen Touristen - in letzter Zeit sehr in Mode gekommen; viel Betrieb vor allem an Feiertagen und Wochenenden. Trotzdem hat man noch nicht den Eindruck eines durchgestylten Touristenortes: Es ist vielleicht alles etwas schnell gegangen. Das Dorf Saturnia ist ganz nett, bietet aber nichts Besonders - obwohl der Ort zu den ältesten Italiens zählt und schon vor der Etruskerzeit besiedelt war.

Gute Adressen

Essen: Gut, aber teuer *Da Michele*°°° im Ortszentrum (Tel. 0564-601074, Di geschl.).

In der Umgebung *Da Laudomia* bei Montemerano (s.o.) u. *Al Poggio*° in Poggio Murella (Tel. 607953, Do geschl.): gute ländliche Küche, durch die flotte Hintergrundmusik darf man sich nicht stören lassen - die Tochter dreht manchmal ein bißchen laut, Papa dreht dann wieder runter.

In der *Enoteca Bacco e Cerere* (Di geschl.) hervorragende regionale Produkte (Schafkäse, Wein, Honig Marmeladen), Imbiß und Weinprobe. Der Chef erzählt gern und ausführlich - hier können Sie alles über Maremmen-Käse u. die alten Zeiten in Saturnia erfahren!

Unterkunft: Besonders angenehm das Hotel *Villa Clodia**** mit kleinem Garten, Schwimmbad und schöner Aussicht (Tel. 0564-601212).

In Ordnung das Saturnia** (Tel. 601007).

Außerhalb: *Terme di Saturnia***** (Tel. 601061), teures Thermalhotel; *Cascate*** (Tel. 602978), nur mit Halbpension, unschöne Zimmer.

Mehrere Privatvermieter (Doppelzimmer um 45 DM) - erkundigen Sie sich bei der Bar Centrale.

Sechs Kilometer von Saturnia entfernt, in Poggio Murella steht das angenehme, familiäre Hotel *Al Poggio*** (Tel. 0564-607953).

Außerhalb von Saturnia liegen interessante **Nekropolen**: Richtung *Arcidosso*, 2 km nach Ortsende links ab, mehr Feldweg als Straße. Von hier sind's zu Fuß zum *Albegna-Graben* und zum *Travertin-Plateau* ca. ein bis zwei Stunden. In diesem Gestein konnten die Etrusker die Gräber nicht so leicht aushöhlen wie im Tuff bei Sovana und Pitigliano; statt dessen dienten die harten Travertinplatten als Grabdecke und -wand. Die Grabfunde sind im Archäologischen Museum Florenz. Gute Schuhe und was zum Trinken mitnehmen!

Tombaroli

Im gesamten Etruskerland zwischen der Südtoskana und Cerveteri sind die Grabräuber, die *tombaroli*, aktiv. Der Staat ist außerstande, die Hunderttausende von Gräbern wirksam zu überwachen. Immer wieder werden bei Nacht und Nebel Gräber ausgeplündert. Ganz große Funde gibt's nur noch selten; denn schon seit der Römerzeit sind die Gräber beraubt worden. Was übrigblieb, sind die weniger wertvollen Reste: meist Keramik und kleine Statuen. Gold- und Silberschmuck oder große Skulpturen sind von Archäologen und Räubern früherer Jahrhunderte längst fortgetragen worden.

Aber die Nachfrage steigt - und das Angebot wird immer knapper. Auch kleine Funde lassen sich gut verkaufen - oft ins Ausland: in die USA, nach Japan, Schweden, in die Schweiz oder die Bundesrepublik. Inzwischen sind - wegen der Verknappung des Angebots - hochqualifizierte Fälscher am Werk: Handwerker, die archäologische Fachzeitschriften studieren und wunderbare Etruskerkunst fabrizieren. Einem deutschen Industriellen und Amateurarchäologen wurde angeblich eine ganze Grabkammer mit Edel-Imitationen gefüllt; er durfte sie dann nichtsahnend "entdecken" und war froh über die reichen Funde. Preis an die einheimischen Vermittler: mehrere Millionen Mark. Vielleicht nur Fälscherlatein

266

Sovana

Sovana ist ein hübsches, fast unwirklich sauberes Dörfchen mit Tuff-häusern und erstaunlich vielen Kirchen und Palazzi - schon daran ist die einstige Bedeutung des Ortes zu spüren, der ab dem 5. Jhdt. Bischofssitz war und im Mittelalter ein Handels- und Landwirtschaftszentrum darstellte.

Am östlichen Ortsrand die Reste der *Burg* aus dem 11. Jhdt. An der zentralen *Piazza del Pretorio* liegen die öffentlichen Gebäude (Palazzo Pretorio, Loggia del Capitano) und die interessante roma-nische Kirche *S. Maria* aus dem 12./13. Jhdt. Innen verschiedene Renaissancefresken und ein mehr als tausend Jahre alter - vermut-lich langobardischer - Altarbaldachin (8./9. Jhdt.) mit schöner Reli-efdekoration: Flechtbänder, Blattwerk, Weintrauben, Pfauen, Son-nen.

Am westlichen Ortsrand der *Dom* (ebenfalls 12./13. Jhdt.), der in-nen teils in romanischem, teils (rechtes Seitenschiff) in gotischem Stil gebaut wurde. Schöne Kapitelle (vor allem das mittlere Kapitell links mit zahlreichen dichtgedrängten Figuren). Das Portal stammt noch aus einer älteren Kirche.

Die Nekropolen

Bei Sovana befinden sich die eindrucksvollsten Gräberstädte der Toskana: in den Tuff gehöhlte Felsnekropolen. Tuff ist ein weiches vulkanisches Gestein, das sich leicht bearbeiten läßt, allerdings auch schnell verwittert. In den Tuffgebieten - vor allem weiter südlich, in Latium zwischen dem Bolsena-See, dem Bracciano-See und der Kü-ste - meißelten die Etrusker ihre Grabanlagen direkt in den nachgie-bigen Fels, als eigentümliche Verbindung von Natur und Kunst. Bei Sovana liegen die nördlichsten dieser Tuffgräberstädte.

Das berühmteste Grab: *Tomba Ildebranda* (um 200 v. Chr.), einen Kilometer westlich des Ortes oberhalb der Straße nach S. Martino (Hinweisschilder). Der Name erinnert an Hildebrand, der in Sovana geboren wurde und später als Papst Gregor VII. den Kaiser Hein-rich IV. nach Canossa befahl. Die Tomba Ildebranda, aus einem rie-sigen Tuffelsen herausgehauen, imitierte einen Tempelbau und war

Pitigliano

einst völlig mit Stuck überzogen und bemalt. Von den einstmals zwölf Säulen, die um den Kernbau herumliefen, ist nur noch eine vollständig erhalten; daneben stehen die restlichen Säulenstümpfe. Die eigentliche Grabkammer (nur für eine Person) ist im Vergleich zur Gesamtanlage winzig; sie liegt versteckt im Untergeschoß.

In der Nähe noch einige weitere Gräber (Hinweisschilder), so die *Tomba del Tifone* (2. Jhdt.) in Form eines Hauses. Beeindruckend der tief in den Fels geschnittene Hohlweg *Cavone*; an seinen Wänden mehrere einfache Grabkammern.

Etwa 500 m weiter in Richtung Sovana eine weitere Gräbergruppe (Schilder) mit der *Tomba della Sirena* (3.-2. Jhdt.) und noch einem - besonders engen - Hohlweg im Fels. An der gegenüberliegenden Straßenseite - oberhalb des modernen Straßentunnels - zwei frühchristliche *Felskapellen*, die vermutlich in Etruskergräber hineingebaut wurden.

In der Umgebung des Ortes mehrere weitere Nekropolen; bei Detailinteresse findet man in Sovana ausführliche Beschreibungen z.B. in dem Führer von *Angelo Biondi*: Sovana - Die Stadt des Jeremias.

■ Unterkunft/Essen: Hotel *Scilla** (Tel. 0564-616181) ist in Ordnung.

Zum Essen ist sehr empfehlenswert die *Taverna Etrusca*∞ (montags geschl.). Spezialität: Wildschwein.

Gegenüber im *Ristorante Scilla*∞ (Tel. 616531, dienstags geschl.) gute Fleischgerichte.

Sehr empfehlenswert die Taverna Etrusca°-∞ (montags geschl.), Spezialität: Wildschwein.

Pitigliano

liegt unendlich fotogen auf einem großen Tuffelsen über mehreren Schluchten. Den besten Blick auf Pitigliano hat man von der scharfen Kurve 500 m außerhalb des Ortes an der Straße nach Manciano: Da lacht der Weitwinkel, nirgendwo wird er je nützlicher sein. Die Einheimischen haben's kapiert und im Rücken der Fotografen einen Weinstand installiert. Übrigens ist der Bianco di Pitigliano vorzüglich - unbedingt probieren!

Pitiglianos Außenansicht verspricht nicht zuviel: Der Ort (4500 Einw.) ist auch innen schön, schmale Gassen, alte Häuser, Blicke in die tiefen Täler am Stadtrand. Riesig der Orsini-Palast, der im 14. Jhdt. gebaut wurde.

■ Am Rand der Altstadt der Albergo *Guastini*** (Tel. 0564-616065) mit gutem Restaurant°°. Einige Zimmer mit Postkartenblick auf den Ort.

■ Das *Salumificio-Caseificio* (am Ortsausgang Rg. Pitigliano) verkauft ausgezeichneten Schafkäse, Wurst, Schinken.

Der dritte toskanische Tuff-Ort: **Sorano.** Ein verwinkeltes Hügelstädtchen aus und auf Tuff, Treppengassen, auch hier eine Orsini-Burg und Schluchten-Blicke; auch hier die Felsennest-Lage überm Tal. Einiges Kunstgewerbe (Keramik).

 Wenn Sie Spaß an den **Felsen-Orten** haben: Im südlich angrenzenden Latium gibt's Dutzende davon, ohne jede touristische Politur. Besonders konzentriert in der Gegend um Viterbo: z.B. *Bomarzo, Vitorchiano, Bagnaia, Caprarola, Città di Bagnoregio.*

■ Weiter nördlich, auf dem Weg zum Monte Amiata, ein freundliches und preiswertes Hotel abseits der Standardrouten: *La Costarella** in Semproniano (Tel. 0564-986319), mit *gutem Restaurant°* *(Zuppa di funghi oder* tortelli ricotta e spinaci probieren!).

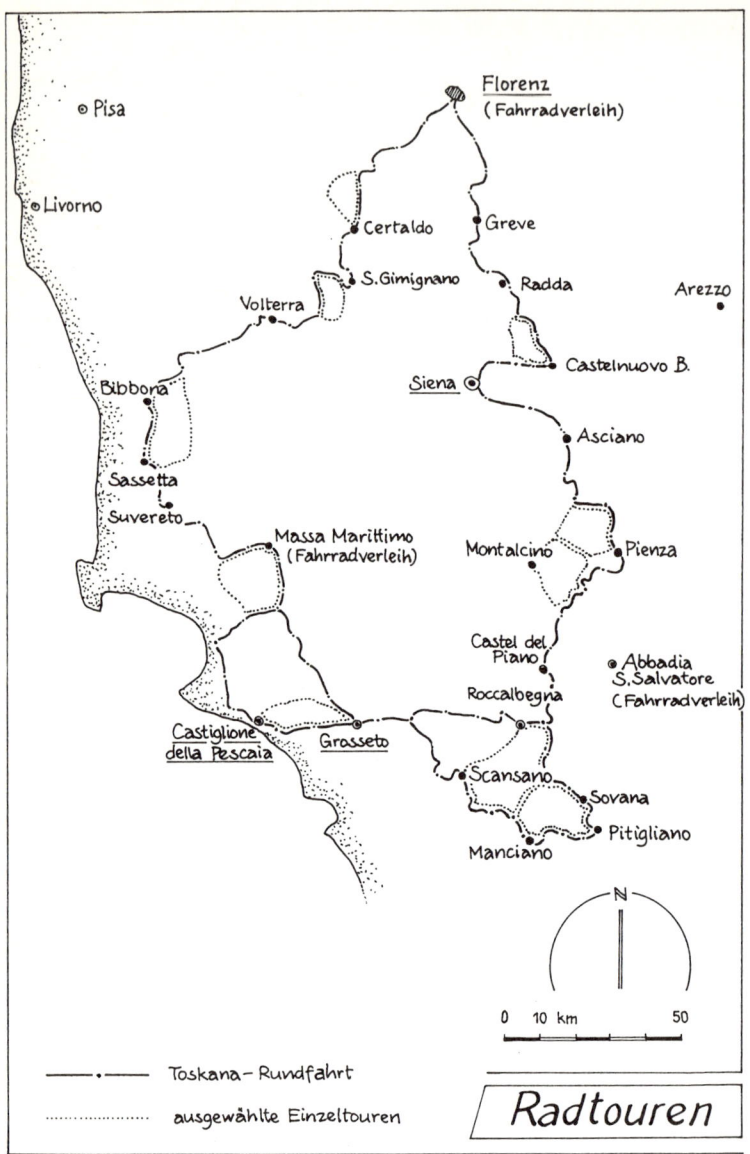

Pisa

Livorno

Florenz
(Fahrradverleih)

Certaldo   Greve

S.Gimignano   Radda

Arezzo

Volterra

Castelnuovo B.

Siena

Bibbona

Asciano

Sassetta
Suvereto

Massa Marittimo
(Fahrradverleih)

Montalcino   Pienza

Castel del
Piano   Abbadia
                 S.Salvatore
Roccalbegna   (Fahrradverleih)

Castiglione
della Pescaia   Grosseto

Scansano
                 Sovana
                 Pitigliano
Manciano

N

0 10 km   50

——•—— Toskana-Rundfahrt

············· ausgewählte Einzeltouren

Radtouren

274

Toskanische Radtouren

Zum Radfahren ist die Toskana hervorragend geeignet - aber nicht überall: In vielen Gegenden liegen die Steigungen für einen durchschnittlich trainierten Radler über der Schmerzgrenze, und - noch schlimmer - mancherorts ist der Autoverkehr so stark, daß das Radeln keinen Spaß mehr macht. (Verkehrsdichte in Italien: 81 Autos pro Straßen-Kilometer; zum Vergleich: Bundesrepublik 58, Frankreich 30! Zudem gibt's keine Radwege.) Andererseits aber: traumhafte Landschaften und zahlreiche kleine Straßen fast ohne Autoverkehr.

Im folgenden einige Vorschläge für Touren auf solchen Strecken - und ein Vorschlag für eine große Toskana-Rundfahrt (neun bis zehn Tage) auf kleinen, ausnahmslos landschaftlich spannenden Straßen. Wirklich harte Steigungen habe ich bei der Streckenauswahl vermieden, aber holländisch flach ist's in der Toskana fast nie.

■ Kartenmaterial: Toscana 1:200.000 vom Touring Club Italiano bzw. Kümmerly & Frey. Fünfundneunzigprozentig verläßlich - Asphalt- und Schotterstraßen sind auf den Karten oft nicht genau auseinanderzuhalten.

 Vorsicht: Sichern Sie in den Städten Ihr Rad gut gegen Diebstahl - unter Aufsicht abstellen bzw. mit extrastarkem Schloß anketten!

In Florenz: bewachte Garage Ciao e Basta im Hauptbahnhof, preiswert (s. unten). Auf dem Land und in kleinen Orten kein großes Risiko.

Fahrradverleih in der Toskana

An zwei Stellen kann man Fahrräder ausleihen, die auch für größere Touren geeignet sind. Kaution wird nicht verlangt, aber ein gültiger Ausweis (Paß, Personalausweis, Führerschein) muß hinterlegt werden. Nehmen Sie also einen zweiten Ausweis auf die Reise mit.

A b b a d i a S. S a l v a t o r e (75 km südlich von Siena; von Siena aus Linienbusse): *Cooperativa Amiata Trekking*, Piazza Gramsci 8, Tel. 0577-777751 (englisch). Verleih von mountain bikes mit 18 Gängen (auch für Schotterstraßen und Waldwege geeignet). Sonderpreis für Leser dieses Buches (garantiert für 1989): 15.000 Lire (gut 20 DM) pro Tag. Legen Sie diesen Reiseführer vor - der Rabatt ist beträchtlich!

M a s s a M a r i t t i m a (65 km südwestlich von Siena; Linienbusse ab Siena und Grosseto): *Ernst Hutmacher*, Massa Vecchia 1 (zwei km nördlich des Stadtzentrums, Hinweisschilder an Umgehungsstraße Follónica-Siena), Tel. 0566-903885. Ernst Hutmacher, ehemaliger Radrennfahrer, verleiht Sieben-Gang-Räder für 10 DM pro Tag (60 DM/Woche) und - etwas teurer - auch geländegängige mountain bikes. Zwanzig Tourenvorschläge für die Umgebung von Massa gibt's gratis dazu.

Tourenvorschläge

Eine kleine Auswahl unter vielen Möglichkeiten. Auswahlkriterien: landschaftliche Schönheit, wenig befahrene Straßen, nach Möglichkeit nur mäßige Steigungen.

Wer gut trainiert ist, findet auch anderswo in der Toskana viele schöne Strecken - oft aber mit gewaltigen Anstiegen. Ungeeignet zum Radeln scheinen mir die Küste (verbaut, viel Verkehr) und das gesamte Arno-Tal zwischen Pisa, Florenz und Arezzo: stark befahrene Straßen, zersiedelte Landschaft.

Zwischen Florenz und Siena

1. Rundfahrt San Gimignano (38 km, mittlere Steigungen):
Von S. Gimignano Richtung Gambassi, nach 10 km (Camporbiano) nach links Richtung Volterra, nach 21 km auf N 68 nach links bis Castel S. Gimignano und zurück nach S. Gimignano. Bis km 21 praktisch kein Autoverkehr.

2. Certaldo - Gambassi - Montespértoli - Certaldo (42 km).
Anstiege vor Gambassi sowie zwischen Castelfiorentino und Montespértoli (insgesamt ca. 400 m Höhenunterschied). Besonders angenehm die letzten 15 km: fast kein Autoverkehr, herrliche Blicke. Die abkürzende Varante Certaldo - Castelfiorentino auf der N 429 ist wegen des starken Verkehrs nicht empfehlenswert.

3. Pianella - Castelnuovo Berardenga - Castello di Brolio - Pianella (39 km, mäßige Steigungen).
Ruhige Strecke im südlichen Chianti, östlich von Siena. Empfehlung: Beim Cast. di Brolio nicht auf der - kürzeren - Strecke nach links, sondern zunächst noch weiter Richtung Radda, bis man die N 408 erreicht; erst hier nach links biegen.

Die *Chianti-Straße* **Florenz - Greve - Castellina - Siena** ist landschaftlich schön, hat aber harte Steigungen und ziemlich viel Autoverkehr; eine m.E. bessere Tour **Siena - Florenz** beschreibe ich weiter unten (S. 286).

Südlich von Siena

4. Pienza - Castelmúzio - Montisi - S. Giovanni d'Asso - S. Quirico d'Orcia - Pienza (44 km).
Eine meiner Lieblingsstrecken durch die Crete-Landschaft - am schönsten bei klarer Sicht am Spätnachmittag/Abend. Großenteils bequem zu fahren, stärkere Anstiege vor Montisi und S. Quirico d'Orcia.

5. Montalcino - Sant'Antimo - Castiglione d'Orcia - S. Quirico - Montalcino (51 km).
Schöne, aber anstrengende Tour: harte Anstiege vor Castiglione und Montalcino.

Die Küste und das Hinterland

6. Bibbona (südöstlich von Cécina) - Bólgheri - Castagneto C. - Sassetta - Monteverdi Maritt. - Guardistallo - Bibbona (70 km).
Wunderbar ruhige Strecke; mittlere Steigungen. Von Bibbiona bis Sassetta vgl. Beschreibung S.   .

■ Am Wege: das Geschäft 'Mucci' in M o n t e v e r d i M a r i t t i m a mit erstklassigen selbstgemachten Schinken und Käsen. Vorsicht: der Junge hinter dem Ladentisch ist ein symphatisches Verkaufsgenie - ich habe zugesehen, wie er zwei Mailänder Paaren eine Spezialität nach der anderen aufschwatzte; als die Rechnung kam, fielen die vier fast um: 350.000 Lire! Mit großer Geste schenkte der 'naive Dorfjunge' den flotten Großstädtern dann noch eine kleine Wildschweinsalami ...

7. Massa Marittima - Lago dell'Accesa - Scarlino - Marsiliana - Massa Marittima (55 km).
Kleine Straßen im einsamen Hügelland. Im letzten Stück einige kurze, aber steile Anstiege. Bei der Abzweigung Scarlino (nach 27 km) nach rechts biegen, zur N 441, dort links, nach anderthalb km wieder rechts und nach vier km nochmal rechts (Wegweiser Marsiliana). Im Lago dell'Accesa Bademöglichkeit.

Die Maremma

8. Grosseto - Macchiascandona - Castiglione della Pescaia - Casotto Pescatori - Grosseto (45 km).
Die einzige vollkommen flache und trotzdem landschaftlich ganz interessante Strecke in der Toskana. Auf der Rückfahrt sogar ausnahmsweise mal acht Kilometer Fahrradweg - durch einen Pinienwald!

Zum Schluß zwei harte Brocken, landschaftlich unbedingt lohnend, aber wegen der vielen Steigungen sicher nicht jedermanns Sache. Einsame Straßen. Tour 10 besser an zwei Tagen mit Übernachtung (mehrere Hotels an der Strecke, vgl. Ortstext).

9. Pitigliano - Sovana - Saturnia - Manciano - Pitigliano (64 km).
Traumhafte Landschaften und interessante Orte.

10. Roccalbegna - Scansano - Saturnia - Triana - Roccalbegna (89 km).
Eine begeisternd schöne Tour, die man möglichst an Tagen mit klarer Sicht fahren sollte - aber: kräftiges Auf und Ab.

Große Toskana-Rundfahrt auf kleinen Straßen

Ein optimaler Weg, die Toskana kennenzulernen - sowohl die touristischen Glanzlichter als auch die unbekannteren Ecken und Winkel. Die im folgenden vorgeschlagene Tour führt in neun bis zehn Tagen in die meisten landschaftlich interessanten Gebiete: Von Florenz über San Gimignano nach Volterra, dann zwischen den Colline Metallifere und dem Meer nach Massa Marittima, durch die Maremma nach Grosseto, weiter am Hang des Monte Amiata, durch die Crete nach Siena und auf Nebenstraßen durchs Chianti-Gebiet zurück nach Florenz.

Gut trainierte Fahrer können noch einen Schlenker in den äußersten Süden - nach Pitigliano und Sovana - einfügen.

Die Einteilung in Tagesetappen ist ein Vorschlag, den man beliebig verändern kann. Zu den Übernachtungsmöglichkeiten im folgenden nur knappe Hinweise; genaueres jeweils im Ortstext.

1. Tag: **Florenz - San Gimignano** (58 km)

Auf den ersten 25 km spürt man noch die Nähe der Großstadt: Neubauten um die Dörfer - dazwischen aber immer wieder schöne Ausblicke. Hinter Montespértoli wird's völlig ruhig - toskanische Hügellandschaft wie aus dem Bildband. Mittleres Auf und Ab.

Vom Stadtzentrum nach Süden bis zum Vorort Galluzzo, hier nach rechts abzweigen auf Straße Richtung Cerbaia/Montespértoli. Am Stadtrand für zwei km steiler Anstieg aus dem Talkessel, schöne Blicke. Am Ortseingang von Chiesanuova (12 km) nach rechts abbiegen in Sträßchen nach La Rómola. Anstieg, dann Abfahrt bis C e r b a i a (17 km). Zweimal rauf, einmal runter bis M o n t e s p é r t o l i (27 km). Noch etwa anderthalb km weiter Rg. Castelfiorentino, dann nach links abbiegen in Sträßchen Rg. Lungagnana - Certaldo. Völlig ruhige, schöne Strecke bis C e r t a l d o (45 km). Interessante Oberstadt von Certaldo (vgl. Ortstext); weiter auf ansteigender Straße in klassischer Toskana-Landschaft bis San Gimignano.

■ Unterkunft: Hotels in Certaldo und S. Gimignano; in S. Gimignano außerdem Jugendherberge, Campingplatz, Privatvermieter (Näheres im jew. Ortstext). Hotel in Montespértoli (Turismo*, Tel. 0571-608025).

2. Tag: **San Gimignano - Volterra** (34 km)

Kurze, vor allem bei klarer Sicht großartige Strecke. Auf den ersten 21 km praktisch kein Autoverkehr.

Von San Gimignano nach Norden in Rg. Certaldo; nach etwa einem Kilometer nach links abbiegen in Rg. Gambassi. Immer leicht ansteigen bis zu einer Querstraße (10 km); man biegt nach links (Wegweiser "Volterra"). Weiterer Anstieg im Wald, dann traumhafte Strecke auf dem Hügelkamm, weite Blicke (rechts auf einer Hügelkuppe Volterra). Man gelangt zur N 6 8 , fährt nach rechts. In Auf und Ab durch schöne Landschaft; zum Schluß steiler Anstieg nach Volterra.

■ Hotels, Jugendherberge, Campingplatz, Privatvermieter in Volterra (s. dort). Wer mag, kann noch 18 km weiterfahren zum schönen Hotel *Buriano*** (S. 114).

3. Tag: **Volterra - Suvereto** (70 km)

Zunächst von Volterra steil hinab, dann bequem durchs breite Cécina-Tal, anschließend ständiges mäßiges Auf und Ab am Rand der Colline Metallifere oberhalb der Küste. Meerblicke, schöne, alte Orte, einsame Sträßchen, zum Schluß fantastische Abschnitte in Eßkastanien- und Korkeichenwäldern.

Steile, kurvenreiche Abfahrt Volterra - Saline di Volterra (10 km). Schöner ist die etwas längere Strecke, die von Volterra zunächst nach Westen Rg. Montecatini führt, bei einer Abzweigung nach 10 km fährt man dann links Rg. Saline di Volterra. Diese Straße war 1991 aber für 4 km nicht asphaltiert und wegen des sehr schlechten Untergrunds kaum befahrbar. - Von Saline weiter im Cécina-Tal bis Ponteginori (17 km) Hier biegt man nach links nach einem km bei einer Gabelung rechts (Rg. La California). Leichtes Auf und Ab auf einsamen Sträß-

chen. Bei einer Kreuzung (8 km ab Ponteginori) geradeaus Rg. Bibbio-
na. Nach weiteren 3 km bei einer Gabelung links (Rg. Bibbiona).
Anstieg zu einem kleinen Paß, erstmalig auf der Reise der Blick aufs
Meer. Weiter bis Bibbona, dort nach links abbiegen Rg. Bólgheri. 500 m
westlich von Bólgheri erreicht man eine Zypressenallee. Man fährt nach
rechts. (Abstecher nach Bólgheri, nach links ist möglich: ganz hübscher
Ort mit viel italienischem Tourismus. Die folgenden Orte - Castagneto,
Sassetta, Suvereto - sind schöner.)

Nach knapp 1 km von der Zypressenallee nach links abbiegen (Rg.
Castagneto Carducci). Schattige, ebene Straße unter Steineichen. Un-
terhalb von Castagneto links an der Straße der Campingplatz Le Pia-
nacce. Gut zwei km Anstieg bis C a s t a g n e t o (48 km).

Auf kurvenreicher Straße weiter bis S a s s e t t a (56 km). Danach
eine wunderbare Straße, völlig einsam, meist leicht abwärts, durch Eß-
kastanien- und Korkeichenwald bis S u v e r e t o (70 km).

Zu den hübschen Orten Castagneto Carducci, Sassetta, Suvereto vgl.
Ortsbeschreibungen.

■ Unterkunft: In Castagneto Zimmervermietung und Campingplatz,
in Sassetta Hotel, in Suvereto Privatzimmer. Vgl. Ortstext.

4. Tag: **Suvereto - Castiglione della Pescaia** (83 km) oder **Suvereto -
Grosseto** (79 km)

Zwischen Suvereto, Massa Marittima und Gavorrano einsame, angenehme Hügellandschaft. Bademöglichkeit im Lago dell'Accesa.
Unbedingt sehenswert ist Massa Marittima - auch zum Übernachten
geeignet. Ob man den Abstecher ans Meer nach Castiglione macht
(insgesamt 27 km zusätzlich), ist eine Geschmacksfrage: Die Fahrt-
strecke und der Ort Castiglione selbst sind ganz nett, aber nicht umwerfend schön.

Von Suvereto Rg. Monterotondo Marittima, nach 3,5 km in kleineres
Sträßchen Rg. Massa Marittima. Einsame Strecke; Straßenschilder
warnen vor Kollision mit Wildschweinen. Bar und wenige Häuser in
M o n t i o n i (12 km). 4 km danach auf das Sträßchen nach links Rg.
Marsilia abbiegen. Die Landschaft wirkt hier mit Laubwäldern, Äk-
kern, Wiesen eher mitteleuropäisch; bald sorgen aber Ölbäume wieder

für's mediterrane Feeling. Einige steile, aber kurze Anstiege, kaum ein Haus am Wege. Zum Schluß Anstieg nach M a s s a M a r i t t i m a (32 km).

Von Massa wieder zurück auf der Straße, auf der man gekommen ist (Rg. Follónica), nach 2 km nach links abbiegen Rg. L a g o d e l l' A c c e s a . Man erreicht den See (Bademöglichkeit). Weiter bis zu einer Querstraße (45 km), nach rechts. Unter der vierspurigen Schnellstraße Livorno - Grosseto hindurch und zur alten, heute nur noch wenig befahrenen Via Aurelia (N 1; 48 km).

D i r e k t n a c h G r o s s e t o : Hier nach links, bis Grilli (57 km), dann rechts Rg. Vetulonia, nach kurzem Stück wieder nach links (Rg. Buriano/Grosseto) und auf flacher Strecke bis Grosseto (79 km).

N a c h C a s t i g l i o n e d e l l a P e s c a i a : Auf der Via Aurelia nach rechts, nach knapp 2 km nach links Rg. Gavorrano. Bei Querstraße nach weiteren zwei km nach rechts, Rg. Bagno di Gavorrano. In der Ortsmitte von B a g n o d i G a v o r r a n o nach links Rg. Scarlino. Ebene Strecke, Öl- und Weinkulturen zwischen Hügelland und breitem Tal. Nach 59 km Abzweigung nach Scarlino, hier geradeaus (links in 200 m Entfernung der schöne Campingplatz Vallicella in großem Olivenhain, Schwimmbad). Gleich darauf Camping Il Fontino. Rechts in einiger Entfernung die Fabriken von Follónica.

Große Querstraße Follónica - Castiglione della Pescaia (65 km), man biegt nach links. Hinter der Ortschaft P i a n d ' A l a m schöner Buschwald, ein kleiner Paß; Abfahrt (am Schluß durch Pinienwald) bis Castiglione della Pescaia (83 km).

■ Unterkunft: Hotels in Massa Marittima, Castiglione, Grosseto (s. Ortstext); Campingplätze in Scarlino und Castiglione.

5. Tag: **Castiglione della Pescaia - Roccalbegna** (71 km) oder **Grosseto - Roccalbegna** (48 km)

Die anstrengendste Kletterei auf der Tour: von Meereshöhe auf rund 700 m ü.M. Abkürzen kann man nicht: Vor Roccalbegna gibt es keine Unterkunft. Einsame, sehr schöne Fahrt durch Maremmen-Landschaft zum malerisch gelegenen Roccalbegna.

U m w e g für gut trainierte Radler: *Von Grosseto über Scansano - Manciano - Pitigliano - Sovana - Semproniano bis Triana*, wo die auf die Hauptvariante verläuft. Bis Triana 115 km, d.h. 60 km mehr als die Hauptvariante (ein zusätzlicher Tag). Harte Steigungen, aber eine unbedingt lohnende Tour!

- Übernachtung am besten in Manciano (57 km ab Grosseto, mehrere Hotels, z.B. *Il Boscaccio****, Tel. 0564-620283, Miravalle*, Tel. 620245, *Stella**, Tel. 629263) und in Semproniano (La Costarella*, Tel. 0564-986319).

C a s t i g l i o n e - G r o s s e t o (23 km): In Castiglione Rg. Marina di Grosseto/Grosseto (im Ort über die Brücke, dann in Südost-Richtung. Aufpassen - es gibt mehrere nach Grosseto ausgeschilderte Straßen), Straße durch Pinienwald ist ziemlich befahren, aber es gibt einen Radweg - den einzigen auf der gesamten Rundfahrt. Radweg endet nach 8 km; gleich darauf biegt man in Straße nach links Rg. Casotto Pescatori/Grosseto. Auf holländisch flacher Strecke nach Grosseto.

G r o s s e t o - R o c c a l b e g n a (48 km): Man verläßt Grosseto auf der N 322 Rg. Scansano. Bis I s t i a d ' O m b r o n e (7 km) unschöne Strecke mit Häuschen und Fabrikchen. Danach einsame Landschaft, weite Blicke in Hügel- und Berglandschaft. 2,5 km hinter Istia d'Ombrone biegt man nach links auf kleinere Straße Rg. Arcidosso/Roccalbegna; in A r c i l l e (15 km) nach rechts Rg. Roccalbegna. Bis B a c c i n e l l o (25 km) leichtes Auf und Ab, dann vor dem Dörfchen C a n a ein langer, steiler Anstieg. Zwischen der Abzweigung Vallerona (40 km) und S. Caterina (44 km) zweiter Kletterabschnitt. Abfahrt nach Roccalbegna (48 km).

- Unterkunft: Hotel *La Pietra** in Roccalbegna (Tel. 0564-989019).

6. Tag: **Roccalbegna - Pienza** (64 km)

Nochmal ziemlich viel Kletterei - allerdings nicht soviel wie am Tag zuvor. Zwischendurch fantastische bequeme Panorama-Strecken rund um den Monte Amiata. Zum Schluß geht's steil abwärts in die

Crete-Landschaft - und nochmal hinauf nach Pienza. Hotels in fast allen Orten am Weg - man kann die Etappe verkürzen.

Von Roccalbegna bis Triana (6 km) geht's zweimal ziemlich aufwärts, zwischendurch ärgerlicherweise wieder runter. Hinter Triana noch 2 km Anstieg; bei klarer Sicht Traumblick auf's Meer, zum Monte Argentario und zur Isola del Giglio. Nach der Paßhöhe taucht rechts der Monte Amiata auf. Aussichtsreiche Strecke bis A r c i d o s s o (20 km; wenn Sie schon Hunger haben, lohnt der Abstecher zur Trattoria Barilotto in S. Fiora, s. Ortstext). Neubauten zwischen Arcidosso und C a s t e l d e l P i a n o (23 km), dann wieder Natur und bequemes Abwärts-Fahren bis S e g g i a n o (30 km). Weiter in Rg. Castiglione d'Orcia, ziemliches Auf und Ab, weite Blicke. Hinter C a s t i g l i o n e d ' O r c i a abwärts zur Via Cassia (49 km), nach links. (Gleich darauf Abzweigung zu den Bädern von B a g n o V i g n o n i , Abstecher empfehlenswert.) Nach kurzem Stück nach rechts Rg. Pienza, durch eindrucksvolle kahle Hügellandschaft bis Pienza (64 km).

■ Unterkunft: Hotels in Arcidosso, Castel del Piano (drei bzw. fünf Hotels), Castiglione d'Orcia, Bagno Vignoni, Pienza (s. dort). Campingplatz in Castel del Piano (s. dort).

7. Tag: **Pienza - Siena** (61 km)

Fahrt durch die eindrucksvolle Landschaft der Crete Senesi, Eldorado für Fotografen. Einsame Straßen bis kurz vor Siena; nur die letzten 6 km auf stark befahrener Strecke.

Von Pienza aus fährt man in Rg. San Quirico d'Orcia, biegt nach zwei km nach rechts ab Rg. Castelmúzio. Unterhalb von C a s t e l - m ú z i o (10 km ab Pienza) nach links Rg. Montisi. Durch ein Tal, dann ein Stück aufwärts, unterhalb von Montisi nach links Rg. San Giovanni d'Asso. Wunderbare ebene Straße auf Hügelkamm, Blick über die Hügelketten, bei klarer Sicht bis zum Monte Amiata. In S . G i o v a n n i d ' A s s o (20 km) nach rechts Rg. Monte Oliveto/Asciano.

Für 5 km ein teilweise recht steiler Anstieg; auf der Höhe Abstecher zum Kloster M o n t e O l i v e t o M a g g i o r e (4 km) möglich. Lange Abfahrt bis A s c i a n o (35 km). Wiederum ein harter Anstieg, dann in ständigem Auf und Ab durch die Crete; ab und zu erscheinen am Horizont die Türme von Siena.

Wer mit einem mountain bike unterwegs ist, biegt in A r b i a (53 km) nach rechts Rg. Montaperti ab, fährt dann kurz hinter dem Ortsschild von Montaperti nach links und auf nicht-asphaltierten Sträßchen über V i c o d ' A r b i a - T u o r l o nach Siena.

Mit Normalrädern muß man dagegen die letzten 6 km auf der stark befahrenen N 3 2 6 zurücklegen.

■ Unterkunft: Hotels in Asciano und Siena; Camping und Jugendherberge in Siena; Herberge im Kloster Monte Oliveto. Vgl. Ortstext.

8./9. Tag: **Siena - Florenz** (103 km)

Durchs Chiantigebiet nach Florenz; schöne, 'typische' Toskana-Landschaft. Nur auf den letzten zehn Kilometern spürt man unangenehm die Nähe der Großstadt.

Ein Problem: die Unterkunft. Die Hotels am Weg sind während der Saison oft langfristig ausgebucht. Schlimmstenfalls muß man vor Radda in Richtung Montevarchi bzw. San Giovanni Valdarno ausweichen, wo es Hotels, Campingplatz und Jugendherberge gibt (hin und zurück 35-40 km Umweg).

Von Siena in nordöstlicher Rg. auf der N 408 Rg. Gaiole. Etwa bei P i a n e l l a (11 km) hören die verstreuten Neubauten auf. Hier verläßt man die N 408, biegt nach rechts (Rg. Castelnuovo Berardenga). Von C a s t e l n u o v o B e r a r d e n g a (23 km) in Rg. San Gusmè, unterhalb von San Gusmè geradeaus weiter Rg. C a s t e l l o d i B r o l i o . Abzweigung Castello di Brolio (34 km); der Abstecher - auf Natursträßchen aufwärts - lohnt für mein Empfinden nicht. Durch ausgedehntes Waldgebiet weiter zur N 4 0 8 (39 km); nach rechts und nach weiteren 3 km nach links Rg. Radda. Langer Anstieg bis R a d d a - L a V i l l a (48 km). Unterhalb von Radda nach links auf die Straße Rg. Florenz/Lucarelli (Abstecher nach Radda allerdings ganz interessant).

Abfahrt nach L u c a r e l l i , dann Anstieg zur N 2 2 2 , nach rechts. Auf der Chiantigiana-Straße über Panzano nach G r e v e

(69 km). Weiter Rg. Florenz. Hinter der Abzweigung Ferrona/Passo dei Pecorai nochmal ein längerer Anstieg bis C h i ó c c h i o *(76 km). Am Ortsbeginn von* S t r a d a i n C h i a n t i *verläßt man die* N 2 2 2 , *biegt nach rechts Rg. S. Polo. Durch ein hübsches Tal bis* S . P o l o *(85 km).*

Nach links Rg. Firenze. Kurzer steiler Anstieg, dann in Auf und Ab durch Hügellandschaft. Allmählich dichtere Besiedlung; bei G r á s s i n a *(95 km) ist man endgültig im Einzugsbereich der Groß-stadt. Durch Vorstädte ins Zentrum von Florenz (103 km).*

■ Unterkunft: Hotels in Radda, Panzano, Greve, Passo dei Pecorai. Privatzimmer in Radda. (Vgl. jew. Ortskap.) In Montevarchi (20 km östlich von Radda): Hotel *Delta**** (Viale Diaz 137, Tel. 055-901213); *Aurora** (Viale Diaz 89, Tel. 981502); *La Rosa** (Via Bracciolini 3, Tel. 980533).

In S. Giovanni Valdarno (20 km nordöstlich von Radda): *Bianca**** (Viale Don Minzoni 38, Tel. 055-93602); *River**** (Via F. Cervi 10, Tel. 92453); *San Giovanni** (Via Mazzini 38, Tel. 92561). Am See westlich von San Giovanni Valdarno (3 km ab Porcellino): Camping del Lago (Via Borbuio 32, Cavriglia-S. Cipriano, Tel. 055-961039, ganzjährig geöffnet) und Jugendherberge (Tel. 055-967544; Unterkunft auch ohne JH-Ausweis, aber vorher anfragen!).

Hinter den Zypressen - beginnt der Alltag der Toskana.
Christoph Hennig sprach mit Menschen und interessierte
sich für ein paar wesentliche Dinge.

Der Landarzt

Im Dorfhotel von *Semproniano* ist der etwa dreißigjährige Italiener
außer mir der einzige Gast. Beim Abendessen sitzen wir an getrenn-
ten Tischen, die Ricotta-Ravioli und die Scaloppine schmecken ausgezeichnet, trotz der fünf Meter zwischen uns kommen wir schnell
ins Gespräch. Enrico ist *Guardia medica* in dem kleinen Ort, ein von
der staatlichen Krankenfürsorge vorübergehend in die Provinz ge-
sandter Arzt, der den Bauern, den Schäfern und Rentnern der Gegend beistehen soll. Er ist nicht zufrieden mit dem Job, aber einen
Arbeitsplatz zu finden, ist schwer. Für die begehrten Stellen - im
Krankenhaus oder als Kassenarzt der gesetzlichen Versicherung -
muß man *concorsi* bestehen, d.h. Prüfungen mit Dutzenden von
Konkurrenten - und 'Punkte sammeln'. Punkte sammelt Enrico hier
auf dem Dorf, die Arbeit als Guardia medica kann ihn voranbringen
auf den undurchschaubaren Listen, die über eine Festanstellung entscheiden.
   Enrico stammt aus Pisa. Die 250 kurvigen Kilometer nach Hause
fährt er, sooft es irgend geht - denn in dem Dorf am Rand des Monte Amiata fühlt er sich nicht heimisch. Er weiß: Hier arbeitet er nur
einige Monate lang, dann läuft sein Vertrag aus und er wird allenfalls eine ähnliche Stelle an einem anderen Ort finden. Oder aber
sein Universitätsprofessor bietet ihm - höchstes Glück! - eine Assi-
stenzstelle im Krankenhaus an, wo er dann unentgeltlich arbeiten
müßte, aber die begründete Hoffnung hegen dürfte, daß man ihm
beim nächsten *concorso* die Prüfungsfragen im voraus verrät oder
ihn sonstwie begünstigt. Semproniano jedenfalls ist nur eine vor-
übergehende Etappe. Auch deshalb wohnt er im Hotel, eine Wohnung anzumieten lohnt sich für ihn nicht.
   Was Enrico vor allem zu schaffen macht, ist die Langeweile. Viel

zu tun gibt es nicht, er hat keine Freunde im Ort, die einzige Unterhaltung liefert der Fernseher. Der hügelig-sonnigen Landschaft kann er nicht so viel abgewinnen wie die deutschen Wanderer, die zu seinem Erstaunen immer wieder im Hotel eintreffen und eine - allerdings sehr begrenzte - Abwechslung in den Kreis der ewig-gleichen Gesichter bringen. Ihm fehlen das Meer, das Kino, die Kneipen der Großstadt, die Familie. Die Leute von Semproniano sind freundlich, gewiß - aber was fängt er, der Städter, der sich nur vorübergehend hier aufhält, mit ihnen an?

Die Freundlichkeit der Einheimischen hat für Enrico zudem ihre Schattenseiten. Zwischen den Bauern und dem jungen Arzt kommt es zu Mißverständnissen, die Enrico viel Schlaf kosten. Wenn ein Einheimischer, so erzählt er, sich abends um elf schlecht fühlt, ruft er den Arzt um diese Uhrzeit nicht an. Elf Uhr - das ist für die Bauern, die früh zu Bett gehen und früh aufstehen, mitten in der Nacht. Man will nicht unhöflich sein, man schiebt den Anruf auf und wartet bis in den frühen Morgen. Um fünf Uhr wird Enrico dann aus dem tiefsten Schlaf gerissen - das ist für die meisten Hiesigen eine zivile Zeit, aber nicht für den armen Doktor, der schlaftrunken in seinen Wagen steigt und manchmal noch stundenlang umherirrt, bis er das einsam gelegene Gehöft findet, dessen Name und Adresse ihm nichts sagen und das er inmitten der Schafweiden und Wälder nicht findet . . .

In Semproniano, dem ruhigen Dorf, habe ich mich immer wohlgefühlt. Enrico läßt mich den Ort mit anderen Augen sehen. Verdammt zum Landleben . . . Er hat nicht viel Verständnis für die Städter, Italiener und Ausländer, die die verlassenen Bauernhöfe der Umgebung aufgekauft und ausgebaut haben, um einige Wochen im Jahr oder sogar ihr ganzes Leben in dieser himmlischen Stille, vor den weiten Panoramen der Maremma, zu verbringen. Er sehnt sich zurück nach Pisa, oder wenigstens in eine Kleinstadt mit einem richtigen Krankenhaus.

Trüffel und Zwergschulen - Probleme eines Bürgermeister

Bürgermeister Roberto Cappelli steht einer der kleinsten Gemeinden Italiens vor: Die Kommune von San Giovanni d'Asso zwischen Siena und Pienza zählt gerade 900 Einwohner, die in drei verschiedenen Dörfern und auf verstreuten Einzelhöfen leben. Cappellio, der der PDS (der aus der Kommunistischen Partei hervorgegangenen Partito Democratico della Sinistra) angehörte, erzählt: "Vor einigen Jahrzehnten wohnten im Gemeindegebiet 3500 Menschen, heute ist ihre Zahl auf ein Viertel zurückgegangen. Die Abwanderung war enorm, seit sich die alten Agrarstrukturen aufgelöst haben. Noch immer sind die meisten Leute in der Landwirtschaft tätig, vor allem beim Getreide- und Mais-Anbau und in der Schafzucht. Aber die Landwirtschaft beschäftigt eben nicht mehr so viele Arbeitskräfte wie früher. Das kostbarste Produkt unserer Gegend sind die weißen Trüffel. Trüffel sind übrigens sehr genaue Indikatoren der Umweltverschmutzung, sie wachsen nur in unbelasteten Gebieten. Bei uns sieht die Landschaft an vielen Stellen noch genauso aus wie vor dreißig Jahren, und wir bemühen uns auch von der Gemeindeverwaltung aus, diese unversehrte Umgebung zu erhalten.

Die Abwanderung stellt uns vor große Probleme. In unserer Grundschule haben wir noch 13 Schüler, in der Mittelschule 15. Aber daß die Schulen im Ort bleiben, ist wichtig, sonst werden auf die Dauer noch mehr Leute wegziehen. Schon jetzt ist die Bevölkerung überaltert. Dabei bin ich selbst der jüngste Bürgermeister Italiens. Ich bin vor zwei Jahren gewählt worden, damals war ich 23 Jahre alt. Das Fernsehen und die großen Zeitungen kamen, um mich zu interviewen. Das hat mir viel geholfen, von Anfang an war ich gezwungen, mich mit der Öffentlichkeit auseinanderzusetzen. Aber ewig will ich diese Arbeit nicht machen. Man verliert seine Jugend, hat zu wenig Zeit, nimmt zu viel Verantwortung auf sich, um noch unbeschwert zu leben.

Im bescheidenen Rahmen unserer Möglichkeiten versuchen wir, kulturelle Initiativen zu fördern und unsere Gemeinde bekannter zu machen. Sie liegt ein wenig abseits, im toten Winkel des Tourismus. Aber unser großer Trüffelmarkt im November findet doch einige Beachtung und der 'Trüffel für den Frieden', den wir jährlich an einer Persönlichkeit der Weltpolitik vergeben, bringt auch einige Publizität.

Unsere große Burg, die innen verfallen ist, könnte man zu einem Kulturzentrum ausbauen - aber dafür fehlt uns das Geld. Doch ich bin zufrieden, daß sie seit neuestem wenigstens teilweise für eine Kultur-Initiative genutzt wird. Wir beherbergen dort zwei ausländische Künstler für jeweils ein Jahr; sie bekommen von uns gratis Unterkunft und die Verpflegung in der Schul-Mensa. Wir möchten, daß sich zwischen diesen Künstlern und unserer Bevölkerung ein Kontakt entwickelt - das kann für beide Seiten anregend sein.

In der Gegend haben sich einige Ausländer niedergelassen, manche als Ferienhausbesitzer, andere wohnen auch fest hier. In unserer Gemeinde sind es vor allem Engländer. Insgesamt haben sie 40 Bauernhöfe gekauft. Das hat den Nachteil, daß die Wohnungspreise durch die größere Nachfrage steigen. Vorteilhaft ist aber der Einfluß auf die Kleinbetriebe am Ort: Restaurants und Läden profitieren von den neuen Kunden. Außerdem haben die Ausländer die Anwesen meist liebevoll im traditionellen Stil restauriert, oft wurden die Häuser vor dem Verfall gerettet. Der Kontakt der Fremden zu uns ist allerdings nur gering. Meist bleiben sie unter sich. Nur in Montisi, einem unserer Dörfer, ist das besser, da hat es auch schon gemeinsame Feste der Hiesigen und der Zuzügler gegeben.

Wirtschaftlich geht es den Menschen hier nicht schlecht. Es gibt zwar keinen ausgesprochenen Wohlstand, aber auch kaum Armut. Die Löhne sind nicht hoch, aber bei uns wird noch viel in Eigenarbeit gemacht: handwerkliche Tätigkeiten und vor allem die Landwirtschaft. Fast jeder hat seinen Gemüsegarten, ein paar Obstbäume, oft auch Tiere. So sind die Lebensunterhaltungskosten viel niedriger als in der Stadt. Richtige Armut habe ich nur bei einigen Sarden gesehen, die hierher gezogen sind. Die Sarden sind neben den Nordeuropäern die zweite Gruppe von 'Einwanderern' in unserer Gegend. Sie sind meist Schafhirten und haben viele der von den einheimischen verlassenen Höfe übernommen. Sie leben ein wenig für sich. Früher gab es manchmal Konflikte, gelegentlich sogar Schlägereien unter den Jugendlichen, aber das hat sich gelegt. Man lebt nebeneinander her.

Unsere Hauptprobleme in der Gemeindeverwaltung sind technischer und finanzieller Art. Die Schule im Dorf erhalten, ich sagte es schon. Dann die Wasserversorgung: uns fehlen spezialisiertes Personal und Geld, um die Leitungen so in Ordnung zu bringen, wie es eigentlich sein müßte. Und schließlich müßten wir für die vielen Bewohner außerhalb des Arbeitsprozesses - vor allem die Pensionäre und die Jugendlichen - mehr Angebote schaffen. Die Jugendlichen langweilen sich oft. Drogenprobleme haben wir zwar zum Glück nicht, dazu ist die soziale Kontrolle zu stark. Aber unsere Jugendlichen sind nicht aus der Welt: wenn Sie die nach Mailand bringen würden, wären die meisten in drei Tagen völlig an die Großstadt gewöhnt.

Auf die Dauer schwebt mir eine Entwicklung vor, die den Charakter der Dörfer erhält und trotzdem genug Arbeitsplätze schafft, um die Einheimischen am Ort zu halten. Das meiste hängt natürlich nicht von uns ab. Wir bräuchten bessere Verkehrsverbindungen, sowohl neue Straßen als auch eine Beschleunigung der Zugverbindung nach Siena. Ein naturnaher Tourismus könnte sich stärker entwickkeln: Ferien auf dem Bauernhof, Reiten, Wandern. Und ich bin auch für eine kontrollierte Industrieansiedlung, natürlich ohne die Landschaft zu verschandeln. Aber das liegt alles außerhalb unseres Einflußbereichs. Wir sind nur eine winzige Gemeinde. Die großen Entscheidungen fallen anderswo."

Ölbäume und Olivenöl

Ölbaumpflanzungen prägen das Landschaftsbild der Toskana. Die silbergrün schimmernden Bäume gehören zur Toskana-Idylle wie die Zypressenreihen und die Weinreben. Aber der Ölbaum gibt nicht nur den Farbfotos mediterrane Akzente - er ist vor allem eine der traditionell wichtigsten Pflanzen für die Ernährung der Bevölkerung.

Die Bevölkerung des Mittelmeerraums verwendet seit jeher wenig tierische Fette, sondern vorwiegend das Olivenöl. Vor allem in den vergangenen Jahrhunderten war das Öl einer der wichtigsten Bestandteile der vielfach nur kargen Nahrung. Die 'Bruschette', eine geröstete, mit Olivenöl und Knoblauch bestrichene Brotscheibe, kann eine Köstlichkeit sein; in früheren Zeiten stellte sie einfach den nahrhaften Magenfüller der armen Landleute dar.

Das Öl diente nicht nur zur Ernährung, sondern auch als Brennstoff für Lampendochte und vor allem zur Körperpflege. Wegen seiner großen Bedeutung war der Ölbaum vielen Völkern des Mittelmeerraumes heilig. Bei den Griechen war er der Baum der Athena, in der Geschichte der Arche Noah kündigt eine Taube mit dem Ölzweig das Ende der Sintflut an, die Könige wurden mit Olivenöl gesalbt. Ölbäume können viele hundert Jahre alt werden. Als eine besondere Barbarei galt es, in Kriegen die Ölbäume der Gegner zu fällen.

Die toskanische Ölbäume sind allerdings fast ausnahmslos sehr jung. Im Winter 1984/85 zerstörte ein tagelang anhaltender starker Frost mit Nachttemperaturen um minus 20 Grad mehr als 80% der Pflanzen. Sie mußten bis zum Boden zurückgeschnitten werden und wuchsen dann allmählich nach. Heute tragen die damals eingegangenen Bäume wieder Oliven; aber der volle Ertrag wird in den meisten Fällen erst nach zehn bis fünfzehn Jahren erreicht.

Ölbäume vertragen im allgemeinen Temperaturen von etwa 5 Grad unter Null. Sie wachsen in der Toskana in Höhen bis zu 600 m. Ein ausgewachsener Baum bringt 5 bis 10 kg Oliven, aus denen 1 bis 2 Liter Öl gewonnen werden.

Beim Olivenöl gibt es große Qualitätsunterschiede. Daß nur *Extra-vergine-Öl* (also Öl aus der sog. "ersten Pressung") akzeptabel ist, hat sich inzwischen herumgesprochen: Olivenöl ohne dieses Prädikat ist ausnahmslos von minderer Qualität, sowohl in geschmacklicher als auch in gesundheitlicher Hinsicht. Aber die Bezeichnung Extra-vergine gibt allein noch lange keine ausreichende Garantie. Sie kann von allen Ölen beansprucht werden, deren Säuregehalt unter 1% liegt. Dies sagt aber nach Ansicht von Experten gerade soviel wie die 'Tatsache, daß ein Wein nicht nach Essig schmecken darf', gleichsam die unterste Anstandsgrenze. Erstklassige Öle haben vielfach einen Säuregehalt von nur 0,1-0,2%.

Zahlreiche Faktoren spielen bei der Produktion hochwertigen Öls eine Rolle: der Boden, auf dem die Bäume stehen; der Reifegrad der Oliven und die Art der Ernte; eine unverzügliche Weiterverarbeitung nach der Ernte; die Methoden der Ölgewinnung aus den Früchten. Die qualitätssteigernden Verfahren sind kostenintensiver, so daß gutes Olivenöl notwendig teuer wird. Für die 6.000 Lire, zu denen Supermärkte Extra-vergine-Öl anbieten, ist ausnahmslos nur minderwertige Ware zu bekommen.

Die **Ernte**, die in der Toskana meist im November und Dezember stattfindet, geschieht am besten von Hand. Die Früchte dürfen nicht beschädigt werden, wenn das Öl von guter Qualität sein soll. Häufig legen die Bauern Netze oder Tücher unter die Bäume und streichen dann mit Kämmen durch die Zweige, sodaß die Oliven zur Erde fallen. Bei diesem Verfahren müssen angeschlagene Früchte anschließend ausgesondert werden. Die bequemste traditionelle Verfahren - mit Stangen auf die Äste zu schlagen - schadet Früchten und Baum. Heute gibt es auch Formen der maschinellen Ernte.

Der beste **Erntezeitpunkt** liegt relativ früh: wenn die Oliven beginnen, sich schwarz zu färben, das Fruchtfleisch aber noch hell ist. Diese nicht ausgereiften Oliven geben das optimale Öl, aber der Ertrag liegt niedriger als bei später geernteten Früchten.

Nach der Ernte müssen die Oliven möglichst schnell weiterverarbeitet werden, denn sobald sie nicht mehr am Baum hängen, entwikkelt sich eine Reihe chemischer Reaktionen, die zu Lasten der Ölqualität gehen. Diese Reaktionen (u.a. Oxidationsprozesse) sind bei beschädigten Früchten besonders stark - daher die Notwendigkeit einer pfleglichen Behandlung.

Die Oliven kommen nun in die **Ölmühle,** wo sie zunächst mit Kernen und Schalen gemahlen werden, so daß eine feste, homogene Masse entsteht. Aus diesem Olivenbrei wird, entweder durch Auspressen in einem Preßstock oder durch Zentrifugieren, das Öl gewonnen. Das traditionelle Verfahren der kalten Pressung ist langsamer und arbeitsintensiver; es gibt aber die besten Resultate. Beim Zentrifugieren dagegen verlieren sich Geschmacks- und Nährstoffe, weil die Ölmasse erhitzt und mit warmem Wasser vermischt wird. Manche Produzenten erhitzen auch bei der Pressung den Ölbrei. Dadurch löst das Öl sich leichter aus der Masse. Gute Qualitäten gibt aber nur die Kaltpressung.

In jeder Phase sind die qualitätssteigernden Verfahren auch die teureren: die frühzeitige Ernte, möglichst von Hand; das Mahlen zwischen Mühlsteinen anstatt in Maschinen; die Extraktion durch Kaltpressung. Spitzenöle verlangen das traditionelle Vorgehen und sind deshalb notwendig teuer.

Viele toskanische Olivenöle, vor allem aus der industriellen Produktion, werden mit Öl aus anderen Regionen (Süditalien, Griechenland) gemischt. Diese Mischungen sind, soweit sie sich innerhalb gewisser Grenzen halten, gesetzlich erlaubt. Toskanisches Öl ist durch die höheren Arbeitslöhne und den geringen Ertrag der verhältnismäßig kleinen Oliven teuer; die Produzenten senken durch den Verschnitt ihre Herstellungskosten. Die Ölqualität wird dadurch aber fast immer verringert.

Die Preise für erstklassige Ware liegen fast ausnahmslos über 15.000 Lire/Liter, überschreiten meist 20.000 Lire. Aufgrund der neuerdings gestiegenen Nachfrage nach Qualitätsöl bieten jetzt auch die Großproduzenten Produkte gehobener Qualität an. Sie erreichen sicher nicht das Niveau des 'handwerklich' geschaffenen Öls mancher Bauern. Nach Testuntersuchungen der Konsumentenorganisation 'Gambero Rosso' finden sich aber auch unter diesen Produkten Öle erstklassiger Qualität (vgl. 'Einkaufen', S. 338/9).

Bio-Bauern

Wer die Adressenliste des 'Coordinamento Toscano Produttori Biologici', des Zusammenschlusses toskanischer Bio-Bauern, durchsieht, findet Namen wie Karl, Jürgen und Christine ebenso oft wie Carlo, Giorgio und Sabine - gut ein Drittel der Mitglieder sind Ausländer. Aber auuch unter den italienischen Mitgliedern finden sich kaum Einheimische. Die meisten sind aus Norditalien zugezogen, einige kommen aus Rom. Die toskanische Bio-Landwirtschaft ist fast ausschließlich von Auswärtigen in Gang gesetzt worden. Mittlerweile wird biologische Landwirtschaft in der Toskana von mehr als hundert Bauern betrieben. Die meisten von ihnen bewirtschaften Kleinbetriebe, aber auch einige große Güter erzeugen Bio-Produkte.

"Anfangs waren die Deutschen und Schweizer in der Mehrzahl", erzählt Hubert Müller vom Coordinamento-Büro in Florenz. "Allmählich sind dann Italiener aus dem Norden dazugekommen. Inzwischen haben sich einige einheimische Bauern angeschlossen, die schon immer biologischen Anbau betrieben haben, ohne sich irgendwo zu organisieren."

Mit ihrem hohen Anteil an Auswärtigen steht die Bio-Landwirtschaft in der Toskana nicht allein. Auch in anderen Bereichen der Landwirtschaft sind die Einheimischen heute in der Minderzahl. So wird die Schafzucht fast ausschließlich von Sarden betrieben. Und unter den Chianti-Produzenten des *Gallo Nero* stammen mehr als 80% nicht aus der Toskana, sondern aus Mailand, Rom, Zürich oder sogar London!

Ein mittelgroßer Bio-Betrieb wie *La Bulichella* in der Maremma ist charakteristisch für die Zusammensetzung dieser Unternehmen. Er wurde von vier norditalienischen Familien als Gemeinschaftsprojekt gegründet. Im Lauf der Zeit verließen zwei Paare den Hof, an ihrer Stelle kamen ein italienisch-belgisches und ein italienisch-japanisches Ehepaar dazu. Neben dem Anbau von Wein, Obst, Gemüse, Getreide vermietet La Bulichella Ferienwohnungen - wie auf zahlreichen anderen Bio-Bauernhöfen stellt der 'Agriturismo' auch hier eine der wichtigsten Einnahmequellen dar (vgl. auch "Unterkunft").

Für viele toskanische Bio-Bauern bringt die Vermarktung ihrer Produkte die größten Probleme mit sich. Zwar haben fast alle größeren italienischen Städte inzwischen ihre Naturkostläden, aber das Vertriebssystem steckt noch in den Kinderschuhen. Frische Ware kann oft nicht schnell genug nach Florenz oder Mailand geliefert werden, zumal viele Landwirte nur kleine Mengen erzeugen, deren Transport ökonomisch nicht lohnt. An Ort und Stelle aber existiert für Bio-Produkte kaum eine Nachfrage. So müssen Obst und Gemüse oft zu den ganz normalen Preisen verkauft werden, zu denen auch die chemisch behandelte Ware angeboten wird. Zur Freude der Bio-Bauern kaufen allerdings viele Touristen Frischprodukte direkt vom Hof, so daß während der Reisesaison der Absatz besser läuft.

Neben den organisierten Öko-Bauern gibt es in der Toskana noch eine 'versteckte' Bio-Landwirtschaft, ohne ideologische Ansprüche und ohne Organisation. Für viele einheimische Bauern - vor allem für die zahlreichen Freizeit-Landwirte, die vorwiegend für den Eigenverbrauch produzieren - ist es ganz selbstverständlich, den Olivenhain und den Gemüsegarten von Chemie-Behandlung freizuhalten. Wer das Glück hat, bei solchen Bauern zu Gast zu sein, bekommt eigenen Wein, das Öl oder die Artischocken stolz als *'roba naturale'*, als 'natürliches Zeug' auf den Tisch gestellt. Diese Bauern brauchten keine Umweltbewegung, um zu verstehen, daß ungespritztes Gemüse gesünder ist und besser schmeckt. Aber ihre Erzeugnisse kommen kaum je auf den Markt, sie werden in der Familie und unter Freunden verzehrt.

Wohnungsnot

Ein Hausbesitzer, der halbwegs bei Sinnen ist, vermietet in Italien regulär keine Wohnung. Ein 'mieterfreundliches' Gesetz aus dem Jahre 1978 hat den Markt der Mietwohnungen erdrosselt. Die Mietpreise werden auf einem lächerlich niedrigen Niveau gesetzlich festgelegt, und Kündigungen sind so erschwert, daß manche Vermieter trotz nachgewiesenen Eigenbedarfs bis zu fünfzehn Jahre auf ihre Wohnung warten. Konsequenz: In Italien stehen heute knapp 5 Millionen Wohnungen leer; zugleich wohnt über eine Million Familien in einem einzigen Zimmer. Dier Zahl der verzweifelt und vergeblich Wohnungssuchenden ist nicht zu überblicken.

Wer in Italien eine Wohnung sucht, muß versuchen zu kaufen. Zwei Drittel aller Italiener sind heute Wohnungsbesitzer - viele von ihnen hatten keine andere Wahl, wenn sie nicht ohne Dach über dem Kopf bleiben wollten.

Das Gesetz, das diese Absurditäten provoziert, hätte nach aller Logik binnen kurzer Zeit geändert werden müssen. Daß es dazu nicht kam, hat vermutlich einen tieferen sozial-psychologischen Grund. In Italien bildet die Familie, mehr als in anderen europäischen Ländern, die Grundeinheit des sozialen Lebens; ihre Bedeutung ist viel größer als etwa in Deutschland oder Frankreich. Mit der Modernisierung der Gesellschaft in den letzten Jahrzehnten wurde das Familienleben aber auch in Italien erschüttert: Individualismus und Unabhängigkeitsstreben breiteten sich vor allem unter Frauen und Jugendlichen aus. Das Mietgesetz von 1978 hält die Familien dagegen mit sanfter Gewalt zusammen. Undenkbar, daß ein Student sich ohne väterliche Unterstützung eine eigene Wohnung nimmt: Womit soll er sie bezahlen? Undenkbar, daß die fünfundzwanzigjährige Tochter, die irgendwo als kleine Angestellte arbeitet, ohne Zustimmung der Eltern von zu Hause wegzieht: Die Wohnungspreise sind mit ihrem Gehalt einfach unbezahlbar. Und selbst wenn die

Kinder sich glücklich vermählen, bleiben sie abhängig von den Eltern: Ohne deren Geld fänden sie keine eigene Wohnung. Das Wohnungsrecht schiebt also der individuellen Entscheidungsfreiheit der erwachsenen Kinder einen harten Riegel vor - die alten Abhängigkeiten bleiben gewahrt. So gesehen, gibt das italienische Mietrecht durchaus einen Sinn, freilich einen konservativen.

Manche Tricks erlauben die Vorschriften des Mietgesetzes zu umgehen. Nur sind sie nicht jedem Bürger zugänglich. Am gängigsten ist die Vermietung von Wohnraum als 'foresteria'. In diesem Fall mietet eine Kapitalgesellschaft (GmbH, AG oder ähnliches) die Wohnung an und gibt sie einem Angestellten zum vorübergehenden Gebrauch weiter. Unter dieser Voraussetzung gelten die Festmieten und der Kündigungsschutz nicht. Aber diesen Weg kann nur einschlagen, wer einen Unternehmer zu seinen Verwandten oder Freunden zählt. Manche Vermieter lassen sich auch darauf ein, einen regulären Mietvertrag abzuschließen und eine zusätzliche Summe unter der Hand zu kassieren. Schätzungen lassen vermuten, daß nur noch 30 Prozent der bestehenden Mietverhältnisse den gesetzlichen Vorschriften entsprechen - und das sind meist Verträge, die bereits vor Inkrafttreten des Gesetzes abgeschlossen wurden.

Anders als in Deutschland gibt es in Italien keine 'reale' Wohnungsnot: Die benötigten Wohnungen sind durchaus vorhanden. Nur stehen sie eben leer. Für die Wohnungssuchenden läuft es aufs Gleiche raus. Wer in Florenz eine angenehme Einzimmer-Wohnung zu 1500 DM findet, kann sich glücklich schätzen...

Auf seine Weise hat nach einer Zeitungsnotiz der pensionierte Tischler Giovanni Spinoglio aus Turin das Wohnungsproblem gelöst: Nachdem ihm seine Wohnung gekündigt wurde und er keine neue Bleibe fand, schläft er nun regelmäßig im Nachtzug Turin-Savona; nach vier Stunden muß er aufstehen und den Zug in der Gegenrichtung nehmen. Die Monatskarte kostet 100.000 Lire - das kann sich der Schreiner auch mit seiner Mini-Rente leisten.

Diskotheken

Jeden Samstagabend beginnt das große Zittern. Zehntausende von Müttern und Vätern kommen nicht zur Ruhe. Bis elf Uhr oder Mitternacht folgen sie zerstreut dem Fernsehprogramm, dann legen sie sich zu unruhigem Schlaf ins Ehebett. Erst wenn sich morgens um drei ein Schlüssel im Schloß dreht, die Haustür leise geöffnet wird und die Schritte des Sohns oder der Tochter im Flur verhallen, sinken die Eltern erleichtert in tieferen Schlaf. Wieder einmal ist der Fluch vorübergezogen, ist das geliebte Kind heil und gesund vom Saturday-night-Ausflug zurückgekommen. Am Montag wird man die üblichen Meldungen von jugen Opfern der Landstraße lesen - der eigene Sprößling war auch an diesem Wochenende nicht dabei.

Der Disko-Ausflug am Samstagabend gehört zu den festen Ritualen italienischer Jugendlicher. Besonders auf dem Land, wo sich unter der Woche wenig unternehmen läßt, muß es am Samstag rund gehen. Da brechen dann alle zwischen sechzehn und zweiundzwanzig auf, um das 'Brooklyn', das 'Paradise' oder die 'Pineta' zu erreichen, einen fluoreszierenden Mega-Schuppen, der irgendwo einsam in der Landschaft steht, 20 oder 30 Kilometer entfernt. Und auf der Rückfahrt, zwischen zwei und vier Uhr nachts, kommt es an jedem Wochenende zu Katastrophen. Die Achtzehnjährigen mit dem frischen Führerschein, in Papas viel zu großem Wagen, kratzen nicht alle Kurven. Die *stragi del sabato sera*, die 'Samstagabend-Gemetzel', gehören zum festen Repertoire der Zeitungen - am Montag werden die Unfälle des Wochenendes in einem halbseitigen Artikel zusammengefaßt. Und der obligatorische, besorgte Kommentar erörtert mögliche Gegenmaßnahmen: Alkoholkontrollen, Fahrverbot für Führerscheinneulinge auf superschnellen Autos, frühzeitige Schließung der Diskotheken. Vor allem um den letzten Vorschlag ist in den letzten Jahren eine heiße Diskussion entbrannt. Eine Mutter aus Padua, Maria Belli, brachte den Stein ins Rollen. Die Regierung, meinte sie, müsse etwas zum Schutz der rasenden Kiddies unternehmen. In ganz Italien entstanden Eltern-Initiativen - Väter und Mütter, die ihre Kinder nicht bremsen können, erhofften sich Hilfe aus Rom. Und die Hilfe kam: ein Dekret verordnete landesweit die Diskotheken-Schließung um zwei Uhr. Die Disko-Besitzer waren verzweifelt: vielerorts geht der Betrieb erst um Mitternacht richtig los, Diskotheken um zwei Uhr zu schließen, bedeutet etwa soviel, wie den Betrieb von Skiliften zwischen Dezember und Februar zu untersagen....

Es folgten Prozesse vor den Verwaltungsgerichten, das Dekret wurde aufgehoben und wieder erneuert. Seit dem Juni 1991 ist nun alles klar: In letzter Instanz wurde die Zwei-Uhr-Regelung für rechtens erklärt, Ausnahmen gelten nur für Touristenorte wie für die Disko-Hochburgen Rimini und Riccione an der Adria. Die Ausnahmeregelungen aber werden dazu führen, daß die Jugendlichen samstagabends noch mehr Auto fahren: wenn die Disko um zwei Uhr schließt, fährt man anschließend halt noch 60 km zur übernächsten.

Fast immer fahren die Jugendlichen mit Papas Wagen. Und warum rückt Papa das Auto heraus? Bernardo und Elisa Valli, Gastwirte in einer toskanischen Kleinstadt, klagten mir an einem Samstag ihr Leid, während der neunzehnjährige Sohn seinen Aufbruch vorbereitete und die dreizehnjährige Tochter maulte, weil sie nicht mitdurfte. "Warum wir Carlo das Auto geben? Alle anderen Jugendlichen im Dorf fahren auch in die Disko, da wollen wir nicht die einzig sturen Eltern sein. Und außerdem: wenn Carlo nicht unser Auto benutzt, fährt er bei Freunden mit - und dann haben wir noch mehr Angst, da wissen wir nicht mal, wer am Steuer sitzt."

Die Beziehungen zwischen Eltern und Kindern haben sich in Italien, selbst in abgelegenen Landregionen, in den letzten Jahren grundlegend gewandelt. Die alte Familienstruktur, in der die Eltern bestimmen, was geschehen sollte, gibt es nicht mehr. Zwar bleiben die Kinder lange, meist noch als Erwachsene, psychisch und materiell ans Elternhaus gebunden - länger als in den meisten anderen Ländern Europas. Zwar wird man kaum ein italienisches Haus finden, in dem der Sohn seine Freundin (oder gar die Tochter den Freund) auf sein Zimmer mitnimmt - es gibt ungeschriebene Regeln, die nach wie vor gelten. Aber zu diesen Regeln gehören auch selbstverständliche Rechte der Kinder - das Recht, am Samstag in die Diskotheken zu fahren, ist neuerdings eines der wichtigsten davon.

Monumente in Gefahr

Mehr als 60% aller Kunstwerke auf der Welt befinden sich nach einer Schätzung der UNESCO in Italien - davon wiederum ein überproportional hoher Anteil in der Toskana. Nur mühevoll hält Italien diese Werke instand. Die Desorganisation der staatlichen Verwaltung, chronischer Geldmangel (gerade 0,09% des Bruttoszialprodukts werden für die Erhaltung der Kunstwerke ausgegeben!) sowie die wachsenden Umweltschäden erschweren die Aufgabe. Allein in der Toskana gibt es zahlreiche 'heiße' Stellen, die dringende Maßnahmen erfordern. Bekanntestes Beispiel ist der *Turm von Pisa*, der seit 1990 für Besucher gesperrt ist. Die Experten streiten sich, ob unmittelbare Einsturzgefahr bestehe; jedenfalls will niemand die Hand ins Feuer legen. Weniger bekannt ist, daß auch die Türme von *San Gimignano* langfristig gefährdet sind: Die städtische Wasserleitung ist defekt und verliert ständig kleine Feuchtigkeitsmengen. Diese lösten das Kalziumkarbonat des Untergunds auf, auf dem San Gimignano ruht, und dies destabilisiert auf die Dauer die Bauten. Der kleine Ort kann die Gelder nicht aufbringen, um die notwendigen Gegenmaßnahmen zu ergreifen - und der seit Jahren beantragte staatliche Kredit läßt auf sich warten.

Alarm gilt auch für andere Monumente der Toskana: den Dom von *Pienza*, den Dom von *Barga*, das Kloster *La Verna*, von *Sorano*. Sie alle stehen auf rutschendem Untergrund, Konsolidierungsmaßnahmen sind notwendig und lassen auf sich warten.

Die größten Gefahren aber gehen von der Umweltverschmutzung durch Industrieabgase und Autoverkehr aus. Zahlreiche im Freien stehende Kunstwerke, vor allem Skulpturen, werden in schnellem Tempo verätzt und beginnen zu bröseln. Ihre Rettung besteht unter den gegenwärtigen Umständen allein darin, daß sie in Innenräume, meist Museen, verlagert werden. Am ursprünglichen Platz findet der Besucher dann nur noch Kopien, wie an der berühmten Paradiespforte des Baptisteriums von Florenz. Schon spricht die Zeitung *'La Repubblica'* in leichter Übertreibung von einem 'Plastik-Italien' für den Tourismus der Zukunft. Völlig absurd ist die Hypothese nicht. Francesco Sisinni, der oberste Beamte des für den Denkmalschutz verantwortlichen Ministeriums, sagt: "Was sollen wir machen, wenn die notwendigen Umweltbedingungen nicht mehr garantiert sind?

Saurer Regen und Abgase zerstören die Werke mit beeindrucken-der Geschwindigkeit. Manche Kunstwerke, die viele Jahrhunderte überstanden haben, laufen jetzt Gefahr, binnen weniger Jahre zu verschwinden. Sollen wir abwarten, bis sie sich zu Staub auflösen? Unmöglich - also bringen wir das Werk ins Museum und stellen an seinen Platz eine Kopie." Seine harte Schlußfolgerung: "Die Gefähr-dung der Kunstwerke ist enorm groß . . . Wenn nichts geschieht, werden unsere Städte zu immer größeren Teilen aus Kopien bestehen."

Siena, Lucca, Florenz und viele andere italienische Städte sind Gesamtkunstwerke - Überreste einer Zeit, der die Ästhetik ebenso-viel bedeutete wie der materielle Wohlstand. Der Kontrast dieser jahrhundertealten Strukturen mit den Lebensbedingungen des Kon-sum-Zeitalters wird immer schärfer. Die Plastik-Stadt wäre die Stadt des touristischen Konsums - logische Konsequenzen einer Entwicklung, in der die Stadt keinen Lebensraum mehr darstellt, sondern nur noch benutzt und abgenutzt wird. Noch sind wir weit von diesem Negativ-Ziel entfernt. Aber die Zeichen sind bedrohlich.

Die Fremden

Die Toskana ist Einwanderungsland. Zwei sehr unterschiedliche, am entgegengesetzten Ende der sozialen Hack- und Rangordnung ange-siedelten Gruppen sind es, die heute vorzugsweise in die Toskana ziehen. Auf der einen Seite wohlhabende Norditaliener und Auslän-der, Industrielle, Künstler, Pensionäre, Freiberufler, die sich im Chi-anti oder der Maremma niederlassen, um den Großstadt-Zwängen zu entgehen, die Bilderbuchlandschaft genießen und am Busen der Natur Vitalität saugen. Auf der anderen Seite kommen seit einigen Jahren die Ärmsten der Armen. Nicht nur in der Toskana, sondern in ganz Italien haben sich Zehntausende von Afrikanern und Asia-ten niedergelassen. Italien erlebt diesen Zuzug erst seit wenigen Jahren, dafür aber in ungewöhnlich raschem Tempo. Die Nähe zu den Staaten Nordafrikas, eine zumindest anfangs sehr freizügige Aufnahmepraxis, der neue Reichtum des Landes haben die Zahl der Einwanderer aus der Dritten Welt binnen kurzer Zeit hochschnellen lassen. Damit sind in Italien bislang unbekannte Spannungen entstanden. Zum ersten Mal seit langer Zeit (und seit dem Drama um die Albaner in Bari auch vor aller Augen) zeigt dieses traditionell gastfreundliche und tolerante Land nun Fremdenfeindschaft, glücklicherweise vorerst noch nur bei einer Minderheit der Bevölkerung.

In der Toskana leben heute rund 35.000 Einwanderer aus der Dritten Welt, das entspricht etwa einem Prozent der Gesamtbevölkerung. Viele von ihnen arbeiten als Straßenhändler, andere leben von schlecht bezahlten Gelegenheitsarbeiten in Restaurants, Tankstellen, bei der Ernte usw. Oft wohnen sie zu fünft oder sechst in winzigen Zimmern, wo der Bettplatz bis zu 200 DM kostet; andere hausen in Baracken, die von den Stadtverwaltungen errichtet wurden. Nur wer einen Arbeitsplatz und eine Wohnung nachweisen kann, bekommt die Aufenthaltserlaubnis; aber die Kontrollen sind lasch und die Küsten Italiens schwierig zu überwachen. Die Mehrheit der farbigen Einwanderer in der Toskana hält sich illegal im Lande auf.

Italien kennt traditionell keine Fremdenfeinschaft. Angesichts der neuen Einwanderungswelle und der jüngsten dramatischen Entwicklung in Osteuropa zeigen sich aber erstmals Zeichen der Intoleranz. Dabei spielt Florenz eine traurige Vorreiter-Rolle. Maskierte und bewaffnete Jugendliche haben in der Stadt mehrfach die afrikanischen Straßenhändler attackiert.

Im Februar 1990 kam es zu einer 'Jagd auf die Schwarzen', an der 200 Schläger teilnahmen. Einige Male wurden Unterkünfte der Ausländer angezündet. Auch auf ein von Italienern und Einwanderern gemeinsam geführtes Café wurde ein Brandanschlag verübt. Daß sich gerade in Florenz solche Episoden gehäuft abspielen, hängt vielleicht mit der Identitäts-Krise der Stadt zusammen - das weltberühmte Florenz hat gegenwärtig keine eigene Perspektive, keine Zukunftsvision, lebt von seiner Vergangenheit und den Besuchermassen - da stauen sich scheinbar Frustrationen auf (s. oben 'Was ist los mit Florenz?'). Auf der anderen Seite gab es aber auch viel Solidarität mit den Ausländern. Dreißigtausend Florentiner wandten sich auf einer Demonstration gegen die rassistischen Aggressionen.

Von einer Integration der *extracommunitari* kann nirgendwo in Italien die Rede sein. Tunesier, Marokkaner, Albaner, Senegalesen, Nigerianer leben unter sich, die Kontakte zu den Einheimischen sind gering. Obwohl viele der Einwanderer eine Universitäts-Ausbildung haben, sind sie allenfalls mit Hilfsarbeiten beschäftigt; kaum irgendwo wird man einen Araber oder Schwarzafrikaner in einer 'gehobenen' Position finden. Ausländer und die Einheimische leben im besten Fall nebeneinander her; im schlechten Fall entstehen gegenseitige Aggressionen, eine explosive Situation. Sie wird verschlimmert dadurch, daß der Staat kein Konzept für den Umgang mit den Ausländern hat. Man verfolgt weder eine Politik der Integration noch eine solche des vorübergehenden Aufenthalts, sondern stopft nur mühevoll und unzureichend die schlimmsten Löcher: den Wohnungsmangel, die Konflikte mit den Bewohnern der 'belasteten' Stadtviertel usw. Im großen und ganzen geht die Einwanderung wildwüchsig weiter. Auf diesem unübersichtlichen, unkontrollierten Boden gedeiht auch die Kriminalität: kriminelle Organisationen setzen systematisch Zigeuner-Kinder als Diebe ein (vgl. Florenz), Nordafrikaner sind überproportional hoch am Drogenhandel beteiligt. Mehrere hundert Tunesier und Marokkaner sitzen wegen Drogen-Delikten in den toskanischen Gefängnissen - ein im Verhältnis zur Gesamtzahl der nordafrikanischen Einwanderer extrem hoher Anteil.

Von der Entwicklung zu einer 'multi-kulturellen Gesellschaft' kann in Italien keine Rede sein. Kirchliche und politische Organisationen entfalten zwar karitative, humanitäre Initiativen zugunsten der Einwanderer. Ein wirkliches Zusammenwachsen der verschiedenen nationalen Gruppen deutet sich aber nicht einmal ansatzweise an - im Gegenteil. Von einem produktiven Umgang mit dem Einwanderungs-Problem ist die italienische Gesellschaft weit entfernt. Vielleicht ist sie damit, angesichts ihrer zahlreichen anderen Konflikte, schlicht überfordert.

Sehr viel einfacher gestaltet sich das Verhältnis zwischen Toskanern und den gut situierten auswärtigen Zuzüglern, die sich vor allem auf dem Land niederlassen. Zwar gibt es auch hier Probleme. Sie haben aber andere Dimensionen als diejenigen mit den Einwanderern aus der Dritten Welt.

Im Chianti-Gebiet

In manchen ländlichen Regionen, vor allem im *Chianti*-Gebiet, fürchten die Einheimischen mittlerweile die Überfremdung. Die Sorge ist nicht unbegründet. Von den 225 Mitgliedern des Weinkonsortiums 'Gallo Nero' sind nur noch 40 alteingesessene Toskaner, 170 stammen aus anderen Gegenden Italiens, 15 sind Ausländer. Noch höher ist der Ausländer-Anteil bei den Wohnungs- und Hausbesitzern der Region. Die Reaktionen auf den intensiven Zuzug sind unterschiedlich. *Lorenzo Brogi*, zweiter Bürgermeister von *Castellina in Chianti*, verhehlt nicht seine Befürchtung, die Ausländer könnten überhand nehmen. Der Bürgermeister von *Radda* klagt darüber, daß die neuen Grundbesitzer oft Pfade und Wege, die seit altersher offenstanden, für den allgemeinen Verkehr schließen. "Eine Tendenz in offenem Kontrast zur althergebrachten Kultur des Chianti, die eine Kultur völliger Offenheit ist.", kommentiert er das Phänomen. Teilweise sind die Zuzügler aber gut in die Sozialstruktur integriert. *Lapo Mazzei*, Präsident des Gallo-Nero-Konsortiums der Chianti-Winzer, spricht davon, "die Integration der Ausländer mit der einheimischen Gemeinschaft" sei "mittlerweile ein historischer Tatbestand".

Rund tausend Ausländer (meist Deutsche, Schweizer, Niederländer, Engländer) haben gegenwärtig ihren festen Wohnsitz im Chianti-Gebiet; sehr viel höher aber ist die Zahl derjenigen Nordländer, die sich Ferienhäuser gekauft haben. Es läßt sich überall in der Toskana beobachten (außer im Apennin), im Chianti springt es ins Auge: alte Bauernhäuser, Villen, ganze Dörfer sind in ausländischen Besitz übergegangen. Zwischen Florenz und Siena sind die Preise für charakteristische Landsitze mittlerweile ins Unermeßliche gestiegen; die Kaufbewegung hat längst in die Südtoskana, ins Gebiet um Volterra, ins Valdichiana und Casentino übergegriffen.

Ausverkauf der Toskana? In gewisser Weise ja - aber das Wort vom 'Ausverkauf' hat einen ungerechtfertigt negativen Beigeschmack. Zunächst: Die Ursachen für die Entwicklung liegen im Lande selbst. Seit den fünfziger Jahren ist die jahrhundertealte toskanische Bauernkultur zerfallen. Landflucht setzte ein; zugleich erlaubten neue Techniken, größere Flächen als vorher mit weniger Menschen zu bewirtschaften. Ein beliebiges Beispiel: Auf dem Gebiet eines heutigen Weinguts, das von dem Besitzer zusammen mit vier Angestellten bearbeitet wird, lebten vor fünfunddreißig Jahren hundert Menschen von der Landarbeit! Kein Wunder, daß unter diesen Verhältnissen die meisten Höfe verlassen wurden; viele tausend Anwesen standen seit den sechziger Jahren zum Verkauf. Sie wurden zum größten Teil von Städtern übernommen - von wohlhabenden Florentinern, Römern, Mailändern, in noch größerem Maß aber von mittel- und nordeuropäischen Ausländern.

Man mag diese Entwicklung bedauern - sie hat immerhin die architektonische Substanz der Bauernkultur gerettet und in manchen Gegenden den Verfall und die Versteppung des Landes verhindert. Restaurierungen und Neuaufbau werden von den auswärtigen Besitzern fast immer mit Geschick und Geschmack durchgeführt. Die Erhaltung der ländlichen Architektur in der Toskana ist im wesentlichen ein Verdienst der städtischen Hauskäufer. Schlagender Beweis: Der Zustand anderer Landflucht-Regionen Italiens. Im Apennin, in den Marken, in Teilen Umbriens und Latiums verfallen unaufhaltsam die Bauernhäuser und alte Kulturlandschaft wird von der Macchia überwuchert.

Gewiß, das frühere Leben ist aus den edelrestaurierten Häusern und Dörfern verschwunden. Ihre Funktion hat sich vollkommen gewandelt: Was einst aus Gemeinschaftssinn und praktischen Erwägungen entstand, dient heute einer individualistischen, ästhetisch orientierten Ferienwelt. Manchmal stimmt das ein wenig melancholisch: Die Bauernhäuser wirken wie eine leere Hülle - vor allem in den langen Zeiten, in denen sie verlassen dastehen. Doch im Grunde kann man allenfalls das Verschwinden der toskanischen Bauernkultur bedauern - nicht die neue Verwendung der Häuser. Den alten Lebensbedingungen aber, den langen Arbeitstagen und der Armut, trauert wohl keiner der Bauern selbst nach. Das agrarische Italien, das bis vor dreißig Jahren bestand - und dessen Überreste wir heute ästhetisch genießen - war sicher in mancher Hinsicht sympathischer als das gegenwärtige; aber nicht ohne gute Gründe haben die Bauern diese Welt aufgegeben. Ihre Erhaltung wäre allenfalls unter Voraussetzungen denkbar gewesen, von denen sich nur träumen läßt: Erleichterungen für eine ökologisch sinnvolle, auf Qualität zielende Landwirtschaft, statt für die Massenproduktion der Großbetriebe und EG-Schieber. Und vor allem: Genug aufgeschlossene Verbraucher, die bereit sind, für landwirtschaftliche Qualität auch die angemessenen Preise zu bezahlen. Nach wie vor rennt ja die Mehrheitin den Supermarkt und kauft dort industriell gefertigte

Massenware. Mit solchem Einkaufsverhalten wird - nicht nur in der Toskana - die handwerklich solide arbeitende Landwirtschaft zerstört.

Der Deutsche

Die Steingebäude des großen Gehöfts stehen in Ölbaumhainen unterhalb von Volterra, inmitten des jahrhundertealten Anwesens erhebt sich noch die kleine restaurierte Kapelle. Zypressen markieren die Grundstücksgrenze, ein riesiger Fliederbusch leuchtet mit violetten Dolden an der Hauswand, im Gemüsegarten gedeihen Artischocken und Bohnen. Volker Piasta, aus Berlin stammender Elektronik-Ingenieur, bespricht mit zwei Bauern die Pflanzung neuer Olivenbäume. Wenn er den Blick abwendet von den Gesichtern der beiden und sich zum Tal umdreht, hat er ein Postkarten-Panorama vor Augen: die endlosen Reihen der Hügelketten in frischem Frühlingsgrün, davor seinen schmucken Besitz: das große Landhaus, in dem er seit 7 Jahren lebt.

"Wie ich hierher gekommen bin? Ich wohnte in Berlin, war Computer-Fachmann, und irgendwann wurden mir der Streß, der Lärm, die ewigen Geschäftsreisen, das sinnlose Eingesperrt-Sein einfach zu viel. Die ganze Großstadt gefiel mir nicht mehr: zu viele Häuser, zu viele Menschen . . . Aber ich habe nicht gezielt geplant, in die Toskana zu ziehen. Es ergab sich fast unabsichtlich. Ich suchte einen Ferienwohnsitz, ein kleines preiswertes Häuschen - auf keinen Fall ein so großes Anwesen wie dieses hier. Dann bin ich zufällig auf das Gehöft gestoßen, es war völlig verfallen und eigentlich viel zu teuer für mich - aber ich wußte sofort: Das ist es! Was sich daraus entwickeln würde, habe ich damals nicht geahnt. Ich dachte weiter an eine Ferienwohnung, wollte das Haus allmählich von Berlin aus renovieren. Doch mir wurde bald klar: Das ist eine halbe Sache. Ich habe mich entschlossen, ganz in die Toskana zu ziehen. Mit manchen Illusionen . . . Ich bin mit meiner damaligen Freundin hergekommen - die Beziehung hielt in der neuen Situation nur noch einige Monate. Wir wollten von der Landwirtschaft leben - völlig unmöglich, nicht umsonst betreiben selbst die Einheimischen die Landwirtschaft meist nur noch als Nebenerwerb. So habe ich zunächst mit Reiseführungen Geld verdient, daneben die ersten Zimmer ausgebaut und einige Gäste untergebracht. Es kamen Freunde und Bekannte aus Berlin, aber bald sprach sich die Sache herum und ich konnte die Vermietung professioneller aufziehen."

Er hat sich eine Traum-Umgebung geschaffen. Die Toskana-Idylle scheint perfekt: die Aussicht auf Zypressen und Schafherden, der sanfte Schimmer der Ölbäume, die rustikale Harmonie der Wohngebäude. Ein paar Gäste ziehen über den Vorplatz, grüßen, verschwinden um die Ecke in ihre Unterkünfte. Volker lebt heute im wesentlichen von der Vermietung der Zimmer und Wohnungen, die er in mehrjähriger Arbeit restauriert hat. Die Kunden werden meist durch Mundpropaganda aufmerksam. Die Landwirtschaft ist zur Nebenbeschäftigung geworden, allerdings nicht zur Nebensache: Gerade plant er die Neupflanzung von tausend Ölbäumen, ökonomisch läuft das Unternehmen zufriedenstellend, aber das ist nicht der Hauptpunkt, wie der Ingenieur betont.

"Vom wirtschaftlichen Kalkül her gesehen, hätte ich natürlich in Berlin bleiben müssen - in der Industrie verdiente ich wesentlich mehr als hier. Das Haus hat mich 250.000 DM gekostet, aber wenn ich Renovierungskosten und vor allem die eigene Arbeitszeit berechne, habe ich ein Vielfaches davon hineingesteckt. Mindestens 5 Jahre waren eine harte Durststrecke, und heute lebe ich keineswegs in großem Wohlstand. Das Ganze ist natürlich kein großes Geschäft. Aber darum geht es ja gar nicht. Was ich wollte, war das Leben in dieser Ruhe, in dieser Natur, aber auch die persönliche Herausforderung - eine ganz andere Herausforderung als damals in Berlin, wo man schließlich in Routine erstickt."

Warum hat Volker sich gerade in der Toskana niedergelassen - wie so viele andere Aussiedler und Aussteiger? Es hätte auch die Bretagne sein können, meint er - aber da seien ihm letzten Endes die Menschen zu verschlossen gewesen.

"Und in Deutschland finden Sie diese Harmonie der Landschaft nicht mehr. Manchmal habe ich da das Gefühl, das ganze Land wird zur Großstadt. Das Klima hat natürlich auch eine Rolle gespielt, aber nicht die entscheidende: Die Winter können hier manchmal ziemlich kalt sein! Zudem gefällt mir, daß die Menschen offener, geselliger sind - obwohl ich selbst, ehrlich gesagt, nicht viel davon haben. Großer Kontakt zu den Einheimischen ist nicht entstanden. Aber da geht's mir so wie damals in Berlin mit dem 'Kulturangebot': Ich bin nicht viel in Kino und Theater gegangen, hatte aber das schöne Gefühl, wenn ich nur wollte, könnte ich etwas unternehmen. So ähnlich empfinde ich es hier mit den menschlichen Kontakten. Die nutze ich auch nicht richtig, aber ich hab den Eindruck, es wäre immer etwas möglich.

Volker bezeichnet sich selbst als Einzelgänger. Jahrelang hat er allein in seinem Anwesen gelebt - mit Kontakten zu den Gästen, gewiß, auch zu Einheimischen oder anderen Ausländern, die in der Gegend wohnen, aber im wesentlichen blieb er auf sich selbst gestellt. Erst seit einem Jahr wohnt er mit Anna zusammen. Sie ist Deutsche und kümmert sich vor allem um die Gäste. Besonders das Ausrichten der gelegentlichen Abendessen, die in der kleinen Kirche eingenommen werden, macht ihr viel Freude. Sie fühlt sich wohl in der Toskana, obwohl sie ursprünglich nach Manarola in Ligurien, ans Meer, hatte gehen wollen. Was ihr hier fehlt? Einzig das Kulturangebot - manchmal ist einfach zu wenig los. Zwischen 7 und 8 Uhr abends, sagt sie, treffen sich zwar alle auf der Straße, aber danach ist Schluß. Man geht zu Hause essen, anschließend fernsehen und früh zu Bett. Provinzleben - von zu Haus ist sie anderes gewohnt. Volker hingegen stört der Mangel an Unterhaltung überhaupt nicht.

"Theater und Kino vermisse ich in keiner Weise. So etwas wie Zerstreuung braucht man doch nicht in dieser Art von Leben. Es gibt immer so viel zu tun - und zugleich in dieser Gegend so viel Kultur. Ob ich mir nun einen Van Gogh in der Kunsthalle anschaue oder einen unbekannten Maler in einer Dorfkirche, beides kann doch gleichermaßen anregend sein."

Gibt es etwas, was schlecht läuft in dieser Idylle, diesem scheinbar völlig geglückten Aussteiger-Traum? "Das Hauptargument gegen Italien ist die Bürokratie. Man kann sich kaum vorstellen, wieviel Zeit ich mit endlosen Telefonaten verbringe und damit, mich um irgendwelche Anträge zu kümmern. Da muß man Baugenehmigungen bekommen, Genehmigungen für die Vermietung und dergleichen mehr. Und jedesmal läuft man von einer Instanz zur anderen, fährt womöglich mehrfach in die Provinzhauptstadt, trifft hier auf einen Beamten, der nicht durchblickt und dort auf einen, der unwillig ist. Es ist fürchterlich."

Volkers Probleme sind manchmal nervenaufreibend, aber nicht wirklich tiefgreifend. Aussteiger-Idylle, die große Ausnahme, ein Beweis dafür, daß das Glück in der Toskana liegt? Die Toskana, heute ein Einwanderungsland par excellence, zählt so verschiedenartige Neusiedler, daß sich kein 'typisches' Beispiel finden läßt. Das Spektrum reicht vom schwerreichen Mailänder Industriellen, der sich Weinberge im Chianti kauft, bis zu den alternativen Aufsteigern auf dem abgelegenen Hof im Apennin ohne fließendes Wasser und Strom. Allgemeine Thesen werden da notwendig falsch und schon zwischen zwei benachbarten Bauernhöfen liegen, sozial und menschlich gesehen, möglicherweise ganze Welten. (vgl. auch Volterra, "Gute Adressen": Podere San Lorenzo)

Bericht aus der Idylle

In der Bar des *Maremma*-Dorfes: ein Autofahrer hat mich nach einer Wanderung zum Ausgangspunkt zurückgebracht, wir trinken noch einen Kaffee zusammen und unterhalten uns über das Leben in diesen Orten. "Wir sind nicht besonders reich in dieser Gegend", erklärt mir der Mann, Angestellter bei der Straßenverwaltung, "aber die meisten wohnen gern hier, sie hängen an dem Land, an der Gemeinschaft. Sicher, wenn das umstrittene Autobahn-Projekt verwirklicht wird, die Küstenautobahn zwischen *Civitavecchia* und *Livorno*, ändert sich einiges. Dann würden sich vermutlich Fabriken ansiedeln, es gäbe mehr und besser bezahlte Arbeit. Aber unsere Gegend verlöre ihre Eigenart, ich glaube, wir hätten mehr Nachteile davon als Vorteile."

Fünf, sechs Männer sitzen an den Tischen der Bar. Während ihrer Unterhaltung ist es ihnen gelungen, der unseren zu folgen. Beim Stichwort 'Autobahn' mischen sie sich ein. Der Wirt macht sich zu ihrem Wortführer: "Die Autobahn - bloß die nicht! Sicher, ich würde mehr verdienen: mehr Touristen, mehr Gäste in meinem Hotel. Aber was hätte ich davon? Was ist denn das Leben? Sollen wir hier mit der Gasmaske herumlaufen wie die Leute in Milano? Was nutzt es denen, daß sie teure Kleidungsstücke haben und die Frauen mit

Super-Schmuck herumlaufen - die atmen nicht einmal normale Luft! Und mit der Industrialisierung kämen auch Drogen und Kriminalität. Da behalten wir lieber unseren bescheidenen Wohlstand - mit dem Vorteil, daß wir unsere Haustüren nicht abzuschließen brauchen, weil keiner Angst vor Dieben hat. Die Fabriken sollen dahin, wo ohnehin schon Industrie ist - uns bringen sie nichts . . ." Die anderen Gäste stimmen zu, lauthals und übereinstimmend.

Mir bleibt fast der Mund offen stehen. Allzuoft habe ich, gerade in abgelegenen Dörfern eine krankhafte Suche nach der Modernität gesehen, die blinde Imitation von Großstadt-Modellen. Allzu oft scheint es, als habe Italien seine Traditionen der Sozialkontakte, des Lebensgenusses, der spielerischen Lebensauffassung auf dem Altar des Konsums geopfert. Und auf einmal, unverhofft, findet sich die Wertschätzung der intakten Natur und der lebendigen Kontakte, eine Einstellung, für die der Reichtum nicht den höchsten Wert darstellt und die mit leichtem Bedauern auf die Städter schaut, deren Lebenswelt so anders ist.

Was diese Leute erzählen, der Gastwirt, die Pensionäre und der kleiner Ladenbesitzer, der Mechaniker und der Friseur, scheint aus dem Lehrbuch alternativer Lebensgestaltung zu stammen oder aus Erich Fromms 'Haben oder Sein' - und ist doch alles andere als Theorie: einfach ein sicheres Gefühl für die wichtigen Dinge.

Die Macht der Parteien

Mein Freund Beppe stammt aus Apulien. Er hat in Pisa Medizin studiert. Seit drei Jahren verrichtet er, auf eine feste Stelle wartend, medizinische Gelegenheitsarbeiten: Er vertritt Ärzte in den Ferien, arbeitet als Notarzt im Unfallwagen, ist 'Guardia Medica' in abgelegenen Orten auf dem Land. Jetzt aber hat er Aussichten auf eine Lebensstelle. Bei einem 'Concorso', einer der Prüfungen, die über die Besetzung von Krankenhaus-Stellen entscheiden, hat er den siebten Platz belegt. Das ist ausreichend: im Lauf der drei Jahre, für die der Concorso gilt, werden in den Krankenhäusern des Bezirks sicher mehr als sieben Stellen frei werden.

"Wie hast du es geschafft?" frage ich Beppe. Ich weiß, daß die Hürde des *Concorso* nur schwer zu überwinden ist. "Ich bekam Hilfe", sagte er. "Ein Chefarzt aus der Prüfungskommission hat mir im Voraus die Fragen verraten." Ich wundere mich nicht; ich weiß, es ist das übliche Verfahren: nur Leute mit Beziehungen bekommen meist die Arbeitsplätze. Etwas anderes aber bleibt unklar: Wieso wurde Beppe unter diesen Umständen nur siebter, nicht erster oder zweiter? Seine Antwort scheint mysteriös, ist aber klar für den, der Italiens Innenleben kennt: "Die anderen sechs hatten politische Unterstützung."

Was heißt das? Sie kannten nicht nur, wie Beppe, einen Chefarzt - sie hatten Beziehungen zu den Parteien, die in Italien die Krankenhäuser (und nicht nur sie) kontrollieren. Da war vielleicht ein Schwager des örtlichen Parteisekretärs der Sozialisten dabei, ein anderer kannte einen Regionalabgeordneten der Christdemokraten, ein dritter nutzte den Großvater, der seit fünfzig Jahren bei den Kommunisten aktiv ist ...

Die Parteien haben heute in Italien eine in anderen westlichen Demokratien kaum vorstellbare Kontrolle über das öffentliche Leben. Arbeitsplätze, Baugenehmigungen, Gewerbelizenzen, Aufträge für öffentliche Arbeiten, Pensionen - alles wird von den politischen Parteien verwaltet, der Rechtsweg ist oft ausgeschlossen, die Gleichheit vor dem Gesetz ist aufgehoben. Die Parteien sind überall präsent: "in den Banken, den Staatsbetrieben, dem Fernsehen, den Zeitungen, bei Keksherstellern, Thermalbädern, Opern, Häfen, Eisenbahnen, Alitalia, Lotto und Lotterien, Karneval von Viaregggio, Festival von Todi, Kirchweih von Casalecchio...." (der Journalist *Giorgio Bocca*). Die Bürger Italiens sind voller Wut über dieses System - und spielen dennoch mit. "Am liebsten würde ich nach Rom fahren und Feuer an die Parteizentralen legen", vertraut mir neulich ein toskanischer Hotelier an, der das bürokratische Gerangel um die geplante Erweiterung seines Hotels nicht mehr aushielt. Aber wirkliche Rebellion ist selten. Ein kleiner Strandbad-Besitzer aus den Marken erregte unlängst nationales Aufsehen. Er war wegen eines Rechtsanspruchs auf ein Stück Strand in Rom vorstellig geworden. Der zuständige Beamte im Ministerium hatte ihm geraten, erstmal in die Partei des Ministers einzutreten. Der Mann aus den Marken zeigte den Beamten an - ein in Italien völlig unübliches Vorgehen, das auch wenig Chancen hat: einflußreiche Leute werden gedeckt.

Der Zorn über das Parteien-Kartell hat aber mittlerweile auch politischen Niederschlag gefunden: in den Wahlerfolgen der 'Lega Lombarda', einer Vereinigung, die in Norditalien gegen das Polit-Establishment antritt und einen föderalistischen Staat mit Autonomie der einzelnen Regionen fordert. In der breiten Zustimmung zur Lega, die in manchen norditalienischen Städten über 30% der Stimmen erhielt und in Mailand zur zweitstärksten politischen Gruppierung wurde, mischen sich verschiedene Motive, darunter auch die einfältige und rassistische Vorstellung, die Korruption in Italien sei Schuld der Süditaliener. Von wesentlicher Bedeutung für ihre Erfolge aber ist der gerechtfertigte Unmut über die Abhängigkeit von den Parteibürokratien, die im wirtschaftlich entwickelten Norden viel widerwilliger ertragen wird als im Süden.

Die Unfähigkeit der italienischen Politiker-Kaste, die ihren deutlichsten Ausdruck im ständig wachsenen Staats-Defizit findet (bereits heute ist es größer als das gesamte Bruttosozialprodukt), hat neuerdings zu Spekulationen geführt. Man spricht von einer 'zweiten Republik', die auf die bestehende erste folgen solle. Die Sozialistische Partei und die Lega Lombarda streben eine neue Verfassung an, mit einem starken Präsidenten nach amerikanischem oder französischem Muster und einem vergleichsweise machtlosen Parlament. Zu Recht weisen aber die Gegner dieser Projekte darauf hin, daß das Übel nicht in der Verfassung liegt, sondern in der alltäglichen Praxis der Korruption und der Rechtsverdrehung. Wie und ob diese zu besiegen sei, steht in den Sternen - im italienischen Alltagsleben sind kaum Zeichen für eine wirkliche Erneuerung zu sehen.

Mafia

Die Mafia hatte in der Toskana bis vor wenigen Jahren nicht den geringsten Erfolg. Sie war traditionell auf Süditalien beschränkt. In Mittelitalien, ohnehin einem Gebiet mit wenig Kriminalität, fanden die Verbrecherorganisationen kein Operationsfeld.

Das ist anderes geworden. Zwar zählen noch immer weite Teile der Toskana, vor allem die ländlichen Regionen, zu den 'ruhigsten' Zonen Europas. Aber die kriminellen Organisationen, die lange Zeit eng an ihr soziales Umfeld in Süditalien gebunden waren, haben in den letzten Jahren ihren Charakter verändert. Ihnen haften kaum noch lokale Züge an, sondern sie sind längst zu multinationalen Industrien des Verbrechens geworden, die sich überall im Wirtschaftsleben einzunisten versuchen. Nicht nur in Italien: Der Journalist und Mafia Experte Werner Raith hat eindrucksvoll gezeigt, wie diese Entwicklung schon heute die italienischen Grenzen überschritten hat ('Mafia: Ziel Deutschland', Köln 1989). Aber die Regionen Italiens sind natürlich die naheliegendsten Ziele. Mafiöse Gruppen kontrollieren heute manche Vorstädte Mailands - unlängst schrieb eine Bewohnerin des Neubauviertels *Bruzzano*: "In diesem Stadtteil herrscht ein einziges Gesetz: das der Mafia. Die Leute hier bewahren das absolute Stillschweigen darüber, obwohl jeder weiß, was um ihn herum vorgeht." Die Verbrecher-Organisationen operieren in den Gemüse- und Obst-Großmärkten der Po-Ebene wie einst nur auf dem Fischmarkt von Palermo. Sie organisieren im ganzen Land den Drogenhandel. Und mit den enormen Gewinnen aus diesem mörderischen Geschäft kaufen sie sich in anderen - nur vordergründig sauberen - Wirtschaftszweigen ein; sie sind in Banken wie in Versicherungsgesellschaften, in der Industrie wie im Tourismus präsent. Seriöse Schätzungen des Jahresumsatzes der organisierten Kriminalität in Italien reichen von 40 Milliarden DM bis zu 200 Milliarden DM; die letzte Zahl würde bedeuten, daß 12% des Bruttosozialproduktes durch die Hände der Kriminellen laufen - und die Tendenz ist steigend!

Die Toskana wird von diesen Entwicklungen vorerst nur am Rande berührt. Aber dieses 'am Rande' ist angesichts der enormen Dimensionen bereits zu viel. Das Einsickern der organisierten Kriminalität in die 'normale' Wirtschaft verläuft zunächst meist unbemerkt. Die bekannt werdenden Fälle stellen nur die Spitze des Eisbergs dar, einen Bruchteil dessen, was wirklich abläuft.

Die Kultur
des Schweigens

Seit Jahren haben beispielsweise nach den Ermittlungsergebnissen der Finanzpolizei kriminelle Gruppen in Prato Textilbetriebe unter ihre Kontrolle gebracht - ohne daß je einer der erpreßten und betrogenen Unternehmer Anzeige erstattet hätte. Die Angst war zu groß; die *'omerta'* das Schweigen gegenüber der Polizei, wie es in Sizilien üblich ist, scheint sich auch unter den betroffenen Toskanern verbreitet zu haben. Dabei hätten sie allen Grund zum Reden gehabt. Mit Betrug und Drohungen plazierten die Mafiosi ihre Leute in alteingesessenen, angesehenen Firmen; nachdem der Besitzer praktisch kaltgestellt war, nutzten sie die Betriebe für großangelegte Betrügereien. Beispielsweise bestellten sie Waren, die schnell weiterverkauft, aber dem gutgläubigen Lieferanten nie bezahlt wurden. Die Firma ging mit den angehäuften Schulden nach einiger Zeit in Konkurs; mittlerweile machten die Mafiosi aber enorme Profite. Bevor die Justiz aufmerksam wurde, setzten sich die Strohmänner ins Ausland ab - und daß es Hintermänner geben mußte, wurde erst deutlich, nachdem eine Reihe Prateser Firmen auf diese Weise ruiniert war.

Man fürchtet eine mafiöse Infiltration inzwischen auch in anderen Wirtschaftszweigen der Toskana, so besonders in der Bauindustrie. Bei einem Mailänder Mafia-Prozeß kam überraschend ans Licht, daß ein renommiertes toskanisches Unternehmen, eine Wohnwagen-Fabrik in Calenzano bei Florenz, einem mafia-verbundenen Ingenieur aus Palermo gehört. Beobachter rechnen damit, daß die kriminellen Organisationen versuchen werden (oder schon begonnen haben), Landgüter, Hotels und Geschäfte in ländlichen Gebieten zu kaufen, um mit diesem Investitionen Drogengelder zu waschen. Und Alarmstufe I gilt bereits seit geraumer Zeit für die *Versilia*, das Küstenstück zwischen Pisa und La Spezia, wo sich - im Zusammenhang 'Schutzgeld'-Erpressungen - Bombenanschläge häufen, dubiose Finanzunternehmen entstehen und auf dem Fisch-Großmarkt von Viareggio die örtlichen Händler unter den Druck zwielichtiger Gestalten geraten, die offenbar im Auftrag größerer Organisationen arbeiten.

Wie immer, wenn Mafia-Phänomene auftauchen, beginnt das große Beschwichtigen (in der Bundesrepublik funktioniert es übrigens genauso: Man möchte die eigene Gegend als 'sauber' darstellen). Die unleugbaren Bomben- und Brandanschläge erklärte ein Unternehmer aus der Versilia in einem Zeitungsinterview so: "Ich glaube, daß es einfach zu viele Dummköpfe gibt" - als handele es sich um Dumme-Jungen-Streiche. Und der Präsident des Hotelier-Verbandes von Forte dei Marmi zeigte sich "besorgter über das, was die Zeitungen schreiben als über das, was wirklich passiert". Treffender ist die Reaktion des Bürgermeisters von Prato, *Claudio Martini*, angesichts der Ereignisse in seiner Stadt: "Wir sind erledigt, wenn sich die Kultur des Schweigens ausbreitet!"

Die Toskana, wie gesagt, ist für die kriminellen Organisationen ein Randgebiet. Als Tourist wird man von ihrem Einfluß nichts spüren. Aber ihr beängstigender Vormarsch im letzten Jahrzehnt, der selbst nach dem Eingeständnis italienischer Minister dazu geführt hat, daß der Staat die drei Regionen Sizilien, Kalabrien, Kampanien nicht mehr kontrolliert, hat diesen Gruppen Macht auch in Mittel- und Norditalien gegeben. Das ist besonders bedenklich, weil mafiöser Einfluß - das Beispiel Süditaliens zeigt es - auf die Dauer die Demokratie aushöhlt, die freie Meinungsäußerung in einem Klima der Angst erstickt und Gewalt an die Stelle der Mehrheitsentscheidungen setzt. Die Toskana zeigt, daß es heute keiner Mafia-Traditionen mehr bedarf, damit die Verbrecher-Gruppen in einer Region Fuß fassen: Sie sind nicht mehr, wie einst in Sizilien, auf die stillschweigende Zustimmung eines Teils der Bevölkerung angewiesen, sondern operieren mit bloßer Gewalt und enormen Geldmengen. Das Problem wird sich - durch den einheitlichen Wirtschaftsraum der EG verschärft - auch außerhalb Italiens stellen. Ignorieren ist da die schlechteste Strategie. Wie die Toskana, so müssen auch Deutschland, Frankreich (wo das Problem an der Côte d'Azur heute schon akut ist) und andere Staaten gegen die Mafia kämpfen - je früher, desto besser.

Toskana von A bis Z

Antiquitäten- und Flohmärkte

Täglich außer sonntags: Florenz, Piazza dei Ciompi
Erstes Wochenende im Monat: Arezzo, Carrara
Zweites Wochenende: Pistoia, Pisa, Fiesole
Drittes Wochenende: Lucca
Viertes Wochenende: Bientina (bei Lucca)
Nähere Informationen im jeweiligen Ortstext.

Ärzte

Adressen deutschsprachiger Ärzte erfährt man über die Konsulate (vgl. 'Notfalladressen') oder vom ADAC München (Tel. 089-222222). Erste Hilfe in Notfällen leisten der *Pronto Soccorso* der Krankenhäuser oder - in kleineren Orten - der Notarzt *(Guardia Medica)*. Notruf: Tel. 113.

Auskünfte

Prospektmaterial und Hotelverzeichnisse bei ENIT und EPT:

Staatliche Fremdenverkehrsämter (E N I T)
Kaiserstr. 65, 6000 Frankfurt/M., Tel. 069-231213
Berliner Allee 26, 4000 Düsseldorf, Tel. 0211-132231
Goethestr. 20, 8000 München 2, Tel. 089-530369
Uraniastr. 32, 6900 Zürich, Tel. 01-2113633
Kärntnerring 4, 1010 Wien, Tel. 0222-654374

Regionale Fremdenverkehrsämter (A P T)
52100 Arezzo, Piazza Risorgimento 116, Tel. 0575-23952
50121 Florenz, Via A. Manzoni 16, Tel. 055-2478141
58100 Grosseto, Via Monterosa 206, Tel. 0564-454510
57100 Livorno, Piazza Cavour 6, Tel. 0586-898111
55100 Lucca, Piazza Guidiccioni 2, Tel. 0583-491205
54037 Marina di Massa, Lungomare Vespucci 23, Tel. 0585-869015
51028 S. Marcello Pistoiese, Via Marconi 16, Tel. 0573-630145
56100 Pisa, Lungarno Mediceo 42, Tel. 0573-542344
50047 Prato, Via Luigi Muzzi 51, Tel. 0574-35141
53100 Siena, Via di Città 5, 0577-47051

i **Örtliche Touristenbüros** *(Azienda Autonoma di Soggiorno* bzw. *Pro Loco)* darüber hinaus u.a. in Abbadia San Salvatore, Bibbiena, Castiglione della Pescaia, Chiusi, Forte dei Marmi, Massa Marittima, Montalcino, Montepulciano, Porto Santo Stefano, Pistoia, San Gimignano, Volterra.

Autofahren

B e n z i n ist teurer als in Deutschland (um 2,20 DM/Liter), Diesel dafür erheblich billiger. Die Benzinpreise sind staatlich geregelt und schwanken von Tankstelle zu Tankstelle maximal um 1%. Wegen der geringeren Oktanzahl des italienischen Normalbenzins empfiehlt es sich in jedem Fall, Super zu tanken.

Erkundigen Sie sich vor der Reise (am besten beim ADAC) nach Benzingutscheinen und Autobahnbons (auch an den Grenzübergängen erhältlich). Die entsprechenden Regelungen ändern sich jedes Jahr.

T a n k s t e l l e n - außer Autobahntankstellen - sind meist von 7 bis 12.30 Uhr und von 15.30 bis 19 oder 20 Uhr geöffnet, sonn- und feiertags geschlossen. Auf dem Land kann es außerhalb der Öffnungszeiten Probleme geben. Allerdings gibt es neuerdings (noch nicht überall!) zunehmend Automaten-Tankstellen mit Selbstbedienung.

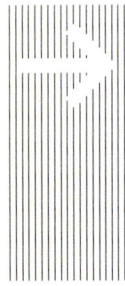

Immer ein Problem: A u t o e i n b r ü c h e . Besonders problematisch: Florenz, Pisa, die Küste. Lassen Sie an diesen Orten auf keinen Fall Gepäck sichtbar im Wagen liegen - es wird wirklich viel gestohlen! Wenn es geht, räumen Sie Ihren Wagen auch in den anderen Touristenorten leer, bevor Sie ihn alleinlassen. Besonders diebstahlsgefährdet sind Autoradios. Kein Risiko dagegen in abgelegenen ländlichen Gebieten.

P a r k v e r b o t e sollte man vorsichtigerweise respektieren - auch wenn die Italiener sich nicht dran halten. Die Einheimischen können nämlich besser unterscheiden, wo der Wagen abgeschleppt wird und wo es nur Geldstrafen gibt. Vorsicht in Florenz: Anläßlich der nächtlichen Straßenreinigung (einmal wöchentlich) wird alles abgeschleppt, was im Wege steht. Auf Schilder mit Terminen der *Pulizia Strade* unbedingt achten!

A l k o h o l am Steuer: Offiziell sind in Italien mehr als 0,0 Promille nicht erlaubt. Die Polizei kontrolliert den Alkoholpegel aber allenfalls nach Unfällen.

Telefonnummer von Unfallrettung und Polizei: 113.
Pannenhilfsdienst: 116.

Autoverleih

In allen größeren und vielen mittleren Städten. Im Telefonbuch (Branchenverzeichnis - *pagine gialle*) unter *'Autonoleggio'*. Preise wie in Deutschland, z.T. auch höher.

Fahrradverleih

Vgl. S. 276

Feiertage

1. Januar, 6. Januar, Ostermontag, 25. April (Tag der Befreiung), 1. Mai, 15. August (Mariä Himmelfahrt, "Ferragosto"), 1. November, 8. Dezember, 25. und 26. Dezember.

Liegt zwischen einem Feiertag und dem Wochenende nur ein Werktag, so machen viele Geschäfte einen *ponte* (Brücke) - man schließt für drei oder vier Tage. An solchen verlängerten Wochenenden steigt die Zahl italienischer Touristen in der Toskana enorm an - oft ist dann alles ausgebucht!

Feste

Einige der interessantesten Feste der Toskana (zumeist Umzüge in historischen Kostümen, Wettkämpfe wie Armbrustschießen, Lanzenstechen, Pferderennen; vgl. auch jeweiligen Ortstext):

Februar: *Karnevalsumzüge in Viareggio*
Ostersonntag: *'Scoppio del Carro' am Domplatz in Florenz*
Sonntag nach dem 20. Mai: *'Balestra del Girifalco' in Massa Marittima*
letzter Junisonntag: *'Gioco del Ponte' in Pisa*
24. Juni: *'Calcio in Costume' in Florenz*

2. Juli: *'Palio' in Siena*
zweiter Augustsonntag; *'Balestra del Girifalco' in Massa Marittima*
15. August: *Kostümfest 'Bruscello in Montepulciano*
16. August: *zweiter 'Palio' in Siena*
letzter Augustsonntag: *'Bravio delle Botti' in Montepulciano*
erster Septembersonntag: *'Giostra del Saracino' in Arezzo*
zweiter Septembersonntag: *'Palio della Balestra' in Sansepolcro*
13. September: *Prozession des 'Volto Santo' in Lucca*
letztes Oktoberwochenende: *'Sagra del Tordo' in Montalcino*

Geldwechsel

Der Wechselkurs ist im allgemeinen auf den italienischen Banken
etwas günstiger für uns als auf den deutschen. Bei großen Summe
lohnt ein Kursvergleich; die Unterschiede zwischen einzelnen Banken (auch am selben Ort) sind manchmal beträchtlich. - Am kursgünstigsten sind Euroschecks.

Gepäck

kann - auch für längere Zeit - auf allen Bahnhöfen in der Gepäckaufbewahrung (deposito bagagli) deponiert werden. Gebühr rund
2 DM pro Gepäckstück/Tag. Schließfächer sind unbekannt.

Kartenmaterial

Straßenkarte: Gut ist die ganz neue (1991) Michelin-Karte: Italia
Centro, 1: 400 000; oder Toscana 1:200.000 (Touring Club Italiano
bzw. Kümmerly & Frey). Nationalstraßen sind in verschieden
Karten oft unterschiedlich gekennzeichnet: als S xx oder N xx.

Topographische Karten: Carta d'Italia 1:50.000 (Istituto Geografico
Militare). Die topographischen Karten erfassen ganz Italien, sind
aber meist stark veraltet. Vgl. auch Stichwort 'Wandern'.

Auf Kartenmaterial spezialisierte Läden:
Fa. Schrieb, Alpine Karten, Schwieberdinger Str. 10/2, 7145 Markgröningen, Tel. 07145/5582. (Gute Auswahl)
Libreria Geographica, Via dei Cimatori 16, Florenz
Libreria Ticci, Via delle Terme 5/7, Siena

Literatur

Erstaunlich, aber wahr: Die große Kunstlandschaft Toskana hat kaum große Literatur inspiriert. Wenn man bedenkt, wie viele spannende Bücher in Venedig, Oberitalien, Rom und Sizilien spielen, kann man sich nur wundern: Aus Florenz nichts Neues - und auch nichts interessantes Altes. Curzio Malapartes 'Verdammte Toskaner' reißen mich jedenfalls nicht vom Hocker - und die Ottocento-Barden Carducci, Pascolo usw. mag ich Ihnen nicht reinen Herzens empfehlen. Also: entweder radikal zurück zu den Klassikern Dante, Petrarca, Boccaccio oder - mein Tip für die Reisetasche - packen Sie den hintergründigen Siena-Krimi von Carlo Fruttero und Franco Lucentini ein: 'Der Palio der toten Reiter' (Piper).

Riesenangebot dagegen bei historischen Werken und Reiseführern - z.T. keine Ferienlektüre, sondern eher vor und nach der Fahrt zu lesen. Eine Auswahl:

E t r u s k e r : Jacques Heurgon, Die Etrusker (Reclam). Gut lesbarer, anschaulicher Text eines französischen Wissenschaftlers über die etruskische Kultur.

M i t t e l a l t e r : Wolfgang Braunfels, Mittelalterliche Stadtbaukunst in der Toskana (Gebr. Mann). Gut geschriebene wiss. Arbeit, bei Detailinteresse empfohlen.

R e n a i s s a n c e : Jacob Burckhardt, Die Kultur der Renaissance in Italien (Kröner). Das klassische Renaissance-Werk - 1856 geschrieben und immer noch lesbar!

Peter Burke, Die Renaissance in Italien (dtv). Ein neuerer, interessanter Überblick über die Renaissance-Kultur.

Michael Baxandall, Die Wirklichkeit der Bilder (Suhrkamp). Für

Bilder-Fans ein spannendes Buch über den sozialen Hintergrund und die gedanklichen Voraussetzungen der Renaissance-Malerei.

Stadtgeschichte F l o r e n z : Ernst Piper, Der Aufstand der Ciompi; Ernst Piper, Savonarola (beide bei Wagenbach). Zwei angenehm lesbare Taschenbücher über das Florenz des 14./15. Jhdts.

K u n s t r e i s e f ü h r e r : Von Kunstführern, die ohne Sinn und Zweck nur von Grundrissen, Gurtbögen und Vierungsjochen schwätzen, sollte man sich nicht beeindrucken lassen: Hilflosigkeit plus Fachjargon ist immer noch Hilflosigkeit, nicht etwa höhere Kenntnis. Die Langeweile, die bei solchen Texten aufsteigt, hat einen objektiven Grund: Kunstwerke verlieren alle in dieser Sichtweise jede Lebendigkeit. Einige interessante Kunstführer:

Eckart Peterich, Italien - Band 1 (Prestel). Mehr als nur Kunst - dieses fast dreißig Jahre alte Buch wirkt zwar gelegentlich etwas pathetisch, ist aber für meinen Geschmack immer noch der mit Abstand beste Italien-Führer.

Heinz-Joachim Fischer, Toskana (Prestel). Ein subjektiv-erzählender Führer mit guten Informationen.

Toskana - Umbrien (Kümmerly & Frey, dt. Ausgabe eines Touring-Club-Italiano-Bandes). Sachlich-trocken und verläßlich, für den vollständigen Überblick.

Günter Wachmeier, Florenz (Artemis-Cicerone).

H e u t i g e s I t a l i e n : Hans Magnus Enzensberger, Ach Europa! (Suhrkamp). Der Italien-Text dieses Bandes (nicht nur der Italien-Text ...) ist eine brillante, unterhaltsame Analyse.

Jürgen Humburg, Conrad Lay, Michaela Wunderle: Anders reisen - Italien (Rowohlt). Reflektierte Informationen über neuere Geschichte und Politik, Kultur und Lebensformen.

Roland Günter, Toskana (Anabas). Informativ vor allem zur Sozialgeschichte und Politik.

Toni Kienlechner, 12mal Italien (Piper); Camilla Cederna, Reise in die Geheimnisse Italiens (Kiepenheuer & Witsch); Nino Erné, Italien wie ich es sehe (Ullstein); Werner Raith, Italien (Oase) - vier mehr oder minder aktuelle Bücher, aus unterschiedlichen Perspektiven geschrieben. Alle gut lesbar und kenntnisreich.

Notfall-Adressen

A p o t h e k e n : Anschriften der Nachtdienst-Apotheken erfährt man aus der Tagespresse, unter der Telefonnummer 110 sowie aus Schildern mit der Aufschrift 'turno' an den Apotheken.
Ä r z t e : vgl. Stichwort 'Ärzte'.

K o n s u l a t e :
- Honorarkonsulat der Bundesrepublik Deutschland, Borgo Ss. Apostoli 22, Florenz, Tel. 055-294722
- Honorarkonsulat der Bundesrepublik Deutschland, Via San Francesco 17, Livorno, Tel. 0586-38008
- Österreichisches Konsulat, Via dei Servi 9, Florenz, Tel. 055-215352
- Schweizer Konsulat, Via dei Tornabuoni 1, Florenz, Tel. 055-216142/284708

N o t r u f (Polizei und Unfallrettungsdienst): 113
P a n n e n d i e n s t (Automobile Club Italiano): 116

Öffentliche Verkehrsmittel

Die Toskana ist problemlos mit öffentlichen Verkehrsmitteln zu bereisen: Nahezu alle Orte sind mit Bus und Bahn erreichbar, das Verkehrsnetz ist auch auf dem Land relativ dicht, die Fahrpreise sind niedrig. Gewiß, manchmal muß man ein Weilchen auf den Anschluß warten - aber gerade durch diese Momente ohne Ziel und Programm geschieht oft mehr, als wenn man ständig unterwegs ist.

B a h n : Hauptstrecken mit häufigen Verbindungen sind (Genua -) Viareggio - Pisa - Grosseto (- Rom), Florenz - Empoli - Pisa, Florenz - Pistoia - Lucca - Pisa, Florenz - Arezzo - Cortona (- Rom). Nebenstrecken: Lucca - Aulla, Arezzo - Poppi, Florenz - Empoli - Siena, Siena - Montepulciano - Chiusi, Siena - Grosseto.
   Für wenig Geld erhält man an Zeitungskiosken den jeweils gültigen Gesamtfahrplan *orario generale* im Kleinformat. Niedrige Fahrpreise: ca. 10 Pfennig/km.

B u s : Praktisch jeder toskanische Ort wird von der jeweiligen Provinzhauptstadt aus mit Linienbussen angefahren, meist mehrfach täglich. (Provinzhauptstädte: Florenz, Siena, Arezzo, Lucca, Pisa, Livorno, Grosseto, Massa Carrara.) Daneben gibt es zahlreiche weitere Verbindungen (z.B. stündlich Busse von Florenz nach Siena).

An Sonn- und Feiertagen allerdings fahren erheblich weniger Busse - für Ausflüge in abgelegene Orte nicht empfehlenswert.

Fahrpläne gibt's bei den jeweiligen Busgesellschaften am Busbahnhof der Provinzhauptorte.

 Achtung: Auf Nebenstrecken fahren Busse oft fünf bis zehn Minuten vor der fahrplanmäßigen Zeit - wenn der Busfahrer eilig nach Hause möchte.

Öffnungszeiten

B a n k e n : Montag bis Freitag 8.30 bis 13.15 Uhr, teilweise auch 14.45 bis 15.45 Uhr.

G e s c h ä f t e : Montag bis Samstag 8.30/9 bis 12.30 Uhr und 15.30 bis 19/19.30 Uhr (im Sommer teilweise 16/17 bis 20 Uhr). Geschlossen an einem Nachmittag in der Woche, der von Ort zu Ort variiert.

M u s e e n : wie in den Beschreibungen angegeben - ohne Gewähr: die Öffnungszeiten wechseln häufig. Viele Museen sind darüber hinaus am 1. Januar, Ostersonntag, 1. Mai geschlossen.

K i r c h e n : meist 8 bis 12 und 15 bis 18 Uhr.

Orientierung

Stadtpläne gibt's bei den örtlichen Touristenbüros. In größeren Städten existiert als Anlage zum Telefonbuch ein vollständiges Straßenverzeichnis (mit Plänen) namens *Tuttocittà*, das man z.B. in den Hotels sowie in den meisten Bars mit Telefon einsehen kann.

Polizei

Achtung: Italienische Polizisten sind sensibel und fast nie in Stimmung für Diskussionen mit ausländischen Touristen. Bleiben Sie selbst beim ungerechtesten Strafmandat ruhig und lassen Sie sich um Himmelswillen kein "Scheißpolizei" entfleuchen - Beamtenbeleidigung ist ein Anlaß für sofortige Festnahme und unendlichen Ärger. Die Konsulate wissen ein Lied davon zu singen.

Post

Sie funktioniert inzwischen (einigermaßen), die italienische Post; daß man - wie noch in den siebziger Jahren - ganze Briefsäcke auf dem Müll wiederfindet, dürfte heute nicht mehr passieren. Aber die Laufzeiten sind immer noch lang; mit fünf bis zehn Tagen (auch mehr) für einen Brief nach Deutschland sollte man rechnen. Bei Postkarten dauert's noch länger. Am schnellsten: Einschreiben.

Postleitzahlen

Abbadia S. Salvatore 53021
Arezzo 52100
Castellina in Chianti 53011
Cortona 52044
Florenz 50122
Gaiole in Chianti 53013
Giglio 58013
Greve in Chianti 50022
Grosseto 58100
Lucca 55100
Massa Marittima 58024

Montalcino 53042
Montepulciano 53045
Panzano in Chianti 50020
Pisa 56100
Pistoia 51100
Porto S. Stefano 58019
Radda in Chianti 53017
S. Gimignano 53037
Saturnia 58050
Siena 53100
Volterra 56048

Preise

Die Toskana ist - Sie werden's schnell merken - kein preiswertes Reisegebiet. Die Preise liegen etwa auf dem deutschen Niveau. In den ausgesprochenen touristischen Gegenden sind sie oft höher. In der Innenstadt von Florenz, gelegentlich auch an anderen Orten, wird die Nepp-Grenze mühelos überschritten. Insgesamt teuer ist auch das Chianti-Gebiet, wo es kaum noch billige Unterkünfte gibt.

Trotzdem brauchen auch weniger begüterte Reisende nicht zu verzweifeln: Es finden sich noch immer genug Lokale, in denen man sich zu niedrigen Preisen verpflegen kann, Bus und Bahn sind billig, Jugendherbergen, Agritourismo, Campingplätze und Konvente bieten die Möglichkeit, preisgünstig zu übernachten. Hinweise jeweils im Ortstext.

Telefonieren

Nach Deutschland: 0049
in die Schweiz: 0041
nach Österreich: 0043
und Nummer (mit Vorwahl) ohne Null. Also z.B. deutsche Nummer 040-179341, von Italien aus: 0049-40-179341.

Man telefoniert a gettoni oder a scatti. *A gettoni*: mit Telefonmarken (in Bars erhältlich) oder Münzen, für Auslandsgespräche ungünstig, da man ununterbrochen nachwerfen muß. *A scatti*: vom Telefon mit Zähler, vom Hotel aus einfach (aber Achtung: oft verdoppelter Tarif!), sonst schwieriger, da die Telefone a scatti selten sind (in kleineren Orten meist in einer Bar - *posto pubblico* -, in größeren Orten in einigen Bars sowie bei der Telefongesellschaft SIP).Zunehmend werden auch **Karten-Telefone** installiert. Die Telefonkarten (zu 5.000 oder 10.000 Lire) gibt es in den Tabacchi-Geschäften.

Inlandsauskunft: 12
Auslandsauskunft: 176
Telefon-Vorwahlnummern werden jeweils beim erstgenannten Restaurant und beim erstgenannten Hotel eines Ortes angeführt.

Wandern

Manche traumhaften Wege - aber kaum einer von ihnen ist markiert. Markierungen finden sich am ehesten in den Gebirgsregionen, nur selten im Hügelland. Das Kartenmaterial (vgl. ABC) ist zum größten Teil unzuverlässig: Die letzte Vermessung fand in den fünfziger Jahren statt. Mein Tip: der Wanderführer 'Richtig wandern - Toskana und Latium' (DuMont) mit rund zwanzig schönen Toskana-Wegen. (Ich empfehle das Buch gern - ich hab's selbst geschrieben ...).

Die F e r n w a n d e r u n g e n Florenz-Siena (fünf Tage) und Siena-Pitigliano (neun Tage) bilden die Höhepunkte des Toskana-Wanderns. Die Strecken sind nur teilweise markiert. Wegbeschreibungen in 'Richtig wandern'.

Wege im C h i a n t i - Gebiet und bei S a n G i m i g n a n o : Wanderbuch wie oben und/oder Kompass-Karte Firenze-Chianti (1:50.000).

M i t t e l - und H o c h g e b i r g e (Apennin, Pratomagno, Mugello): zahlreiche vom Club Alpino Italiano markierte Wege. Beschreibung in Joachim Deumling, Wander- und Reiseführer Toskana (Geobuch).

M o n t e A m i a t a : gut markiertes Wegenetz. Pläne erhält man kostenlos bei den örtlichen Touristenbüros. Informationen auch bei Cooperativa Amiata Trekking in Abbadia S. Salvatore, Piazza Gramsci 8, Tel. 0577-777751.

C r e t e und M a r e m m a : Einige Wandervorschläge in 'Richtig wandern'.

G a r f a g n a n a : Im Gebirge nördl. von Lucca hat der Club Alpino Italiano eine Bergwanderstrecke in 10 Etappen markiert (anstrengend; Übernachtung in Hütten). **i** bei: Garfagnana Vacanze, Vicolo S. Croce 4, Castelnuovo Garfagnana, Tel. 0583-65169.

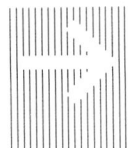 **Abzuraten** ist von der vom Club Alpino markierten Tour F l o r e n z - M o n t e S . M i c h e l e - S i e n a : Endlose Strecken ohne Sicht im Wald, sehr viel Asphaltabschnitte, unzureichende Verpflegungs- und Übernachtungsmöglichkeiten.

Zeitungen

Alle großen deutschen Zeitungen sind in der Toskana erhältlich. Italienische Tageszeitungen: Unter den seriösen Blättern hat *Repubblica* die höchste Auflage, gute Information, politische Tendenz linksliberal (mit recht großer Bandbreite der Meinungen). Der Lokalteil Florenz gibt Hinweise auf Veranstaltungen. Der altehrwürdige Mailänder *Corriere della Sera* ist weniger flott geschrieben und politisch etwas konservativer; manchmal gute Hintergrundartikel. *La Nazione* wird fast nur in der Toskana gelesen - ausführliche Lokalberichterstattung. Den Gesprächsstoff für die Stammtisch-Unterhaltung liefert die größte Zeitung Italiens, *La Gazzetta dello Sport*, die täglich auf rosa Papier erscheint.

Schöne, hervorragend illustrierte Zeitschriften: *Airone* (Natur, Reisen, engagiert für den Umweltschutz); *Bell'Italia* (Reiseziele im unbekannten Italien, manchmal oberflächlich beschrieben, manchmal sehr informativ).

Ausgewählte Oasen: Einkehren

Edel-Restaurants mit feinster Kreativ-Küche, im besten Sinne bürgerlich städtische Gasthöfe, Land-Trattorien in denen Mamma kocht - die Liste der folgenden Oasen stellt eine Mischung der Extreme dar. Auswahlkriterium: Lieber ein geröstetes Knoblauchbrot mit erstklassigem Olivenöl und einen guten Schweinebraten (selten genug!) als der (allzuoft) aufgeblasene Firlefanz der neuen Edlen. (Ausführliche Hinweise im Ortstext)

Florenz

La Pentola dell'Oro. Toskanische Landküche beim Ex-Chef eines Luxusrestaurants - schlichter Service, großer Genuß.

Il Latini. Der allseits bekannte Geheimtip, trotzdem immer noch filmreife Ausstattung, lebendige Stimmung und gute Küche.

Enoteca Pinchiorro. Das weltberühmtes Restaurant der Haute Cuisine - manchmal von Amerikanern überlaufen. Feiner (und teurer) kann man in der Toskana nirgendwo und auf der Welt nur selten speisen.

Roccatederighi - *Da Nada*: Vier Tische, ein cinemascope Fernseher, eine freundliche Wirtin und ausgezeichnete cucina casalinga.

Passo dei Pecorai - *Omero*: Von außen spröde, innen werden jene Feinschmekker glücklich, die ohne Chianti-Klimbim auskommen. Sorgfältige Auswahl der Grundprodukte - vor allem das Fleisch erstklassig.

Castellina in Chianti - *Pestello*: Familienbetrieb mit Touristen-Klientel - die Landküche ist seit Jahren vorzüglich.

Montalcino - *La Cucina di Egardo*: Erfreuliche kreativ-Küche, viele feine Häppchen - dazu ausgewählte Weinen.

Abbadia San Salvatore - *Fonte Magria*: Unübertroffene Pilzgerichte im Amiatawald.

Arezzo - *Il Cantuccio*: Traditionelle Toskana-Küche auf bestem Niveau.
Cecco: Große Stimmung, kleine Preise.

Cortona - *Cacciatore*: Das solide Kleinstadt-Restaurant.

Anghiari - *Castello di Sorci*: Deftig, voll, chaotisch - die Toskana lebt.

Lucca - *Da Giulio*: Wo die Gäste Schlange stehen - Provinz-Atmosphäre von der besten Sorte.
Da Guido: Die versteckte Kneipe, die Sie schon immer gern entdecken wollten.
La Giorgia: Die solide Familienküche in der Vorstadt.

Pisa - *Enoteca da Sergio*: Große Küche, feine Weine.

Livorno - *Antico Moro:* Italien wie im Werbespot, Schinken an der Decke, Fiaschi im Regal.

San Vincenzo - *Gambero Rosso:* Fischküche auf höchstem Niveau - wer hier nicht glücklich wird, dem ist nicht zu helfen.

Castagneto Carducci - *Zi'Martino:* Ausgezeichnete Landküche, serviert von Radrennfahrern.

Istia d'Ombrone - *Il Terzo Cerchio:* Ein brillant, opulentes Feuerwerk: beim zehnten Gang sind Sie erledigt - aber von diesem Essen träumen Sie noch lange.

Montiano - *Da Ghigo:* Feine Küche in der hintersten Provinz.

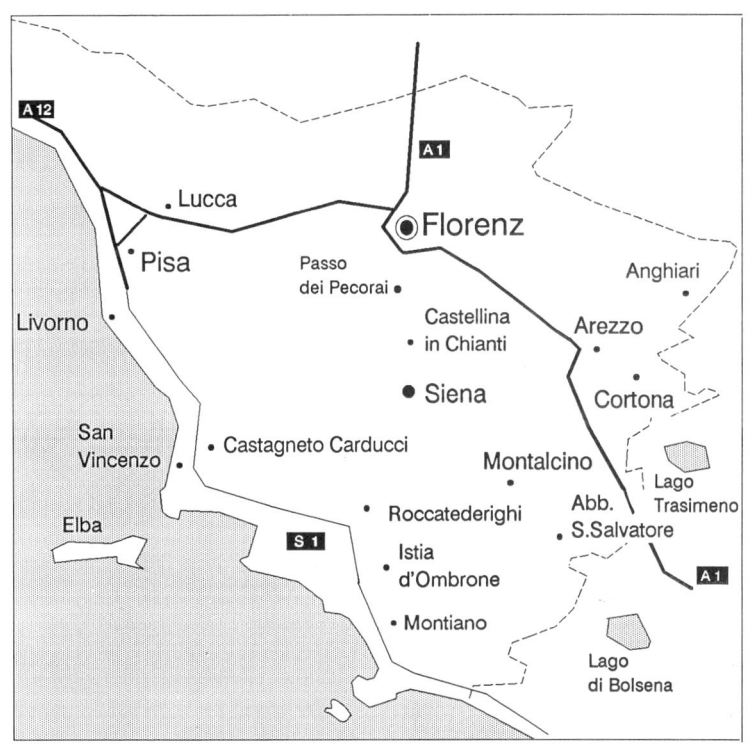

Ausgewählte Oasen - Unterkommen

Auch hier wieder nähere Hinweise im Ortstext

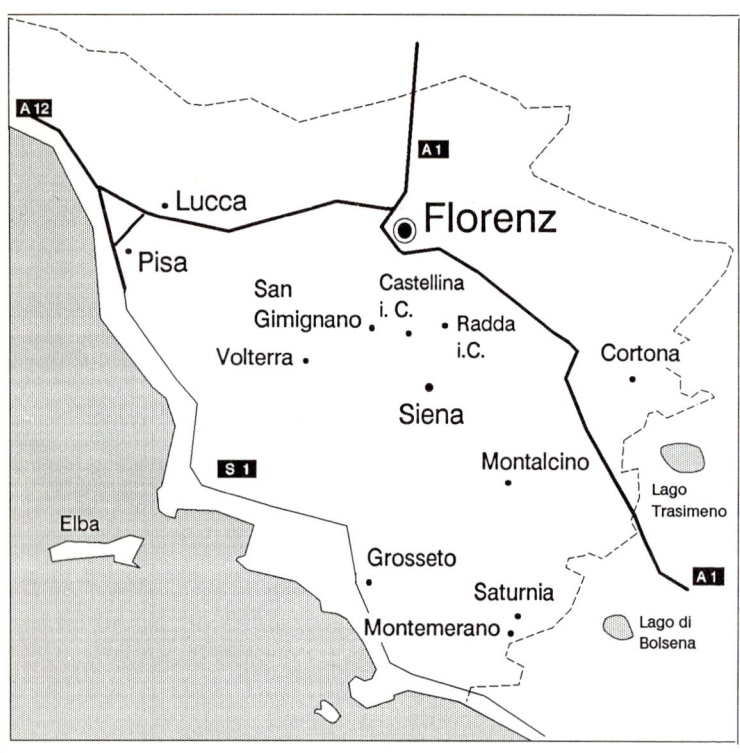

Florenz - *Loggiato dei Serviti****: Stilvolle Zimmer im Renaissance-Palazzo, das edle Haus im Zentrum.
Porta Rossa*** : Leicht angestaubt und sehr romantisch - vor hundert Jahren das erste Haus am Platze.
Cestelli* : Der Star unter den einfachen Häusern, ein paar museumsreife Zimmer mit Antik-Möblierung.

Fiesole - *Bencistà***: Der Traumblick auf die Stadt.
Villa Bonelli** : Abseits des Florenz-Getriebes - Blumen, Ruhe, Panorama.

San Gimignano - *Leon Bianco****: Solides Haus an der traumhaften Piazza. Wenn abends die Touristen gehen, wird's hier fast unerträglich schön.

Volterra - *Podere San Lorenzo*: Idyll aus dem Toskana-Kalender: Ferienwohnungen unterhalb der Stadt, im alten Gutshof mit Hügel-Panorama.

Buriano (bei Volterra) - *Buriano***: Vogelgesang, bemalte Betten und Bildband-Perspektiven- ein Traum von toskanischer Ruhe.

Castellina in Chianti - *Salvipoli****: Stilvolle Räume, schöne Aussicht.
Belvedere S. Leonino*** : So haben wir uns die Toskana vorgestellt: sanfte Hügel, rustikale Bauten, unaufdringlichen Komfort . . .

Radda in Chianti - *Fattoria Vignale****: Dezenter Luxus im 200-jährigen Herrenhaus.

Siena - *Villa Scacciapensieri*****: Das edle Haus der edlen Stadt.
Palazzo Ravizza*** :Antiquitäten-Zimmer in historischem Gemäuer, Garten mit Aussicht.

Montalcino - *Giglio****: Komfort in der Kleinstadt - Zimmer mit Aussicht nehmen!

Cortona - *San Michele****: Schöne Räume in zentral gelegenem Renaissance-Palast.

Rigoli (bei Pisa) - *Villa di Corliano**** : Zu Gast beim Grafen: wunderbares Herrenhaus im Park.

Pugnano (bei Pisa) - *Casetta delle Selve*: Symphatische Privatunterkunft in Panoramalage.

Balbano (bei Lucca) - *Villa Casanova***: Großer Herrensitz auf dem Land, viel eigenes Gelände drumrum.

Montemerano (bei Saturnia) - *Villa Acquaviva****: Ehemals gräfliches Landhaus, geschmackvoll eingerichtet und familiär geführt.

Saturnia - *Villa Clodia****: Ruhig, mit Garten und Panorama-Blick.

Preiswert schlafen

Mit schmalem Geldbeutel durch die Toskana - es ist ein Problem. Jedes Jahr ziehen die Preise weiter an, die italienische Inflation und der Touristen-Andrang treiben die Übernachtungskosten hoch. Im folgenden einige Häuser, in denen Sie verhältnismäßig preiswert unterkommen können.

Jugendherbergen werden nur erwähnt, sofern sie ohne Altersbeschränkung und ohne JH-Ausweis zugänglich sind. Genaue Hinweise im Ortstext.

Florenz - Cestelli*. Der Star unter den ein-Stern-Hotels, große Räume und Antik-Möblierung.

Mirella*: besonders sorgfältig geführtes Haus.

Istituto Gould*: Ordentliches kirchliches Hotel.

Istituto Pio X: Die symphatischste Jugendherberge der Stadt, zentral gelegen.

San Gimignano: Ostello della Gioventù: Neue, angenehme Herberge im Zentrum.

Monastero Sant'Agostino: Einfache Unterkunft im Kloster, Einzel- und Doppelzimmer.

Volterra - Seminario Sant'Andrea: Weite Flure, weite Blicke - im ehemaligen Priesterseminar.

Buriano (bei Volterra): Buriano**: Nicht in der untersten Preisklasse - aber bei mäßigen preisen eine optimale Unterkunft.

Radda in Chianti - Pistolesi (Privatzimmer): Eine der günstigsten Unterkünfte im teuren Chianti-Gebiet.

Siena - Casa del Pellegrino: Kirchliches Hotel, manche Zimmer mit Traumblick.

Ostello della Gioventù: Neues Haus am Stadtrand.

Arezzo - Milano*: Zentral gelegen und in Ordnung.

Cortona - Athens*: Ehemaliges Kloster, leider oft von Studentengruppen ausgebucht.

Convento S.Margherita: Einzel- und Doppelzimmer sowie Schlafsäle im Kloster.

Pisa - Gronchi*, Giardino*: Einfache zentral gelegene Hotels.

Suvereto - Privatzimmer: Im Hinterland der Küste die preiswertesten Unterkünfte.

Massa Marittima - Cris*: Ordentlich und preiswert, mit gutem Restaurant.

Sovana - Scilla*: Symphatisch und gut geführt in dem Ort mit traumhafter Ruhe.

Semproniano - la Costarella*: Freundlich, ordentlich, gute Küche.

Einkaufen

Wein

Ein vor kurzem erschienener Spezialführer zählt rund hundert toskanische Weine auf, von denen 32 das DOC-Etikett *(Denominazione di origine controllata)* tragen. Der Überblick ist da längst nur noch Spezialisten möglich. Weinbücher leisten Hilfe, so der jährlich erscheinende 'Weine Italiens' von *Gambero Rosso* und der 'Wein- und Spezialitätenführer Toskana (Woschek Verlag). Im Text habe ich einige Hinweise auf verläßliche Weingüter, darunter einige mit biologischem Anbau, gegeben (vgl. Castellina in Chianti, Suvereto, Manciano).

Gut sortierte Weingeschäfte und Önotheken:

Florenz: *Pane e Vino*, Via Poggio Bracciolini 48
Greve in Chianti: *Enoteca del Gallo Nero* (im Ortszentrum). Riesenauswahl an Chianti-Classico-Weinen.
San Gimignano: Lebensmittelgeschäft an der Piazza del Duomo (Ecke Via S. Matteo). Durchdachte Auswahl toskanischer Spitzenweine.
Enoteca Il Castello, Via del Castello 12. Breites Vernaccia-Angebot, Probe-Ausschank.
Siena: *Enoteca Italia* (in der Fortezza Medicea). Hier können Sie alle bekannten und viele unbekannte Weine Italiens degustieren und kaufen.
Montalcino: *Enoteca La Fortezza* (in der Burg). Brunello-Ausschank und Verkauf.
Weinhandlung *'Ars bibendi'* in der Via Mazzini. Ausgezeichnete Auswahl toskanischer Spitzenweine.
Pienza: *Club delle Fattorie* (Piazza Martiri della Libertà). Delikatessenladen mit Weinsortiment.
Saturnia: *Enoteca Bacco e Cerere.* Vor allem Weine aus den Maremmen (Bianco di Pitigliano, Morellino di Scansano).

Öl

Hochwertiges Olivenöl erhalten Sie - zu satten Preisen - in den meisten der oben gen. Weinhandlungen. Viele Weingüter, vor allem im Chianti, verkaufen auch eigenes Öl, in der Hochpreis-Kategorie (ab 20.000 Lire/l) fast immer von guter Qualität. Wenn Sie weniger ausgeben wollen: Bei einem Test der Verbraucher-Organisation *'Gambero Rosso'* schnitten auch Handelsmarken ausgezeichnet ab: *'Ligustro'* von Carapelli, *'Il Tosco'* von Chelazzi, *'Spremuta di Olive'* von Monini (*'Una Spremuta di Olive'* ist die schlechtere Qualität!)

Einige Bio-Bauern, die Olivenöl erzeugen:
Vinci: Enzo Pinferetti, Via Zollaio 55
S. Alessandro bei Volterra: Paolo Carotta
Bei Anghiari: Rosella Martella, *Podere Sucignano e Regello*
Bei Pienza: Thomas Wulf, *Podere Lignano*
S. Gimignano: Renato Baldisserotto, Via Racciano 24 (*Casa per la Pace*, Abzweigung geg.Hotel Pescille, 3 km außerhalb des Ortes).

Schafkäse

Pecorino zählt zu den großen kulinarischen Köstlichkeiten der Toskana. Allerdings gibt's beträchtliche Qualitätsunterschiede. Einige der besten Schafkäse fand ich in **Volterra** und in **Sorano** (vgl. Ortstexte). Sehr guten Bio-Schafkäse gibts in **Ripacci** (bei Scansano).

Wurst und Schinken

Spitzen-Geschäfte sind im Chianti die *Macelleria*, Piazza in **Greve**, *Macelleria Chini* in **Gaiole** (Via Roma 46). Ausgezeichnet auch *Enzo Brogi* in **Sticciano Scalo** (von Grosseto Rg. Roccastrada).

Honig

Großer Sortenreichtum, vorzügliche Qualität in **Montalcino** bei *Apicoltura Franci* (2 km vom Ort an der Straße Rg. Torrenieri).

Ortsverzeichnis

"TOSCANA FLORENS"
Blühende Toskana

Sie kennen Florenz und Siena? Kennen Sie aber auch Mugello und Casentino, herrliche Berg- und Hügelland-schaften zum Wandern?

Sie kennen den Schiefen Turm? Kennen Sie aber auch die Plätze und Kirchen von Arezzo?

Sie kennen Pizza, Parmesan und Polenta? Kennen Sie aber auch "Pappardelle" oder "Fiori di zucca farciti"?

Geben Sie sich im Land der Fülle dem hin, was die Römer "ars vivendi" nannten, Lebenskunst. Genießen Sie all das Schöne und Angenehme von Landschaft und Kultur, Küche und Keller!

Was wir Ihnen zu bieten haben?

Große Häuser, kleine Häuser, mit und ohne Pool, am Meer oder im Land verstreut. Und damit Ihr Urlaub keine Fahrt ins Blaue wird, haben wir jedes Haus persönlich ausgewählt und über-prüft. Das heißt für Sie: aktuelle Information und eine individuelle Beratung am Telefon, untermalt mit einem persön-lichen Eindruck.

Außerdem in unserem Katalog:

Ferienhäuser am *Tyrrhenischen Meer* und auf *Elba*. In **Frankreich** *(Bretagne, Atlantikküste, Côte d'Azur, Provence)* und in **Griechenland** *(Chalkidiki, Pilion, Peloponnes, Kreta)*.

VOYAGES SUD-SOLEIL (Deutschland) GmbH
Günterstalstr. 17
D - 7800 Freiburg 1
Tel. 0761-70 870-0
Telex 772 638 vss d
Telefax 0761 - 70 870-26

Generalagentur der
VOYAGES
SUD-SOLEIL S.A.
Hauptstr. 11
CH-4102 Binningen/Basel
Tel. 061 - 47 96 56
Telex 962 547 vss ch

Urlaub im Ferienhaus

SIGLINDE FISCHER

7951 HOCHDORF

TELEFON

07355/7017

FERIENWOHNUNGEN

TOSKANA

ROM

ELBA

VIDEOFILM

SCHUTZGEBÜHR

OASE zeigt's . . . .

gute Adressen zum Schlafen und Träumen, zum gediegen Einkehren und gepflegt Ausgehen. Dazu Anstiftungen zu feinen Fluchten, weiten Touren und stillen Wanderungen.

TOSKANA Hennig
CINQUE TERRE und die Ligurische Küste   Hennig
UMBRIEN Hennig
LIPARISCHE INSELN Raith
PROVENCE Hennig
ROUSSILLON, COTE VERMEILLE Dominé
BEAUJOLAIS Dominé
KORSIKA Schauseil
TÜRKEI Gronau
SPANIEN Abel/Stauch
RHODOS und DODEKANES Bötig
NEUSEELAND Letsch
ISLAND Hanneck-Kloes
MEXIKO Abel
BAJA CALIFORNIA Stauch
GUATEMALA & BELIZE Abel
FREIBURG & MARKGRÄFLERLAND Abel

In Vorbereitung:

NORD- und MITTELPORTUGAL   Abel

Wir schicken Ihnen gerne unser aktuelles Programm:

Oase Verlag
Postfach 344
D-W 7847 Badenweiler
Tel: 07632-7460
Fax: 07632-5098

Fotonachweise

Barbara Klemm: 2-3, 50, 54-55, 68-69,
78-79, 94-95, 98-99, 212-213, 238-239,
288, 340-341.

Verena Eggmann: 38-39, 44-45, 140-141,
156-157, 254-255, 268-269, 2272-273.

Erich Faßbender: 8, 122-123.

Werner Stuhler: 24, 250-251.

Georg Henke: 118-119, 150, 162.

Titelbild: Cornelia Stauch;
San Biaggio bei Montepulciano.

Karten: Stadtpläne Franz Letsch.
Alle anderen: Cornelia Stauch.

Autor und Verlag freuen sich über Zuschriften,
Kritik und Verbesserungsvorschläge. Verwert-
bares wird mit einem Freiexemplar honoriert.